BSO

Redaktion: Norbert Adam, Werner Czisek, Friedrich Holzweber
Herstellung: Druckerei Rudolf Trauner Ges. m. b. H., Linz
ISBN 3 85320 197 0

sport 78/79
ÖSTERREICHISCHES SPORTJAHRBUCH

HERAUSGEGEBEN
VON DER
ÖSTERREICHISCHEN
BUNDES-SPORTORGANISATION
MIT UNTERSTÜTZUNG DES
BUNDESMINISTERIUMS FÜR
UNTERRICHT UND KUNST

TRAUNER
VERLAG
LINZ

Vorwort des Herrn Bundesministers Dr. Fred Sinowatz

Als der für das Sportwesen in Österreich zuständige Ressortminister möchte ich zunächst allen, die an der Gestaltung des Österreichischen Sportjahrbuches 1978/79 mitgewirkt haben, für ihre Bemühungen meinen herzlichsten Dank aussprechen.

Wie in den vergangenen Jahren bietet das Sportjahrbuch auch in seiner jüngsten Auflage neben statistischen Angaben der Sportverbände auch ausführliche Berichte über die bedeutendsten Sportereignisse seit Herausgabe des letzten Jahrbuches, wobei das erfolgreiche Abschneiden unserer Fußballnationalmannschaft bei der Fußballweltmeisterschaft 1978 in Argentinien besonders gewürdigt wird. Berichte über Verbandsjubiläen, zahlreiche Bilder und Vorschauen auf Sportereignisse des Jahres 1979 sowie auf das Olympiajahr 1980 ergänzen den Inhalt von „Sport 78/79".

So gesehen bietet das Österreichische Sportjahrbuch auch diesmal wieder dem Sportfachmann, aber auch allen Sportfreunden interessanten Lesestoff, und ich wünsche dieser Sportdokumentation daher zahlreiche Leser und in diesem Sinne wieder einen vollen Erfolg!

Bundesminister Dr. Fred Sinowatz gratuliert ÖOC-Präsident Bundesrat Heller zum 60. Geburtstag. Rechts Bundesminister Lanc, Präsident des Österreichischen Hand- und Faustballbundes (Foto Votava)

Hofrat Prof. A. Weghofer:

Vorwort des Vorsitzenden der Österreichischen Bundes-Sportorganisation

Das vorliegende Sportjahrbuch „SPORT 78/79" gibt nicht nur einen Überblick über die Vielfältigkeit des österreichischen Sportes, es zeigt auch, daß ein kleines Land wie Österreich im Kreise der Sportgroßmächte mithalten kann. Besonders erfreulich ist der in vielen Sportarten festgestellte internationale Aufschwung in der Jugend- und Juniorenklasse, wenn es auch nicht immer gelingt, diese vielen Jugendlichen dem Spitzen- und Leistungssport zu erhalten.

Aber nicht nur im Spitzen- und Leistungssport ist die Bilanz erfreulich, das Sportgeschehen des abgelaufenen Jahres zeigt auch, daß die Anstrengungen auf dem Gebiet des Fitneßsportes für die gesamte Bevölkerung auf immer fruchtbareren Boden fallen. Zeugnis dafür legen die noch immer steigenden Zahlen an Teilnehmern bei Volkssportveranstaltungen ab, allen voran natürlich der Fitlauf und Fitmarsch zum Nationalfeiertag, aber auch beim Langlaufen und Radfahren.

Allerdings sollen die Erfolge kein Ruhekissen für den österreichischen Sport sein, es müssen alle Anstrengungen unternommen werden, um weiterhin die Grundlagen für Spitzen-, Leistungs- und Fitneßsport in Zusammenarbeit und in Koordination mit allen Institutionen und Organisationen des österreichischen Sportes, insbesondere mit den zuständigen Ministerien, zu sichern.

Schachner erzielte das erste WM-Tor für Österreich. Spanien—Österreich 1 : 2 (Foto Votava)

Hans Krankl kann Maier bezwingen. Österreich besiegt Deutschland bei der WM 3 : 2 (Foto Votava)

25
SWEDEN
25
TYROLIA

Sepp Zeilbauer – die Nummer eins der österreichischen Leichtathletik (Foto Votava)

Seite 8: Österreich-Rekord-Verbesserer Vinzenz Hörtnagel (Foto Votava)

13
3

Günther Polanec:

Sportlerin des Jahres: Annemarie Moser – zwischen Triumph und Enttäuschung

Montag, 18. Dezember 1978, im französischen Wintersportort Val d'Isere: Der Weltcup-Riesentorlauf der Damen hat soeben für ein neues, bisher noch unbekanntes Gesicht auf den Siegerfotos gesorgt: Christa Kinshofer, eine knapp 18-jährige deutsche Läuferin aus der Nähe von München, feiert ihren ersten großen internationalen Erfolg. Journalistenfragen prasseln wie ein Gewitter auf das vorerst völlig eingeschüchterte Mädchen herunter, rasselnde Batterien von Photoapparaten verewigen die erste Siegesfreude, und das großgewachsene, blonde Mädchen braucht einige Zeit, um sich an diese ungewohnte hektische Atmosphäre zu gewöhnen. Auf Platz zehn im selben Rennen landet hingegen eine Rennläuferin, die ein solches Treiben wohl kaum mehr aus der Ruhe bringen kann: Annemarie Moser-Pröll, die bis zu diesem 18. Dezember 1978 bereits 54mal inmitten des Siegestrubels nach einem Rennen gestanden ist: Erst am Vortag hat sie auf der 2.238 Meter langen Piste in Val d'Isere ihren 31. Sieg in einem Weltcup-Abfahrtslauf gefeiert. Auf der Erfolgsliste der Einzelrennen stehen weiters bis zu diesem Zeitpunkt 16 erste Plätze in Riesentorläufen, zwei Slalom- und vier Kombinationssiege sowie ein Erfolg in einem für den Nationencup zählenden Parallelslalom. Weiters: fünf Weltcup-Gesamtsiege in ununterbrochener Reihenfolge zwischen 1971 und 1975, zehn Disziplinen-Saisonsiege im Abfahrts- und Riesentorlauf, mit Ende der Saison 1978 nicht weniger als 2.217 eroberte Weltcuppunkte, fast doppelt soviel als die zweitplazierte deutsche Schikönigin vergangener Jahre, Rosi Mittermaier, zu sammeln imstande war. Dennoch kommt die Antwort ungekünstelt und spontan, als wir Annemarie Moser an diesem 18. Dezember 1978 die soeben veröffentlichte Meldung überbringen, daß sie von Österreichs Sportjournalisten zum fünftenmal zur Sportlerin des Jahres gewählt worden ist: „Natürlich freu' ich mich ehrlich darüber, daß die Journalisten und Reporter diese Auszeichnung wieder mir zuerkannt haben, denn es zeigt doch, daß auch sie sich über meine Leistungen gefreut haben."

Ob man sich nicht nach so vielen Jahren andauernden Erfolges schon längst an derlei Ehrungen gewöhnt habe? „Nein, denn schließlich sind alle diese Erfolge ja nicht von selbst gekommen, sondern ich habe mich jedesmal wieder voll darauf einstellen und konzentrieren müssen, auch wenn's manchmal hart war und vor allem, auch wenn es Tiefschläge gegeben hat, von denen man sich lange Zeit nicht erholt hat." Die Anspielung inmitten des Zielgeländes von Val d'Isere ist unüberhörbar. Genau an derselben Stelle hatte vor einem Jahr, im Dezember 1977, das Unglück seinen Lauf genommen, das in der Endabrechnung im März 1978 schließlich zur hauchdünnen Niederlage Annemarie Mosers im Kampf um die begehrte Kristallkugel – mit lächerlichen sieben Punkten Rückstand auf Weltcup-Gesamtsiegerin Hanni Wenzel aus Liechtenstein – geführt hat. „Der verwendete Anzug entspricht nicht den Bestimmungen." 20 wertvolle und – wie sich im Laufe der Saison herausstellen sollte – entscheidende Weltcup-Punkte sind verloren.

In der Endabrechnung verpaßte die mittlerweile 25 Jahre alt gewordene Salzburgerin jedoch zum zweitenmal nach ihrem sensationellen Comeback das angestrebte Ziel, den Gesamt-Weltcup zum sechstenmal zu gewinnen. Um so bitterer, wenn man sich nochmals die Begleitumstände in Erinnerung ruft: Hatte am Ende der Saison 1977 die Schweizerin Lies-Marie Morerod noch mit 73 Punkten

Seite 10: Österreich gelingt der Aufstieg in die Gruppe B bei der C-WM. Gruböck erzielt einen Treffer gegen Portugal (Foto Weingärtner)

vor Annemarie Moser gewonnen, so fehlten der weltbesten Schifahrerin aller Zeiten diesmal nur lächerliche sieben Punkte zum Erfolg. So ehrlich Hanni Wenzel auch ihr erster Weltcup-Gesamtsieg zu gönnen war, so sehr mußte man auch Annemarie Moser zugute halten, daß ihre Disqualifikation im Riesentorlauf von Val d'Isere im Dezember 1977 nach einer formal zwar richtigen, sportlich aber durch nichts gerechtfertigten Entscheidung doch wesentlichen Anteil am Ausgang dieses Weltcup-Winters 1977/78 gehabt hat.
Allerdings: Die Revanche für diese „Niederlage" war Annemarie Moser schon lange vor dem Weltcup-Finale in Arosa gelungen. Genauer: in den Tagen zwischen dem 28. Jänner und dem 5. Februar 1978, bei den 25. alpinen Schi-Weltmeisterschaften in Garmisch-Partenkirchen. Am 1. Februar durchrast „La Pröll" die 2.800 Meter lange ehemalige Olympiastrecke in 1:48,31 Minuten und holt sich damit zum zweitenmal nach St. Moritz 1974 den Weltmeistertitel in der Abfahrt, diesmal vor der Deutschen Irene Epple und der Schweizerin Doris de Agostini. Drei Tage später gewinnt sie die Bronzemedaille im Riesentorlauf hinter Maria Epple und Lies-Marie Morerod und wird schließlich, nach einem 19. Rang im Slalom, mit ihrem zweiten WM-Kombinationssieg nach den Olympischen Spielen in Sapporo 1972 die erfolgreichste Teilnehmerin dieser Weltmeisterschaften. Um nur einen kleinen Eindruck von der unglaublich beständigen Sportkarriere dieser Läuferin zu bekommen, im Telegrammstil die bisherigen Spitzenplazierungen Moser-Prölls bei Weltmeisterschaften und Olympischen Spielen:

1970, WM Gröden:
Bronze im Abfahrtslauf

1972, Olympische Spiele in Sapporo:
Silber in Abfahrt und Riesentorlauf
WM-Gold in der Kombination

1974, WM St. Moritz:
Gold im Abfahrtslauf

1978, WM Garmisch-Partenkirchen:
Gold in Abfahrt und Kombination
Bronze im Riesentorlauf

Die einzige Trophäe, die der uneingeschränkten Schikönigin des alpinen Rennsports nach wie vor versagt geblieben ist, ist eine olympische Goldmedaille. Doch auch ohne diese Auszeichnung bleibt die Sportlaufbahn Annemarie Mosers ohne Gegenstück. Das Phänomen „Pröll" damit abzutun, daß es sich eben um eine Ausnahmeerscheinung handle, hieße, sich die Sache doch etwas zu leicht zu machen. Sicher, das Bauernmädel aus Kleinarl hat einige jener Voraussetzungen für den Rennsport schon mitgebracht, die sich viele ihrer Konkurrentinnen erst mühevoll aneignen mußten. Doch dies allein hätte sicher nicht zu den jahrelangen, eindrucksvollen Erfolgen auf allen Pisten der Welt geführt: dazu gehörte schon auch jene bedingungslose Einstellung zum Rennsport, die unabdingbare Härte gegen sich und – zumindest dann und wann – auch gegen die schärfsten Konkurrentinnen, die Fähigkeit, Niederlagen und Tiefschläge zu verdauen, das Gespür für die ständig wechselnden Situationen, nicht nur während des Trainings und Rennlaufs, sondern auch innerhalb der Mannschaft und des gesamten Weltcup-Getriebes. Wer sich noch an das 14-jährige Mädchen erinnern kann, das da 1968 nach drei Stürzen als Letzte ins Ziel der Badgasteiner Abfahrt kam und nun, elf Jahre später, einen Vergleich zu ziehen versucht, der wird erkennen, daß der Spitzensport bei allen ihm immer wieder nachgesagten Nachteilen auch seine guten Seiten hat. Geändert hat sich natürlich das äußere Erscheinungsbild: Aus dem sommersprossigen Mädchen, das die Zügel im Damenteam fest in der Hand hielt und das auf die – sich zwangsläufig wiederholenden – Reporterfragen oft nur schnippische und kratzbürstige Antworten wußte, ist in der Zwischenzeit eine hübsche junge Frau geworden. Ihre Persönlichkeit stellt nach wie vor ein dominierendes Element in der gesamten österreichischen Damenmannschaft dar, aber die mittlerweile gereifte Sportlerin ist nicht mehr das unüberwindliche Hindernis, sondern ermöglicht neben sich auch die Entfaltung der übrigen Teamkolleginnen. Geblieben sind hingegen die Einstellung, die im Spitzensport notwendige Härte zu sich selbst, die völlige Konzentration auf das gesteckte Ziel und die klar umrissene Vorstellung über den einzuschlagenden Weg. Und das sind letztendlich – bei aller Freude über den sportlichen Erfolg – jene Attribute, die dem Menschen Annemarie Moser mit vollem Recht die Auszeichnung zugestehen, Österreichs Sportlerin das Jahres 1978 zu sein.

Robert Seeger:

Josef Walcher – Sportler des Jahres

Februar 1972, Hinterstoder. Mit Startnummer 16 schockte ein junger, außerhalb des steirischen Skilandesverbandes kaum bekannter Läufer bei den österreichischen Abfahrtsmeisterschaften die etablierten Stars des ÖSV. Der 17jährige Josef Walcher aus Schladming, der unbekümmert, mutig und selbstbewußt die Favoriten schlug. Walcher, der mit 3 Jahren erstmals auf den Bretteln stand, und dann unter behutsamer Führung seiner Mutter, die bei österreichischen Meisterschaften der Jugendlichen zu Erfolgen kam, für den Schirennsport aufgebaut wurde. Damals fehlten noch die großen Kinderrennen, so begnügte sich Walcher mit regelmäßigen Fahrten auf der Hochwurzen bei Schladming. „Die Planei war noch nicht so erschlossen, und zur Hochwurzen hatte ich es auch von zu Hause viel näher. Oft bin ich vier- bis fünfmal am Tag die Hochwurzen hinuntergeschossen. Mein älterer Bruder und meine Mutter Olga paßten immer auf und zeigten mir manches vor." Mit 12 Jahren bestritt Walcher dann ein Testrennen des steirischen Skiverbandes, wurde auf Anhieb Zweiter und kam so erstmals in einen Kader. Steirische Jugendmeisterschaften folgten, später Rennen im Landesverband, auch einige Abfahrten in der Steiermark oder in benachbarten Bundesländern. „Warum ich eigentlich Abfahrer wurde, weiß ich gar nicht so genau, denn zuerst fuhr ich mangels an Abfahrtsgelegenheiten auch viele Torläufe und Riesentorläufe. Doch die Abfahrt behagte mir immer schon. Angst habe ich eigentlich nie gekannt, und steil genug konnte es schon mir als Bub nie sein." Walchers Sieg in Hinterstoder bedeutete die Wende in der Laufbahn des damals 17jährigen Steirers. Er fand Aufnahme in den C-Kader des österreichischen Skiverbandes und bekam im Herbst 1972 Gelegenheit, mit den Spitzenläufern erstmals mitzutrainieren. Walchers Weltcupdebut war nicht mehr fern. Karl Kahr, der damals vom Teamchef Toni Sailer als Abfahrtstrainer geholt wurde, nahm Walcher mit nach Val d'Isere, wo der Steirer bei seinem Weltcupdebut als Zwölfter nur knapp die ersten Punkte verpaßte. Walcher blieb im Team und sorgte einige Male für spektakuläre Zwischenfälle. Wohl allen in Erinnerung ist sicher noch Walchers Fahrt im Jänner 1973 auf der von Wengen nach Grindelwald verlegten Lauberhornabfahrt. Walcher, mit glänzender Zwischenzeit, griff nach seinen ersten Weltcuppunkten. „Da hatte ich ein herrliches Gefühl. Kaum ein wesentlicher Fehler. Dann der kurze, etwas hängende Zielschuß, eine Rechtskurve und wenig später das Zielband. Irgendwo sah ich mich schon im Ziel, da verpaßte ich etwas die letzte Kurve, wurde abgetragen, arbeitete wie wild und raste um Zentimeter am Zielband vorbei. Es wäre der neunte Rang gewesen, meine ersten Weltcuppunkte. Einige Minuten war ich verzweifelt, wütend und enttäuscht. Dann klopfte mir jemand auf die Schulter und ich hörte Lobesworte. Es war Karl Kahr." Wenige Wochen später, bei der WM-Generalprobe in St. Moritz, war es dann für Walcher soweit. Sein zweiter Rang hinter Grißmann brachte ihm die ersten wirklichen Lorbeeren und die erste weltweite Anerkennung im Schizirkus. Sein Sieg bei den österreichischen Meisterschaften in Lienz brachte ihm dann auch endgültig den Aufstieg in die A-Mannschaft der Abfahrer, der er nun schon sechs Jahre lang angehörte. Walcher, der eigentlich zu den bescheidenen und immer freundlichen Sportlern zählt, der gerne gute und spannende Abenteuerromane liest und wenn es geht Moto-Cross oder Trail fährt, hatte es in den folgenden Jahren nicht leicht. Einerseits schonte ihn sein Trainer Kahr in keiner Weise, eher packte er härter zu, um zu vermeiden, das andere den Eindruck bekommen, Walcher habe es als Schladminger bei Kahr leichter. Zum anderen aber wurde Walcher wie kaum ein anderer österreichischer Abfahrer von Verletzungen verfolgt. Vor allem in der Vorbereitungszeit stellten sich die verschiedensten Probleme ein. Einmal Knie, einmal Knöchel, einmal beim Fußballspiel, einmal beim Moto-Cross oder auch bei einem Stiegensturz im eigenen Haus Walcher verpaßte Jahr um Jahr viele Wochen der Vorbereitung und schaffte dennoch immer wieder den Anschluß. Im Schatten des in den Jahren 1975 bis 1977 überragenden Klammer war er mit Plazierungen unter den ersten Fünf im Weltcup zufrieden. Seinem zweiten Platz von Sankt Moritz folgte bald ein zweiter in der Abfahrt von Zell im Jänner 1974. „Damals war ich begeistert, als ich in Kitzbühel auf der Streif Siebenter wurde.“ Im Kader für die Weltmeisterschaft in Sankt Moritz scheiterte er in einer internen Qualifikation gegen Karl Cordin. „Aber ich war nie ein Frühstarter, also habe ich mich schon damals auf 1978 vertröstet. 1976 schaffte ich in Kitzbühel im letzten Moment noch den Sprung in die Olympiamannschaft von Innsbruck, doch das Jahr 1976 brachte mir wenig Erfolge. Doch 1977 kam die Wende, obwohl ich im Sommer wieder verletzt war.“ Klammers Vorsprung der vorangegangenen Jahre war aufgeholt. „Im Dezember ein zweiter Platz in Gröden brachte mir den Erfolg in Griffnähe. Etwa 45 Tage später war es dann soweit. Bernhard Russi gewann die erste Abfahrt von Morzine-Avoriaz nur knapp vor mir. Ich spürte, daß ich den Schweizer hätte schlagen können. Ein kleiner Fehler vor dem Sprung kostete aber Zeit. Doch am 31. Jänner war es soweit. Sieg in der zweite Abfahrt. Das bisher Größte für mich. Meine Freunde in Schladming bereiteten mir damals einen überwältigenden Empfang. Fast die ganze Stadt stand Kopf, als ich als Sieger heimkehrte.“ Für Walcher aber ging die Saison noch weiter, und aus Heavenly Valley brachte er noch einen weiteren Abfahrtserfolg mit nach Hause. Erstmals nach Jahren konnte neben Franz Klammer auch ein anderer österreichischer Abfahrer Siege sammeln. Ein Jahr später, 1977/78, strafte der trotz seiner Erfolge bescheiden gebliebene Walcher alle Kritiker Lügen, die dem Schladminger eine Fortsetzung seiner Erfolge nicht mehr zutrauten. „Ich habe einige gehört, die vom Zufall sprachen. Doch allzu ernst habe ich dies alles nicht genommen. Ich habe hart trainiert und versucht, endlich auch einmal eine ganze Saison konsequent stark zu fahren. Der Doppelsieg in Kitzbühel eine Woche vor der Weltmeisterschaft in Garmisch-Partenkirchen schockte die Konkurrenz. Ich war plötzlich selbstsicher genug, es auch bei der Weltmeisterschaft schaffen zu können. Für mich war die Saison nach den beiden Erfolgen von Kitzbühel eigentlich schon gelaufen, so konnte ich unbelastet fahren, und das war sicher auch entscheidend. Ich glaube, ich fand im Nebel am Kreuzeck die beste Linie und versuchte wie Klammer vor allem im Schlußteil zu forcieren. Der Weltmeistertitel, neben Olympiasieg und Weltcupgesamterfolg wohl der Traum für jeden Rennläufer, war plötzlich da. Ich weiß nicht genau, wie lange es gedauert hat, bis ich erst viel später realisieren konnte, was jene letzte Jännerwoche 1978 für mich als Rennläufer bedeutete.“ Walcher avancierte zur Nummer eins im Abfahrtssport. Plötzlich wurde aus einem Jäger selbst der Gejagte. Er wußte um diese Position aber auch, daß er nicht wie Klammer zuvor mit Seriensiegen aufwarten kann. Konkretes Berufsziel nach seinem Abtritt von der Bühne der Aktiven, was nicht vor Ende der Olympiasaison 1980 erfolgen wird, hat er noch nicht. „Eine berufliche Basis baue ich mir schon rechtzeitig auf. Aber Genaues weiß ich nicht. Ob Pension, Sportgeschäft oder dergleichen, warten wir ab." Walcher hält es hier wie mit seinen privaten Plänen. „Ich habe zwar eine ständige Freundin, doch vom Heiraten ist derzeit noch keine Rede. Das hat alles Zeit." Walcher mußte nach der letzten Saison natürlich viele Ehrungen über sich ergehen lassen, jeder griff nach dem Weltmeister. „Die Wahl zum Sportler des Jahres 1978 aber ist wohl weit über die anderen Ehrungen hinauszustellen. Bester Sportler im ganzen Land zu sein, ist sicher etwas Einmaliges. Ein Zeichen dafür, wie Erfolge in der Öffentlichkeit behandelt werden. Ich freue mich ganz ehrlich, in diese lange Liste mit vielen großen prominenten österreichischen Sportlern aufgenommen zu werden." Josef Walcher aus Schladming fährt auch als Weltmeister weiter wie eh und je. Der erste Sieg nach dem WM-Erfolg von Garmisch war sicher schwierig, und der Druck der auf ihm als Weltmeister lastete, ist größer als bisher. Doch Walcher meistert sicher auch diese Situation, wie so viele andere in seinem Sportleben zuvor. „Wenn ich eigentlich noch einen großen Wunsch habe, dann den, einmal auch zu Hause in Schladming, auf der Planei, die ich sicher öfter als jeder andere Rennläufer gefahren bin, gut abzuschneiden oder gar zu gewinnen. Doch gerade zu Hause war ich bisher kaum mehr als ein Statist." Vielleicht ändert sich dies am 22. Dezember bei der nächsten Planei-Abfahrt.

Sporttoto — der stille Sponsor

Viele Förderer des österreichischen Sports rechnen fest damit, daß sie aus ihrer Hilfe auf dem Umweg Werbewirkung für ihre Firma Nutzen ziehen. Sie fördern daher vor allem erfolgreiche Sportler oder Spitzenvereine. Die Mittel eines Sponsors — des Sporttotos — fließen dem Amateurkörpersport zu, ohne daß damit die Werbetrommel gerührt wird.

Der Österreichische Sporttoto bringt seit seinem Bestehen Jahr für Jahr einen beträchtlichen Reingewinn, der bekanntlich auch dem österreichischen Breitensport zugute kommt.

Das Jahr 1978 brachte wieder Rekordwetteinsätze von über 421 Millionen Schilling und damit einen Reinertrag von 133,017.360,97 Schilling. Wie allgemein bekannt, fließt seit 1. Jänner 1971 — ab diesem Datum verzichtete der Bund auf seinen Anteil aus dem Sporttoto — der gesamte Reinertrag dem Amateurkörpersport zu.

Der Reinertrag 1978 wurde wie folgt verteilt:

Österr. Fußballbund	S 44,893.359,34
Allgem. Sportverband Österreichs	S 18,289.887,13
Arbeitsgemeinschaft für Sport und Körperkultur in Österreich	S 18,289.887,13
Österr. Turn- und Sportunion	S 18,289.887,13
Österr. Olymp. Comité	S 4,433.912,03
Fachsportverbände	S 28,820.428,21

Dank der guten Zusammenarbeit aller am Sporttoto Beteiligten und einer gezielten Werbung hat sich der Österreichische Sporttoto in den letzten Jahren besonders rasant entwickelt. Der Reingewinn des Jahres 1978 ist gegenüber dem des Jahres 1975 um über 103 Prozent gestiegen. Seit dem Bestehen des Sporttotos — im Oktober 1979 werden es 30 Jahre — wurden an den Amateurkörpersport über 1 Milliarde 605 Millionen Schilling verteilt. Wenn das 30. Sporttotojahr hält, was die ersten Wettbewerbe versprechen, wird es ein Jubeljahr auch für den Österreichischen Sport. p. r.

Leo Strasser:

Das Sportjahr 1978 in Bericht und Kommentar
Immer wieder . . .

Der Herr Österreicher konnte sich 1978 zufrieden in seinem Stuhl zurücklehnen. Der Sport reflektierte ihm via Bildschirm, was er zu leisten imstande ist.

Im Sommer wurden vor lauter Freude, ich weiß es aus der nächsten Verwandtschaft, Einrichtungsgegenstände zertrümmert. Onkel Edi ließ sogar einen Fernsehapparat daran glauben. Es war aber auch unglaublich:

Gerade dort, wo wir zum Beispiel 47 Jahre hinter den Deutschen herhinken, schlagen wir zu. Man soll den Ball nicht treten, sondern scheiberln . . .

2 : 1 gegen Spanien, 1 : 0 gegen Schweden, 3 : 2 über Deutschland, die einzige Niederlage bei der Weltmeisterschaft für den damals noch regierenden Weltmeister, sieben Tore, der siebente Platz, der siebente Himmel. Für Österreich war Argentinien mit einem Male verklärt, ja sogar Panzer schickten wir jetzt dem Militärregime hinüber. Andere mögen Kriege führen, du, glückliches Österreich, spiele, verkaufe, verdiene, gewinne.

Es war überhaupt ein schönes Jahr, dieses 1978. Geendet hat's mit einem Sieg über Deutschland, begonnen hat's schon mit Überraschungen in Deutschland.

Die Goldmedaille in der Herrenabfahrt bei der alpinen Ski-Weltmeisterschaft in Garmisch-Partenkirchen kam ja noch erwartet. Sepp Walcher eroberte sie mit seinem dritten Abfahrtssieg in einer Folge. Vielleicht half ihm und uns dabei ein Mißgeschick, „über seine Verhältnisse zu fahren", wie er berichtete. Beim Start war er nämlich aus der Schlaufe des Schistockes gefahren, und so hatte sich die Stange für einen Moment zwischen seine Beine verirrt. Jetzt hast keine Chance mehr, sagte er sich, und so raste er „vor lauter Haß gegen mich" brutal über die 3.320 Meter lange Kandaharstrecke: „Entweder – oder, du Depp!"

Der Depp wurde Weltmeister.

So entscheiden im Sport oftmals Kleinigkeiten. Wer weiß, ob der Steirer gewonnen hätte, wenn von Beginn weg alles glatt abgelaufen wäre. Vom Zweiten trennten ihn dann ja nur 1,87 Meter.

9,86 Meter hinter Walcher radierte Werner Grissmann durchs Ziel, wenn wir die Abstände, um sie besser zu begreifen als Hundertstelsekunden, in Meter umlegen.

Mit der Startnummer 15 hatte der Deutsche Michael Veith unserem Mann noch die Silberne entrissen. Werner Grissmann nahm's gelassen: „Die Bronzene paßt eh besser zu meinem braunen Anzug."

Wen im Augenblick der Niederlage der Humor nicht verläßt, der verdient eine Medaille.

Moser rächte Pröll

„Vom Osten bis zum Westen, die Österreicher sind die Besten." Ich mag solche Transparente nicht, aber in der Abfahrt hatten sie auch bei den Damen ihre Gültigkeit. Unsere vier Damen landeten unter den ersten zehn, allen Pfeifkonzerten, die ihre Fahrten begleiteten, zum Trotz. Dabei verstehe ich ja die deutschen Nachbarn, daß ihnen die Gesänge der Ausländer auf ihren Hängen immer wieder lästig fielen: „Immer wieder Österreich . . ."

Es war die verspätete Revanche der Annemarie Moser für die Olympianiederlage der Annemarie Pröll von Sapporo: Bei 93 km/h verschnitt es ihr die Schier, fast flog sie, fast stand sie, so überschnell

---

Seite 17 oben: Immer wieder Annemarie (Foto Sündhofer)

Seite 17 unten: Für Walcher lief die Saison 1978/79 nicht nach Wunsch (Foto Votava)

Seite 18 oben: Die Schülerliga begeistert nach wie vor (Foto Votava)

Seite 18 unten: Die Sportpresse ehrt die erfolgreichen Sportler (v. l. n. r. Heidegger, Hrowat, Klammer, Moser, Innauer, Habersatter) (Foto Sündhofer)

11
ATOMIC
ATOMIC

12

war sie unterwegs gewesen, und so glaubte sie auch nicht an ihren Sieg und drehte der Strecke den Rücken – bis die Olympiasiegerin von Sapporo, Marie-Theres Nadig, kam.

Doch dann tanzten die Österreicherinnen im Ziel, und die Leute sahen eine ganz andere Annemarie, als sie gewohnt waren. Immer wieder wischte sie sich die Tränen aus dem Gesicht: „Jetzt kommt alles bei mir außa." 6,20 Meter hinter ihr Epple (Deutschland), 20,68 Meter hinter der Siegerin de Agostini (Schweiz) und mit Respektabstand von 34,38 Metern hinter Moser die von ihr so gefürchtete Nadig als Vierte. Annemarie hatte nach einer Rennpause von einem Jahr („ein Ausruh'n war's") alles gegeben: „Da brennen dir die Oberschenkel, wennst so lang in der Hocke bleibst!" Aus der Siegerin ist aber auch schon eine Diplomatin geworden. Betretenes Schweigen herrschte im Kongreßsaal in Garmisch beim Siegerinterview unter den deutschen Kollegen, als sie gefragt wurde, was sie sich bei den Pfiffen gegen sie gedacht hatte. „Ich war so konzentriert, daß ich es überhört habe", antwortete sie, um dann laut zu überlegen: „Ich weiß nicht, wie die Leut' in Österreich reagierten, wenn sie die ausländische Favoritin sähen."

Der Einstockfahrer

Dem Schirennsport tut's gut, wenn sich die Sieger auf mehrere Länder verteilen. Und im Riesenslalom wurde der Gerechtigkeit Genüge getan, indem der Beste, der Schwede Ingemar Stenmark, gewann. Die Show stahl aber dem Einsilbigen ein Einstockfahrer: Schon beim zehnten Tor blieb Hans Enn hängen, er verlor den rechten Schistock und wand sich dann ohne ihn weiter. Dennoch landete der Mann aus dem Salzburgischen noch auf dem sechsten Platz.

Welch harte Währung Stenmark ist, wurde auch im Slalom vorgeführt: 1. Stenmark (Schweden), 2. Gros (Italien), 3. Frommelt (Liechtenstein), 4. Steiner (Österreich). Mitfavorit Heidegger, zu schnell, zu unroutiniert, schied aus – wie Stenmark bei den Olympischen Spielen in Innsbruck. Alles braucht eben seine Zeit. Der Sportler muß seine Siege nur erwarten können.

Die unglaubliche Geschichte

Dennoch ist die Geschichte der 19jährigen Kaufmannstochter Lea Sölkner von der Tauplitz so unglaublich, daß sie wie ein wundersames Märchen klingt. Zwei Jahre vorher hatte sie der Trainer aus Val d'Isere noch heimgeschickt, ehe sie den ersten Schwung tun konnte. Sie trainiere zuwenig ernsthaft. Vielleicht war der Ehrgeiz der 17jährigen aber erst geweckt worden, als sie mit der Eisenbahnkarte in der Hand mutterseelenallein im Zug heimzu Platz genommen hatte.

Sogleich kam auch noch der zweite Schlag. Der Österreichische Schiverband verbot ihr den Rennsport: angeborene Hüftgelenksluxation. Der steirische Schiverband protestierte, und Vater Sölkner hatte einen Revers zu unterschreiben – Rennlauf ja, aber auf eigene Gefahr.

In einem Schuh muß sie eine Einlage tragen, denn wenn sie geht, hinkt sie. Ihr linker Fuß ist um einen Zentimeter kürzer. Im reinsten Übermut meinte man nach dem Weltmeisterschaftsslalom im österreichischen Lager, das sei ihr zugute gekommen, weil der Hang so sehr nach rechts hängt. Die Krankheitsgeschichte war freilich schon nach dem ersten Durchgang vergessen: Sölkner Erste.

Und wie hell sie im Köpfchen ist, erwies sich im zweiten Lauf, als sie ihre Zwischenzeit hörte und rasch reagierte: „Die ist schlecht – da mußt antauchen!" Zweiter Durchgang: Kaserer Erste, Sölkner Zweite.

Als dann die Deutsche Pamela Behr durch war, Silbermedaille für sie, erdröhnte Garmisch von einem österreichischen Jubelgeschrei, und die Mitteilung

---

Seite 19 oben: Joe Pachler verlor seinen Europameistertitel an Henry Rhiney (Großbritannien) (Foto Votava)
Seite 19 unten: Österreichs Galopper hatten eine erfolgreiche Saison (Foto Votava)
Seite 20 oben: Die Stadt Schladming bewirbt sich um die Alpine Schiweltmeisterschaft 1982 (Foto Votava)
Seite 20 unten: Die Europameisterinnen Hrowat und Winklbauer unter sich (Foto Votava)

des Zielsprechers ging darunter fast unter:

„Erste und Weltmeisterin 1978 – Lea Sölkner, Österreich!"

Wie sie fuhr, war ihr egal, erzählte später Annemarie Moser, „ich wollte nur so rasch wie möglich hinunterkommen, um ihr gratulieren zu können." Nach 16 Jahren, als Marianne Jahn in Chamonix gewonnen hatte, wieder eine Slalomgoldmedaille der Damen für Österreich, und der Teamgeist war zu neuem Leben erweckt.

Der Herr Österreicher aber, der schon so oft geraunzt hatte, Werner Grissmann und Monika Kaserer sollten doch endlich aufhören, darf sich an der eigenen Nase nehmen. Nach Grissmann gewann auch Kaserer Bronze, noch dazu im Slalom. 1974 war ihr das gleiche bronzene Kunststück auch bei der Weltmeisterschaft in St. Moritz geglückt, damals in der Kombination. „Solang ich zu den Besten gehöre, fahre ich weiter", strahlte die 26jährige Salzburgerin.

Aus dem Geburtsschein war ja über das Können eines Sportlers noch selten Gültiges zu lesen.

Außerdem finde ich es jedesmal taktlos, wenn ein Interviewer nichts Besseres weiß, als zu fragen: „Wann beenden Sie Ihre Karriere? Hören Sie jetzt auf?"

Die Gegenfrage müßte heißen: „Geben Sie Ihren Beruf nicht auch endlich auf, Sie Frechdachs?"

Annemaries Antwort

Im Österreichhaus von Garmisch sah mich unser FIS-Delegierte und FIS-Kenner Dr. Sepp Sulzberger erstaunt an, als ich ihm sagte, daß Annemarie Moser nach einem Gespräch mit dem FIS-Präsidenten guten Mutes sei, die 20 Weltcuppunkte wieder zurückzubekommen, die ihr strafweise abgezogen wurden, weil sie zu Saisonbeginn in einem nicht zulässigen, weil zu luftdurchlässigen Rennanzug gefahren war. Sie hatte davon nichts gewußt. Die Trainer waren schlampig gewesen. Wie er die Herren kenne, gebe es gegen jemanden aus Österreich keinen Pardon, schüttelte Sulzberger den Kopf. Die Abstimmung gab ihm völlig recht: 13 : 3 gegen Moser, 13 : 3 gegen Österreich.

Die richtigen Antworten wußte die Kleinarlerin aber schon in Garmisch, wo sie im abschließenden Riesenslalom gleich zwei Medaillen auf einmal entführte, die bronzene hinter Mariele Epple (Deutschland) und Hanni Wenzel (Liechtenstein) und die goldene in der Kombination vor Wenzel und Fabienne Serrat (Frankreich).

Im Geist entschuldigte ich mich vor jenen Zuschauern, die ihre Ohren zuhielten, als über die Hänge die patriotischen Gesänge der Fremden hallten, wonach es ein „Immer-wieder-Österreich" gäbe, von Schlachtenbummlern, die auch noch ein Transparent hochhielten, dessen Text von Übermut diktiert war: „Kleinarl grüßt den Rest der Wel.t" Wenn wir so abschneiden, tun wir dem Schisport außerhalb Österreichs wirklich nichts Gutes, dreimal Bronze, viermal Gold, damit gar 50 Prozent aller ersten Plätze, kein Wort wahr an dem angeblich so österreichischen Motto vom Leben und Lebenlassen und vom Siegen und Siegenlassen.

Zur Freude kein Urlaub

Sieben Medaillen, viel mehr, als wir erhofft hatten, und wer für das nächste große Sportereignis des Jahres vier Monate später sieben Tore Österreichs tippte, war – zumindest in meinen Augen – entweder ein ganz ekeliger Schmeichler oder aber ein allzu verschlafener Träumer.

Ein siebenter Platz unter den 16 Endrundenteilnehmern?

Die österreichischen Nationalfußballer gaben selbst die Antwort, denn sie rechneten ohne Ausnahme nicht, unter die letzten acht zu kommen. Obwohl die Weltmeisterschaft erst Ende Juni zu Ende war, hatten die meisten von ihnen mit ihren Frauen schon zwei Wochen vorher ihren Urlaub gebucht.

Nicht bei der Hochzeit . . .

Es war überhaupt ein gutes Fußballjahr, Austria im Finale des Europacups der Cupsieger (in Paris gegen Anderlecht untergegangen), Wacker Innsbruck im

Meistercup am deutschen Meister in Gladbach nur knapp gescheitert, Österreich nach 20 Jahren wieder bei der Endrunde einer Weltmeisterschaft (in Schweden waren wir damals nach drei Spielen ausgeschieden) – alles kein Erfolg der Reform, wie manche dichteten, wohl aber des früheren Meisterschaftsbetriebes. Selten sind österreichische Fußballer derart konditionell gefestigt in internationale Bewerbe gegangen.

Mag sein, daß die Rivalität zwischen Helmut Senekowitsch und Max Merkel für die Nationalmannschaft eine zusätzliche Stimulanz gewesen ist. „Ich war bei der Hochzeit nicht dabei, brauch' ich an der Beerdigung nicht teilzunehmen", hatte mir Merkel auf die Frage geantwortet, warum er schon vor den Spielen wieder aus Argentinien heimreise. Er hatte bei der Qualifikation keine Funktion, warum sollte er also für den erwarteten Abgesang mitverantwortlich gemacht werden?

Das stachelte natürlich den Ehrgeiz unserer Spieler an.

Mit dem den Fußballern eigenen Humor bemerkte zwar Teamsprecher Friedl Koncilia, „ein paar Hochzeitsgeschenke werden schon auch für ihn abgefallen sein", darauf, ihm einen Kranz zu schicken, wie Teamkapitän Robert Sara vorschlug, wurde aber dann doch verzichtet.
Man gewinnt lieber.

Dabei war viel dran am Merkelschen Schwarzsehen. So dachte Austrias Hermann Stessl, einziger Bundesligatrainer, der von seinem Verein zur Weltmeisterschaft geschickt worden war, bei einem Empfang in der österreichischen Botschaft von Buenos Aires angesichts eines großen Bildes des Kaisers Franz Joseph I. an die vielen Länder der Monarchie. „Da hätt' ma a Mannschaft", entfuhr es ihm.
Es ging dann aber auch ohne die Tschechen, ohne die Jugoslawen, ohne die Ungarn, ohne die Slowaken. „Was Österreich bot, war klassischer mitteleuropäischer Fußball", kam Spaniens Teamchef Ladislav Kubala, einst Nationalspieler auch der Slowakei und Ungarns, nach der 1 : 2-Niederlage seiner Elf fast ins Schwärmen.

Wir hatten uns endlich wieder einmal auf unsere Stärke, auf die Technik, auf präzisen, überlegten Fußball besonnen, auch auf Tricks, die zur Freude der 50.000 Zuschauer im ausverkauften Sarsfield-Stadion von Buenos Aires ins Spiel gestreut wurden. Selbst die Tausenden Abstämmlinge von Spaniern wechselten mit fliegenden Fahnen in unser Lager über, mit rotweißroten Fähnchen, die schon vorher von Mitgliedern der österreichischen Kolonie an alle Besucher verteilt worden waren.

Viel Anteil hatte auch am zweiten Sieg, am 1 : 0 über Schweden, Teamchef Helmut Senekowitsch, der von seinen Spielern größte Disziplin verlangte: kein Verschenken des Balls, kein Herauslockenlassen aus der eigenen Hälfte, ganz unösterreichischen, dafür aber auch um so erfolgreicheren Sicherheitsfußball. Sie gehorchten. Sie gewannen. Sie garnierten aber ihr Spiel dennoch mit technischen Kabinettstückerln, die ihnen Szenenapplaus und am nächsten Tag riesige Schlagzeilen in den argentinischen Zeitungen einbrachten. Tenor: Wir hatten immer geglaubt, wir stellten die ideenreichsten Fußballer, in Wirklichkeit hat sie aber Österreich.

„Austria qalificado" – in Leuchtschrift erstrahlte es im Stadion. Österreich qualifiziert, Österreich als eine der ersten Mannschaften des Turniers in der Endrunde.

Der Chauffeur, der mich ins Pressezentrum bringen sollte, machte einen Umweg und schaltete den Taxameter ab. Er wollte sich mit dem Österreicher unterhalten. Immer wieder zu hören von den Eingeborenen: „Austria primero, Brazil secundo!" Daß wir in unserer Gruppe vor ihrem großen Nachbarn und Rivalen Brasilien kamen, gefiel ihnen am allermeisten.

Und in den diversen Weltteams schienen immer wieder Österreicher auf: Robert Sara, Willi Kreuz, Hans Krankl, der europäische Torschützenkönig, Josef Hickersberger, Bruno Pezzey.

Leider zu knapp verloren

Wir ahnten, daß das auf die Dauer nicht gutgehen konnte. Schon in Mar del Plata kritisierte Willi Kreuz Mitspieler: „Gegen Brasilien brauchst nicht zu zangerln, das können die besser." Wir spielten unkonzentriert, und wir verloren mit 0 : 1 zuwenig hoch. Ein 0 : 2 hätte schon genügt, und wir wären in die schwächere Gruppe gekommen: statt Gegnern wie Italien, Deutschland und Holland lieber Polen, Peru ... Aber ein Helmut Senekowitsch ist kein Typ, der Verlieren predigte: „Das wäre doch unfair gegenüber Spanien und Schweden, die sich noch Chancen auf ein Weiterkommen ausrechneten."

„Wären wir in der anderen Gruppe gelandet, wären wir Dritter geworden", glaubte der frühere Teamkapitän Helmut Köglberger.

Trotz des 1 : 5-Umfallers gegen Holland, als wir mit drei Liberos spielten, von denen wenigstens zwei ihr Heil stets in der Offensive suchten, so daß Friedl Koncilia den Holländern vier-, fünfmal allein gegenüberstand, trotz dieser Schlappe waren wir am Ende nur ein Tor vom Spiel um den dritten Platz entfernt. Wir kassierten es im River-Plate-Stadion, als der neu in die Mannschaft gekommene Heini Strasser, ein prächtiger Offensivspieler, den Ball partout nicht in den Korner schießen wollte. So entsprang das 0 : 1 gegen Italien einem halben Eigentor. Die Spieler wußten: Jetzt kann uns nur noch das Match gegen Deutschland rehabilitieren.

Der Spott wegen der eingeflogenen österreichischen Spielerfrauen ging an unseren Fußballern auch nicht spurlos vorüber. „Make love, not goals." Lieber zu lieben, als Tore zu machen, „empfahl" ein britischer Journalist.

3 : 2

Auch die Schlagzeilen in deutschen Zeitungen, in denen die Österreicher als leichtes Schlachtopfer hingestellt wurden, verfehlten nicht ihre Wirkung. In kein anderes Spiel gingen unsere Fußballer so bissig, ja erstmals mußten sie sogar zwei gelbe Karten in Kauf nehmen, was uns in der Endabrechnung der Fairneßtabelle vom ersten auf den dritten Platz zurückwarf.

„Jungs, noch vier!" hörte man in unserer Mannschaft nach dem 1 : 0 für Deutschland von der Betreuerbank des Gegners. Jupp Derwall, heute deutscher Bundestrainer, hatte es gerufen. Noch vier Tore! Diese Geringschätzung der Österreicher war ganz und gar ungerechtfertigt. Wir stellten sogar die größere Anzahl von Technikern, Hickersberger umspielte Bonhof, Kreuz verschleppte Vogts auf die rechte Seite, so daß links immer wieder Raum für österreichische Vorstöße frei wurde, Obermayer war Herr in unserer Abwehr, Sara machte unser Spiel undurchsichtig, Pezzey stempelte hintereinander gleich zwei deutsche Stürmer zu Statisten, und Krieger, den es nicht hinten hielt, so daß wir schon wieder Angst vor gegnerischen Toren haben mußten wie gegen Holland, sorgte schließlich für die Vorarbeit von zwei entscheidenden Treffern.

„Normal", antwortete nachher Krankl auf die Frage eines deutschen Journalisten trocken, was er vom österreichischen 3 : 2-Sieg über Deutschland halte. Und auf die überraschte Miene des Interviewers versprühte der zweifache Torschütze noch mehr Mutterwitz:

„Ihr habts doch ein Mordsglück gehabt."
???
„Daß ich heute nicht in Form war."

Ob er nicht mit den Deutschen mitfühle, die die Österreicher nun aus dem Bewerb geworfen hatten?

Aus dem Hintergrund rief da Koncilia: „Warum? Ihr habt doch 47 Jahre mit uns auch kein Mitleid gehabt."

Trotz des ersten österreichischen Fußballsieges über Deutschland nach 47 Jahren griff kein Übermut Platz, und Hickersberger berichtigte sich selbst, nun doch

---

Seite 25 oben: Mit Schrittmacher Durst gelang Dögl im Radstadion ein Weltrekord (Foto Sündhofer)
Seite 25 unten: „Absolute Ruhe" war notwendig, um die Weltmeisterschaft im Sportangeln in Wien durchführen zu können (Foto Sündhofer)

INTER
SPORT

Peter Feigl gelang der Vorstoß in die Weltklasse (Foto Votava)

Seite 27: Petra Prenner – schnellste Österreicherin über 100-m-Hürden (Foto Sündhofer)

VOLKS

Österreichs Paradetechniker Herbert Prohaska im Kampf mit Martinez (WM: Österreich – Spanien 2 : 1)
(Foto Votava)

nicht, wie er angekündigt hatte, mit Kurt Jara zusammen in einem Fiaker durch Düsseldorf zu fahren.
Der deutsche Fernsehkommentator Harry Valerien aus München konnte sich aber nichtsdestoweniger in so oft gedemütigte österreichische Gemüter hineindenken: „Ich verstehe eure Freude." Verrutscht war nur das Weltbild eines Kollegen aus dem Norden: „Ausgerechnet gegen die müssen wir verlieren. Nach den Schifahrern und Lauda haben sie jetzt auch noch die Fußballer. Sie werden nicht auszuhalten sein."
Inzwischen hat uns die Niederlage gegen Portugal gezeigt, daß wir noch lange keine Weltmeister sind, auch wenn uns der Sieg über Deutschland fast ebensoviel wert war wie der Weltmeistertitel. Das „Tageblatt" von Buenos Aires: „Die Österreicher feierten den 3 : 2-Sieg von Cordoba wie den Gewinn der Weltmeisterschaft."
Die Ausländer jubelten mit. Ich saß bei der Fahrt vom Stadion ins Pressezentrum in einem Bus voll spanisch sprechender Journalisten. Als ein argentinischer Radioreporter immer wieder sein Band mit den österreichischen Toren abspielen ließ, dröhnte das Gefährt jedesmal vom Applaus der fremden Journalisten wider. Man freute sich, daß es einem Großen gezeigt worden war.

Und der österreichische Botschafter in Buenos Aires spann den rotweißroten Faden gleich weiter. Dieser Fußballsieg helfe uns auch auf anderen Gebieten weiter. So habe er die Gunst der Stunde genützt und alsogleich um ein Gespräch beim argentinischen Wirtschaftsminister gebeten.

Gerade im Spitzensport werden Siege für Österreich nicht allein in Freude umgesetzt, sondern auch in materielle Gewinne.

Sportlich gesehen, hievte uns das 3 : 2 über Deutschland freilich in so luftige Höhen, daß wir Obacht geben müssen, nicht bald wieder tief abzustürzen. Woran wir uns orientieren können, ist der aggressive, selbstbewußte, kampferfüllte und dabei doch mit soviel Technik durchsetzte Fußball. Optimistischer Ausblick: Wir können noch viel mehr, als wir uns selbst zutrauen.

Garmisch-Partenkirchen und Argentinien sollten uns den Weg gewiesen haben.

Gerhard Zimmer:

Das Fußballwunderjahr 1978

„So wie noch 1978!" Diese Jahreszahl wird zu einer magischen Zahl des österreichischen Fußballs werden. Austria, Österreich und Hans Krankl werden immer wieder mit dieser Zahl aus der Erinnerung auftauchen: Hans Krankl mit dem „Goldenen Schuh" als Europas treffsicherster Torschütze, die Wiener Austria als erster österreichischer Europacupfinalist und Österreich als endlich wieder erfolgreicher Weltmeisterschaftsteilnehmer. Nach einem Jahrzehnt der „Bekriselung" des österreichischen Fußballs kam endlich das Jahr der Bewunderung – wobei man letztere auch unter Anführungszeichen setzen könnte. Denn es folgte ein Wunder auf das andere. Und am Ende wunderte sich schon niemand mehr, daß Österreich erstmals seit 20 Jahren wieder an der Endrunde einer Fußballweltmeisterschaft teilnahm, daß die Austria im Pariser Prinzenparkstadion vor aller Welt als Europacupfinalist gegen Anderlecht auftrat, daß Hans Krankl zuerst mit 41 Treffern mehr Meisterschaftstore erzielte als alle anderen Torschützen des Kontinents, daß er wie ein Akrobat den Ball herunterholte und links zum 2 : 1 gegen Weltmeister Deutschland vollierte, daß er durch dessen Abwehr marschierte und mit dem denkwürdigen 3 : 2 gegen Sepp Maier eine Ewigkeit von 47 Jahren der

Erfolglosigkeit gegen Deutschland auslöschte. Am Ende wunderte sich niemand mehr, daß plötzlich Österreichs Fußballer begehrt waren, daß dieser Krankl bei CF Barcelona nach Johan Cruyff kam, daß Bruno Pezzey, bei dem die Österreicher schon immer Beckenbauer-Ähnlichkeit vermutet hatten, nach Frankfurt geholt wurde, und Herbert Prohaska trotz Millionenangeboten, die noch vor einem Jahr Traumofferte gewesen wären, bei Austria blieb. Denn Austria und Österreich waren nicht mehr das letzte in der großen Welt des Fußballs.

Man wird dieses Jahr und diese Zeit noch lange preisen. Und es wird auch der Tag kommen, an dem man dieses Wunder zu analysieren beginnen wird, um es in einer Zeit der Erfolglosigkeit zu wiederholen. So wie man sich etwa hierzulande lange an das Modell Holland geklammert hatte, ohne es je nach Österreich verpflanzen zu können.

Ja, was machte wirklich diese Wandlung von einem seinem Schicksal schon fast ergebenen Prügelknaben zum Fußballhelden aus? Was machte aus notorischen Verlierern Sieger, aus dummen Verlusttoren glückliche Siegestreffer? Wer oder was hat diese Veränderung bewirkt? Dafür gibt es wohl keine einzige Erklärung, sondern nur die Vermutung, daß eben vieles zusammengetroffen ist und zusammengespielt hat, von dem im Spitzensport der Erfolg abhängt.

Nehmen wir zuerst das Beispiel Austria. War der österreichische Cupsieger nicht schon aus dem Europacup eliminiert, als er ohne die Deckung eines Heimerfolges (1 : 1) zum Retourkampf im Viertelfinale in Split antrat. Und dann hieß es schon 1 : 0 für Hajduk, als Rukljak in der 42. Minute zu einem Elfmeter antrat. Doch Tormann Baumgartner, der diesen Elfmeter verschuldet hatte, wehrte den Schuß auch ab. Und nach einem 1 : 1 im Nachspiel hielt er noch zwei dieser Unhaltbaren im entscheidenden Elferschießen. Austria wurde erstmals mit dem Semifinale konfrontiert und dem Pariser Endspiel bekanntgemacht. Die in der WM-Qualifikation erzeugte Erfolgsserie setzte sich auf Klubebene fort. Der Bann war endgültig gebrochen. Wäre noch vor einem Jahr eine österreichische Mannschaft in der gleichen Situation allein vor der Größe der Aufgabe in die Knie gegangen, so wuchs die Austria über sich und das Semifinale hinaus. Nach einem 1 : 2 und 2 : 1 gegen Dynamo Moskau bedeutete ein 5 : 4 im Elferschießen eine Sternstunde der Vereinsgeschichte. Der Hubert Baumgartner hielt einen Elfmeter von Bubnow und Alberto Martinez verwertete den seinen. Austria jubelte als Europacupfinalist.

Gewiß, es hing nicht nur an gehaltenen oder verschossenen Elfmetern, daß der österreichische Cupsieger und spätere Meister als erste österreichische Klubmannschaft in ein Europacupendspiel vorstieß, aber es war doch eine knappe Entscheidung. Sie eröffnete noch nie dagewesene Erfolgsdimensionen, ohne aber dabei zu verheimlichen, wie nahe Erfolg und Mißerfolg liegen, wie plötzlich man oben sein, wie leicht man aber auch unten bleiben kann.

„Sie haben Rensenbrink – wir Prohaska!“, lautete sofort eine Schlagzeile einer Zeitung vor dem Pariser Endspiel am 3. Mai. Mit dem Einzug in das Finale glaubte der österreichische Fußball mit der absoluten Spitze gleichgezogen zu haben, etwa so, wie er sich auch nach dem 3 : 2-Sieg ein paar Wochen später in Cordoba als der wahre Weltmeister der Endrunde in Argentinien fühlen sollte. Daß der Austria zum Europacupsieger noch einiges fehlte, das kam im 4 : 0-Sieg von Anderlecht zum Ausdruck. Und doch blieb es eben nur noch ein Lehrspiel in der Gestaltung von Endspielen, nicht ein Lehrspiel in Fußball überhaupt, wie es so manche österreichische Mannschaft in den letzten Jahren oft hatte zur Kenntnis nehmen müssen. Anderlecht, der dreimalige Finalist, besiegte den Newcomer, der sich aber dennoch in diesem Bewerb international profiliert hatte wie kaum eine Mannschaft zuvor. Von unbekannt bis zu international anerkannt.

Der Weg in das Pariser Endspiel hatte

eine Mannschaft geformt, eine Mannschaft, die von Kosice angefangen über Hajduk Split und Dynamo Moskau bis Anderlecht immer wieder geringgeschätzt worden war, und die sich doch bewährt hat. Das lag in erster Linie an einer günstigen Konstellation innerhalb der Mannschaft. Das Supertalent Herbert Prohaska, ein Spieler, wie er wahrscheinlich nur alle zehn Jahre geboren wird, fand die richtige Ergänzung. Prohaska avancierte in kurzer Zeit zum Star und Chef der Austria – trotz seiner erst 23 Jahre. Er liefe der Mannschaft im wahrsten Sinne des Wortes ein Beispiel vor, lieferte den spielenden Beweis, daß selbst Supertechniker nur zur Geltung kommen, wenn sie bereit sind, alles aus sich herauszuholen. Und so holte er auch das Maximum aus der ganzen Mannschaft heraus. Spieler wie Teamkapitän Robert Sara und Libero Erich Obermayer wurden zu kongenialen Partnern des Herbert Prohaska. Spieler, von denen man auch noch bei der Weltmeisterschaft hören sollte. Nicht zu vergessen der Tormann, der in entscheidenden Momenten die Elfmeter hielt (Hubert Baumgartner), oder die außergewöhnlichen Talente Ernst Baumeister und Felix Gasselich, die Routiniers Martinez, Morales und Pirkner. Einfach eine günstige Konstellation, wie man sie im österreichischen Fußball immer häufiger antraf.

Vor allem auch bei der Nationalmannschaft. Der 43jährige Bundestrainer Helmut Senekowitsch schaffte, worauf der österreichische Fußball 20 Jahre lang gewartet hatte: die Teilnahme an einer Endrunde einer Fußballweltmeisterschaft. Er besaß neben dem Geschick eines jungen, dem Spieleralter kaum entwachsenen Trainers auch das Glück, das für solche Ziele notwendig ist. Und obwohl er während seiner 27 Monate als Bundestrainer einmal seinen Rücktritt angeboten hatte, vor Beginn der Finalspiele in Argentinien seine Demission bekanntgab, trat er schließlich doch als einer der erfolgreichsten Teamchefs ab: 24 Spiele, 13 Siege, 4 Remis, 7 Niederlagen. Siebenter der Weltmeisterschaft 1978. So wie er einmal als Spieler die Senekowitsch-Rolle erfunden hat, so wird er mit den Erfolgen des Teams in Argentinien identifiziert bleiben.

Der Bundestrainer prägte letztlich den Stil der Nationalmannschaft, zu der er gefunden hatte, oft im Widerstreit mit dem stets unzufriedenen Präsidenten Karl Sekanina und dessen Sportdirektor Max Merkel. Aber Senekowitsch setzte sich durch. In der Qualifikation und dann auch bei der Endrunde. Sein Team, dem viele Heimreise nach der Vorrunde prophezeit hatten, gewann die Qualifikationsgruppe Nr. 3 vor Brasilien, Spanien und Schweden, begann mit einem 2 : 1-Sieg über Spanien und schloß in der Euphorie des 3 : 2-Erfolges über Weltmeister Deutschland. So minuziös wie noch kein Teamchef vor ihm hatte Helmut Senekowitsch monatelang die Gegner immer wieder beobachtet, studiert und analysiert. Und dank der richtigen Einschätzung fand er auch die richtige Einstellung für seine Mannschaft, die ihm bei der Weltmeisterschaft nur einmal wirklich entglitt, und zwar beim 1 : 5 gegen Holland. Wäre dieser Ausrutscher in Cordoba nicht passiert, wäre Österreich dort nicht in eine Niederlage gestürmt, der Erfolg der Endrundenteilnahme hätte noch größer ausfallen können. Die Parole „Alles für die Weltmeisterschaft" war aufgegangen und hatte darüber hinaus noch erstaunliche Nebenprodukte auf der österreichischen Fußballszene erzeugt.

Senekowitsch und sein Team machten jedenfalls Österreich vor, während und nach der Weltmeisterschaft fußballnärrisch. Ein Glücksschrei des Fußballreporters Edi Finger wurde nicht nur Plattenhit, sondern entsprach der allgemeinen Euphorie: „I' werd' narrisch!" Alles, was mit Fußball zusammenhing, bekam durch die Erfolge der Austria und des Teams einen höheren Stellenwert. Die Österreicher entdeckten ihren Patriotismus auf dem Fußballfeld, vereinten sich in dem Schlachtgesang „Immer wieder, immer wieder, immer wieder Österreich" und ließen sich auch zum erstenmal den Fußball etwas kosten. Geld schien, mit Ausnahme in einem Prämienstreit der Spieler vor dem Abflug nach Argentinien, im Fußball keine Rolle zu spielen. Millionen wurden versprochen und auch gesammelt, etwa in einer „Pickerlaktion", die das Unternehmen Argentinien unterstützte und die den Fußballfreund auch auf der Straße als Mitspieler in dem großen Match auswies. Sich nicht in den Dienst der Sache, d. h. des Fußballerfolges, zu stellen, wagte keiner. Nicht einmal die Spitzenvereine, die oft den Aufstand versucht hatten, sich aber fromm wie Lämmer gaben und sogar im Winter, bei Eis und Kälte, durchgespielt hatten, nur um die beste Vorbereitung der Nationalmannschaft zu gewährleisten.

Und so waren dann schließlich auch die Erfolge in Argentinien die Erfolge aller. Obwohl einzelne besonderen Anteil hatten. Etwa Walter Schachner an dem 2 : 1-Sieg im Eröffnungsspiel gegen Spanien. Erst relativ spät auf den bereits fahrenden WM-Zug aufgesprungen, schoß der einzige Spieler eines Zweitdivisionärs just im ersten Match der Finalrunde ein geradezu sensationelles Tor. Ein Tor, das seine ganze Unbekümmertheit im Verwerten von Torchancen zum Ausdruck brachte. Er wollte in der neunten Minute des Spieles nach einem von Pezzey eingeleiteten Konter nur das Tor treffen und erzielte dabei einen Bombentreffer, ein Tor, das zwar nicht seinen weiteren Einsatz bei der Weltmeisterschaft nach sich zog, aber doch eine steile Karriere, nicht zuletzt durch den Wechsel zum Europacupfinalisten Austria, einleitete.

Bei der Weltmeisterschaft wurde Schachner noch durch andere in den Schatten gestellt. Etwa durch Sara, Pezzey, Prohaska, Kreuz und vor allem Krankl, die durch die Siege über Spanien und Schweden in die erste Reihe der WM-Stars rückten, in verschiedenen Teams der Runden aufscheinen und von der Kritik mit Lob überhäuft wurden. Die argentinische Presse zog plötzlich Vergleiche, bei denen es dem gelernten Österreicher noch vor ein paar Wochen die Schamröte ins Gesicht getrieben hätte: Sara wie Vogts hieß es da oder Pezzey wie Beckenbauer. Und Krankl hatten sie nach seinen Toren gegen Spanien (2 : 1) und Schweden (1 : 0 aus einem Elfmeter) ohnedies schon zu einem Begriff für sich gemacht. Wenn auch manchmal das Temperament mit den Südamerikanern durchging, so änderte das doch nichts daran, daß Österreich eben, ganz zum Unterschied zu früheren Jahren, außergewöhnliche Spielerpersönlichkeiten in seinen Reihen hatte, die den Erfolg ermöglichten.

Einer von ihnen verschaffte sich und der ganzen Mannschaft nach Mißerfolgen gegen Brasilien (0 : 1), Holland (1 : 5) und Italien (0 : 1) doch noch den ganz starken Abgang von dieser XI. Weltmeisterschaft: Hans Krankl. Mit den „schönsten Toren seines Lebens" erreichte Europas bester Torschütze der abgelaufenen Meisterschaftssaison einen schon im Augenblick des Schlußpfiffes legendären Sieg – das 3 : 2 gegen Deutschland, den ersten Sieg nach 47 Jahren über den großen Nachbarn, der den Österreichern vor allem in den Jahren davor fußballerisch über den Kopf gewachsen war. Dieser 3 : 2-Erfolg war ihr Weltmeistertitel. „Hauptsache, wir haben Deutschland geschlagen!" Den Vertreter jenes Fußballs, der den Österreichern immer wieder als Vorbild unter die Nase gehalten wurde, an dem sie immer wieder gemessen und für zu leicht befunden waren. Ihm hatten sie ein's ausgewischt und sich selbst von einem Trauma befreit.

Es war die Befreiung von einem jahrzehntelangen Joch. Und der Torschütze selbst artikulierte sie am besten, als er nach dem Match seine herrlichen Tore nachvollzog, Tore gegen seinen größten Fußballfeind, eben die Deutschen. Sein Volleytor zum 2 : 1 rang ihm dabei Bewunderung vor sich selbst ab: „So etwas ist mir noch nie geglückt. Ich stopp' mir den Ball in der Luft und nehm' ihn dann sofort volley. Ein Volltreffer!" Bei der Schilderung seines zweiten Treffers, der erst die endgültige Niederlage und Heimfahrt der Deutschen von dieser Weltmeisterschaft bedeutete, ging das Bedürfnis, die vielen erlittenen Schmähungen heimzuzahlen, mit ihm durch. „Ja wo war denn in diesem Augenblick der Rüssmann?", fragte er, „und der Kaltz – steif wie ein Stock –, vorbei an ihm und dann keine Chance für Sepp Maier!" Und als Warnung für alle Zukunft fügte er noch hinzu: „Auf einen Krankl muß man 90 Minuten aufpassen!" Der Krankl ist nämlich jetzt wer. So wie der ganze österreichische Fußball durch die Weltmeisterschaft etwas geworden ist.

Die Weltmeisterschaft brachte den Höhepunkt, aber keinesfalls noch das Ende eines wundersamen Fußballaufstiegs. Zwar wechselte Hans Krankl zum CF Barcelona, ging Bruno Pezzey zur Eintracht Frankfurt und Teamtrainer Helmut Senekowitsch gar nach Guadalajara in Mexiko. Aber es kehrten auch zwei Weltmeisterschaftsspieler nach Österreich zurück, Josef Hickersberger zu Wacker Innsbruck und Willy Kreuz zu VOEST Linz. Sie dokumentierten auf diese Art, daß Österreich für Fußballspieler wieder attraktiv geworden ist. Als Nachfolger des Bundestrainers bestimmte das ÖFB-Präsidium den früheren Austria-Trainer Karl Stotz, der in der Funktion des Sportdirektors an die Erfolge nicht nur anknüpfen, sondern sie auch noch vergrößern will. Mit Karl Stotz änderte sich vorerst einmal der Stil in der Führung der Nationalmannschaft. Er leitete eine neue Ära mit den Europameisterschaftsspielen gegen Norwegen (2 : 0), Schottland (3 : 2) und Portugal (0 : 1) ein. Seine im großen und ganzen mit dem WM-Team noch idente Mannschaft knüpfte dabei zuerst an die Leistungen in Argentinien an, überbot sie im denkwürdigen Spiel gegen Schottland spielerisch sogar ein wenig, fiel aber dann im letzten Spiel des Jahres 1978 gegen Portugal zurück und stellte dadurch einen ähnlichen Erfolg wie in Argentinien in der Europameisterschaft in Frage.

Wird es also ein Jahr 1978 so bald wieder geben? Ein Jahr, in dem in Österreich Fußball wie kaum je zuvor groß geschrieben wurde, in dem eine Begeisterung und ein Verständnis für diesen Volkssport entstanden, wie man es sich schon nicht mehr hatte vorstellen können. Der Volkssport war ein nationales Anliegen geworden. Im vierten Jahr einer gewaltsam durchgesetzten Fußballreform erntete man nicht so schnell erwartete Früchte. Woran es lag? Vieles spielte zusammen – in ein paar Jahren wird man es vielleicht genauer wissen als noch unmittelbar nach der Erfolgsperiode.

Dr. Fritz Negrini:

Mit gedämpftem Optimismus in den Olympiawinter

Ein ereignisreicher, von Höhen und Tiefen geprägter vorolympischer Winter liegt hinter uns. Österreichs Mannschaft für die Olympischen Winterspiele in Lake Placid ist zwar noch nicht nominiert, doch kann man jetzt schon sagen, daß dieses Team mit einigen Hoffnungen – wenn auch keinesfalls als Top-Favorit – in die Wettkämpfe gehen wird. Naturgemäß haben die alpinen Schirennläufer, die ja im vergangenen Winter neuerlich ihre mannschaftliche Stärke durch den Sieg im Nationencup untermauerten und Österreich als Schination Nummer eins bestätigten, die größten Chancen in den Bewerben. Das Fragezeichen ist trotz ihrer Triumphe Annemarie Moser, deren großes und einziges noch nicht erreichtes Ziel Olympiagold in der Abfahrt ist. Von den Nordischen darf man im Langlauf – sofern man hier überhaupt eine Mannschaft entsendet – nur Plätze im Bereich der ersten 25 erwarten, hingegen sollten die Springer, wenn schon nicht ähnlich wie in Innsbruck triumphieren, so doch an die seinerzeitigen Erfolge anknüpfen. Erfreuliches, vielleicht sogar eine echte Überraschung, ist von den Biathlonisten zu erwarten.

Gesamt gesehen sollte man die Erwartungen der österreichischen Olympiamannschaft mit gebremstem Optimismus betrachten.

Ski alpin

Die Schisaison begann spektakulär mit einem Markenwechsel von Franz Klammer; den umgekehrten Weg ging Ex-Kneissl-Fahrer Peter Wirnsberger, der zu Fischer übersiedelte. Diese Übertritte sind alle zwei Jahre, und zwar immer in sogenannten Zwischenjahren, also ohne Weltmeisterschaft und ohne Olympische Spiele, möglich.

Auf dem Betreuungssektor änderte sich an der Spitze nichts. Udo Albl wurde, obwohl nicht unumstritten, in seinem Amt bestätigt. Karl Kahr und Peter Prodinger blieben für die Herren verantwortlich, ein neuer Mann, Alois Pumberger, wurde zum Damen-Coach bestellt, Erich Sturm als Slalomtrainer der Damenmannschaft bestätigt.

Während des Sommers hatten Österreichs Riesentorläufer und Slalomspezialisten Rennen in Australien und Neuseeland bestritten. Die Abfahrer hingegen hatten auf den südamerikanischen Winter und ein Training in den Anden verzichtet. Vielmehr blieb man in heimischen Gletscherregionen und trainierte unter sommerlichen Bedingungen. Daß der Gletscherschilauf niemals eine echte Vorbereitung für die Rennsaison sein kann, hat sich inzwischen herumgesprochen: ganz andere Schneeverhältnisse, eintöniges, unkopiertes Gelände, keine echte Herausforderung in läuferischer Hinsicht.

Das schon angesprochene Zwischenjahr bedeutet für die Betreuer totale Konzentration auf den Weltcup, der im 13. Jahr seines Bestehens von Weltcupmacher und Reglementierer Serge Lang neuerlich reformiert worden war. Gerade in einem Zeitraum, wo alles zur Spezialisierung drängt und wo zum Beispiel bei Olympischen Spielen nur Medaillen in den Einzelbewerben vergeben werden, wollte Lang mit Gewalt den perfekten Allrounder, den sogenannten Kombinierer früherer Jahre, wieder reaktivieren. Lang schwebten offenbar Läufertypen wie vor Jahrzehnten Sailer, später Schranz, Killy, dann noch der kleine Duvillard und zuletzt die Österreicher Tritscher und Zwilling vor. An die Abonnementsiegerin Annemarie Moser kann Lang kaum gedacht haben, denn sie gilt seit Jahren für alle Experten als Ausnahmeerscheinung.

Zudem entwickelte Lang noch eine Neuheit, die sich hinterher als Fehlüberlegung erweisen sollte: in den abschließenden drei Rennen aller Disziplinen sollte es Punkte für die ersten 25 geben.

Wie die Ergebnisse zeigten, brachte diese Flut von Weltcuppunkten keine entscheidenden Änderungen und wird im kommenden Jahr wieder wegbleiben.
In Österreich dachte man mit Steiner, Stock und Enn drei solide Anwärter für den Weltcupgesamtsieg zu haben, und hoffte auch insgeheim auf einen starken Klaus Heidegger, der in einer möglichen Entscheidungsphase ebenfalls noch Abfahrtsschier anschnallen sollte. Mit zu den Favoriten zählte man noch Kombinationsweltmeister Andreas Wenzel, gewisse Möglichkeiten wurden auch dem Amerikaner Phil Mahre und Italiens Techniker Piero Gros zugerechnet. Chancenlos schienen von Beginn an die Abfahrtsspezialisten. Selbst wenn sie mit dürftigen Slalomleistungen gewaltsam einige Kombinationspunkte herausschinden sollten, müßten sie in der Endabrechnung doch hinter den Technikern zurückbleiben.

Einer ließ sich nicht vom neuen Reglement vergewaltigen. Der weltbeste Schiläufer und dreimalige Gewinner des Weltcups, Schwedens Ingemar Stenmark, der Schweiger aus dem hohen Norden, erklärte vor Saisonbeginn und während des gesamten Winters, als er in der Wertung schon ziemlich voran war, daß er keine Abfahrtsrennen bestreiten werde. Niemand wollte ihm recht glauben, doch der Schwede – Monate vor Saisonbeginn hatte er in einem ORF-Interview erklärt, daß er im bevorstehenden Winter keine Chance auf einen weiteren Weltcupgesamtsieg habe – blieb konsequent.

Im Lager der Österreicher gab es die ersten Ernüchterungen, Enttäuschungen und natürlich auch gleich Streitereien beim Ausbleiben der Abfahrtserfolge. Jahrelang hatten Klammer & Co. die Abfahrtsrennen souverän dominiert. Plötzlich war der Faden gerissen: Österreichs Abfahrer landeten auf ungewohnten Plätzen, teilweise sogar im abgeschlagenen Feld. Das Gesamtergebnis wurde nicht besser, als Weltmeister Sepp Walcher die Weichschneeabfahrt von Gröden gewann. Wie üblich suchte man Erklärungen, zunächst bei anderen.

Bald hatte man Schuldige. Als dem Kanadier Read wegen eines nicht der FIS-Norm entsprechenden Schianzuges der Abfahrtssieg von Morzine/Avoriaz aberkannt wurde, entdeckten auch die Österreicher Mängel an ihrem Schidreß. Der österreichische Hersteller zog sich abrupt aus dem Rennsport zurück und ermöglichte so den Rennläufern, poolfremdes Material zu verwenden. Die Zeiten wurden zwar besser, allein die Siege blieben vorerst aus. Und was den Österreichern am meisten weh tat: Schiidol und Abfahrtsas Franz Klammer konnte nicht mehr gewinnen. Der Kärntner mühte und quälte sich über Abfahrten, die er sonst traumhaft beherrschte, fuhr verkrampft, machte Fahrfehler und landete zumeist im abgeschlagenen Feld. Immer wieder wollten ihn „freundliche" Reporter auf Materialschwächen oder Umstellungsprobleme hinweisen, allein der regierende Olympiasieger bekannte, daß er einfach schlecht fahre, daß er möglicherweise in der Vorbereitungsperiode Fehler begangen habe. Was nicht zuletzt durch die großartigen Erfolge seines Marken- und Teamkollegen Leonhard Stock bestätigt wurde.

Neben den starken Kanadiern, die mit Ken Read, Steve Podborski und Dave Murray drei sieg- und platzverdächtige Abfahrer brachten, explodierte förmlich die Schweizer Abfahrtsequipe. Im Sog der Veteranen Roux und Vesti fuhren Erwin Josi, Toni Bürgler und vor allem Peter Müller mitten in die Weltspitze. Daneben aber gab es noch die Deutschen Ferstl und Veith sowie starke Einmannteams: Wladimir Makejew aus der Sowjetunion und vor allem den Norweger Erik Haker.

Von den Österreichern waren zu Saisonbeginn, sieht man vom Sieg Walchers in Gröden ab, nur Werner Grissmann, Uli Spiess und Peter Wirnsberger im Vorderfeld. Während der Saison gesellte sich der von Kahr zum Kombinierer abgestempelte Riesentorlaufspezialist Leonhard Stock dazu, der ohne besondere Abfahrtsvorbereitung zuletzt ausgezeichnete Placierungen brachte. Weit hinter den

Erwartungen Weltmeister Sepp Walcher und Olympiasieger Franz Klammer.

Immerhin fingen sich die Abfahrer im Laufe der Weltcuprennen doch einigermaßen. Neben dem Sieg von Walcher gewann Wirnsberger in Garmisch und bei der vorolympischen Probe in Lake Placid. Insgesamt siegte ein Österreicher also in drei der neun Weltcupabfahrten.

Noch viel schlechter als den Abfahrern erging es österreichischen Technikern. Mit einigen Vorschußlorbeeren hatte man Klaus Heidegger, Anton Steiner, Hans Enn, Leonhard Stock und Wolfram Ortner in die Rennen geschickt. Heidegger erging es ähnlich wie Franz Klammer, er erreichte in den besten Fällen einen Rang unter den ersten zehn. Aber auch die anderen kamen über Ränge zwischen vier und zehn nicht hinaus. Einziger Lichtblick in diesem Bereich war der junge Vorarlberger Christian Orlainsky, der mit hohen Startnummern konstant gute Placierungen in Riesentorlauf und Slalom herausfuhr.

Obwohl es immer wieder gute Plätze, mannschaftliche Erfolge in den technischen Bewerben gab, blieb die sportliche Bilanz der Riesentorlauf- und Slalomfahrer in der 13. Weltcupsaison katastrophal: von 60 möglichen Medaillenrängen – je 30 bei insgesamt 10 Bewerben in Riesentorlauf und Torlauf – erreichte ein einziger österreichischer Läufer, Hans Enn, einen zweiten und einen dritten Rang in Riesentorläufen. Eine mehr als karge Ausbeute.

Die Probleme im Führungsbereich rissen nicht ab. Zwar wurden die Differenzen zwischen Kahr und Alpinchef Albl beigelegt oder zumindest nicht mehr offiziell ausgetragen, doch gab es immer wieder Fehler oder Versäumnisse in bezug auf die Kommunikation.

Unerklärlich nur, daß Franz Klammer mit eindeutigem Trainingsplus und optimaler Vorbereitung auch in Lake Placid weit abgeschlagen landete.

Die Gesamtbilanz des Weltcups unterstreicht bei den Herren klar den Leistungsabfall. In der Abfahrt Peter Wirnsberger als Bester Zweiter, im Riesentorlauf rangiert der stärkste Österreicher, Hans Enn, auf Rang 9 und im Slalom hat das Talent Christian Orlainsky die Routiniers überholt und erreichte als Bester der rotweißroten Equipe immerhin den 11. Rang. In der Weltcupgesamtendwertung belegte Leonhard Stock hinter dem Schweizer Überraschungssieger Peter Lüscher einen guten zweiten Rang, während die mit ihm zu Saisonbeginn favorisierten Titelkandidaten Anton Steiner (Rang 7) und Hans Enn als Zwölfter enttäuschten.

Erfreulicheres ist von den Damen zu berichten. Nehmen wir es vorweg. Annemarie Moser, weltweit als Top-Favoritin für den Gesamtsieg bezeichnet, holte sich in einem Foto-Finish im letzten Bewerb, dem Riesentorlauf von Furano, mit hauchdünnem Vorsprung den Sieg vor ihrer Konkurrentin Hanni Wenzel aus Liechtenstein.

Während Annemarie Moser die Abfahrtswertung ganz überlegen gewann, blieben Österreichs Läuferinnen im Riesentorlauf ein wenig hinter den Erwartungen. Regina Sackl als stärkste wurde nur Neunte. Die echte Sensation aber gelang den Österreicherinnen im Slalom. Obwohl mit Monika Kaserer eine langjährige, routinierte Spezialistin als Siegläuferin ausfiel, holten sich Regina Sackl, Annemarie Moser und die Weltmeisterin von Garmisch 1978, Lea Sölkner, die ersten drei Ränge der Spezialwertung.

Dank der ausgeglichenen, konstant guten Leistungen der Damen gewann Österreich auch den Nationencup mit 1.763 Punkten überlegen.

Für den Olympiawinter darf man, ohne die Hoffnungen zu übertreiben, zuversichtlich sein. Annemarie Moser, Edith Peter, Cornelia Pröll, Martina Ellmer in der Abfahrt, Regina Sackl, Lea Sölkner, vielleicht auch Heidi Riedler, möglicherweise nochmals Monika Kaserer, müßten für Erfolge gut sein. Peter Wirnsberger, Uli Spiess, Werner Grissmann und natür-

---

Seite 37 oben: Sackls Hoch hielt die volle Saison (Foto Sündhofer)
Seite 37 unten: Entdeckung der Wintersaison 1978/79 – Christian Orlainsky (Foto Sündhofer)

17

KITZBÜHEL
49

lich Franz Klammer und Sepp Walcher, zu denen noch Leonhard Stock zu zählen ist, müßten wieder Abfahrtssiege bringen, in den technischen Bewerben kann man auf Christian Orlainsky, Josef Gruber, Gerhard Jäger, Wolfram Ortner und natürlich Hans Enn und Anton Steiner sowie auf den hoffentlich wiedererstarkten Klaus Heidegger zählen.

Schi nordisch

Von den Langläufern hatte man sich für den vergangenen Winter doch eine merkliche Leistungssteigerung erwartet. Die ersten Tests knapp vor Saisonbeginn verliefen vielversprechend. Zaghaft ausgesprochene Hoffnungen schienen berechtigt. Leider kam es aber nicht zum erwarteten Durchbruch, und Österreichs Männer auf den schmalen Latten blieben beim erstmals gewerteten offiziellen Langlaufweltcup unplaciert. Bei den Staatsmeisterschaften setzten sich mit Josef Vogel (15 km), Reinhold Feichter (30 km) und Werner Vogl (50 km) durchwegs Routiniers durch. Genau umgekehrt war es bei den Staatsmeisterschaften im Sprunglauf. Auf beiden Schanzen dominierte die Jugend: auf der 70-Meter-Anlage gewann der Steirer Hubert Neuper, auf der 90-Meter-Schanze der Tiroler Armin Kogler.

Überhaupt stand die Saison für die Springer unter keinem guten Stern. Olympiasieger Karl Schnabl beendete seine Laufbahn, auch Oldboy Reinhold Bachler, der noch im Vorjahr zur Weltklasse zu zählen war, kündigte das Ende seiner Karriere an. Dazu kam die schwere Beinverletzung von Toni Innauer, dem zweifellos stärksten Mann des österreichischen Aufgebots. Gerade dabei, wieder an die Weltklasse Anschluß zu finden, erlitt Willi Pürstl beim Sprunglauf im Rahmen der 4-Schanzen-Tournee auf der Innsbrucker Olympiaschanze Handbrüche und mußte eine Zwangspause einschalten. So blieben zunächst nur Neo-Österreicher Klaus Tuchscherer und Vizeweltmeister Alois Lipburger, mit denen zu rechnen war.

Bei der 27. Intersport-Vier-Schanzen-Tournee schnitt Österreich schwach ab: Tuchscherer als bester Österreicher 7., Alfred Groyer als zweitbester nur auf Rang 18. Der Gesamtsieg von Klaus Tuchscherer bei der kleinen Drei-Länder-Tournee durfte nicht überbewertet werden, da das Teilnehmerfeld eher bescheiden war. Zwar erreichten die Springer in Falun, in Sapporo und am Holmenkollen wieder beachtliche Placierungen, der große Sieg aber blieb zunächst aus. Auch bei der Flugwoche in Oberstdorf gab es für den besten Österreicher, Hans Wallner, nur einen 7. Rang.

Aber mit dem Saisonschluß gab es einen kaum noch erwarteten oder gar prognostizierten Höhepunkt: der junge, sympathische Schüler des Schigymnasiums Stams, der Tiroler Armin Kogler, wurde bei der Schiflugweltmeisterschaft in Planica überlegener Gesamtsieger und krönte diese Leistung mit einem traumhaften Flug über 168 Meter. Alois Lipburger wurde nach einer für ihn enttäuschenden Saison nur 16. vor seinem Teamkollegen Hans Wallner.

Für den Olympiawinter ist zu hoffen, daß Toni Innauer, wiedergenesen, mit voller Leistungsstärke wieder dabei ist, daß Pürstl und vor allem Lipburger wieder zur gewohnten Form finden und daß die jungen Springer Kogler und Neuper bei der Vier-Schanzen-Tournee und natürlich bei den Olympischen Bewerben in Lake Placid kräftig mitmischen.

Biathlon

Diese nordische Sportart stand lange Zeit im Schatten der Langläufer und Springer. Im vergangenen Winter ist sie aus der Sicht Österreichs plötzlich aus dem Dornröschenschlaf erwacht. Einige gute Langläufer hatten entdeckt, daß sie in diesem Bewerb international eher reüssieren werden als bei den normalen Langlaufkonkurrenzen über die verschiedenen Distanzen. Kleiner Wermuthstropfen: kaum zeichneten sich die ersten Erfolge ab, gab es einen peinlichen

---

Seite 38 oben: Peter Wirnsberger überraschte durch ausgezeichnete Ergebnisse (Foto Votava)

Seite 38 unten: Zwei Meistertitel konnte Herbert Sinzinger bei den österreichischen Meisterschaften erringen (Foto Sündhofer)

Materialstreit. War man zuvor froh, überhaupt genügend Ausrüstungsmaterial zu bekommen, rissen sich plötzlich die Firmen darum, die Biathlonmannschaft mit ihren Materialien zu versorgen.
Bei der Weltmeisterschaft im bayrischen Ruhpolding landete über 20 km der beste Österreicher Alfred Eder auf Rang 10. Im 10-Kilometer-Bewerb gab es mit einem 5. Rang für Franz Weber und einem 8. für Alfred Eder bereits ausgezeichnete Placierungen. Den international wichtigsten Erfolg aber schaffte Österreich im Staffellauf mit einem hervorragenden 6. Platz.
Auch in der Folge gab es noch überaus beachtliche Ergebnisse der Österreicher. In Joachimsthal (DDR) gewann Rudolf Horn den 10-Kilometer-Bewerb und verwies Weltmeister Frank Ulrich auf Rang zwei. In der Staffel belegte Österreich den 5. Platz. Bei der vorolympischen Prüfung in Lake Placid landete Rudolf Horn über 20 Kilometer auf dem 7. Rang. In Chamonix dann der erste internationale Sieg der österreichischen Staffel: in der Besetzung Horn, Weber, Koll und Eder lieferten die Österreicher ein ausgezeichnetes Rennen und siegten nahezu unangefochten.
Diese wirklich starken und unerwarteten Leistungen der Österreicher berechtigen zu einiger Hoffnung für diesen Bewerb bei den Olympischen Spielen 1980.

Eiskunstlauf

Österreichs Eiskunstlauf kämpft seit Jahren gegen seine beharrliche Mittelmäßigkeit an. Über Teilerfolge kamen die seit geraumer Zeit als Talente und Hoffnungen bezeichneten Läuferinnen und Läufer nicht hinaus. Während es in den Pflichtbewerben noch halbwegs geht, ist im Kürprogramm doch ein deutlicher Abstand zur internationalen Spitze festzustellen.
Die heimischen Meisterschaften wurden zum Familienfest der Geschwister Kristofics-Binder, bei den Damen siegte Claudia vor Sonja Stanek und Andrea Rohm, bei den Herren Helmut vor Gerald Schranz und Bruno Watschinger. Ingrid und Walter Fuchs siegten im Paarlauf, den Eistanzbewerb gewannen abonnementmäßig Susi und Peter Handschmann. Bei der Europameisterschaft in Agram erlitt Claudia Kristofics-Binder noch vor dem Start eine Schulterverletzung und mußte nicht nur in Agram aussetzen, sondern war dadurch auch in der Vorbereitung auf die Weltmeisterschaft gehandikapt. Die Ergebnisse von Agram waren enttäuschend. Helmut Kristofics-Binder 13., Sonja Stanek nur 18., nur das Tanzpaar Handschmann/Handschmann vermochte sich mit Rang sieben einigermaßen in Szene zu setzen.
Bei den Weltmeisterschaften in Wien vom 13.–17. März ging es besser. Claudia Kristofics-Binder hatte einen ausgezeichneten, wenn auch unterbewerteten Start bei der Pflicht, fiel im Kurzprogramm zurück und landete in der Endwertung auf Rang sieben. Einen Platz, den auch Susi und Peter Handschmann im Eistanzen erreichten, der aber für die beiden angesichts der großen Klasse der Konkurrenz als Erfolg zu werten ist. Immerhin verbesserten sich die Geschwister Handschmann um drei Ränge gegenüber dem Vorjahr. Experten erwarten auch von der zierlichen, ein wenig zu kühlen Claudia eine Steigerung, die ihr in zwei Jahren einen Platz am Stockerl sichern müßte. Farblos blieb bei dieser Konkurrenz Helmut Kristofics-Binder, der sich mit dem 18. Rang begnügen mußte.
Die Konkurrenz in Wien hatte wieder einmal mit aller Deutlichkeit die Fragwürdigkeit und die Manipulationsmöglichkeit des gegenwärtigen Wertungssystems aufgezeigt. Sicher gibt es keine computergesteuerte Regelung. Aber gewisse Normen, was die Bewertung von Sprüngen (zwei- oder dreifach), Verbindungsschritten und Musikalität betrifft, könnte doch den Preisrichtern in gewissen Grenzen vorgegeben werden.

Eisschnellauf

Nach Jahren der Durststrecke hat Österreich, wo ja einige ausgezeichnete Bahnen dem Nachwuchs zur Verfügung stehen, wieder international beachtenswerte Läufer. Eindeutig Nummer eins bei den Damen ist Carmen Krasnitzer, die beim Alpencup der Junioren, wo Österreich in der Mannschaftswertung einen zweiten Rang erreicht, dritte in der Einzelwertung wurde. Österreichs derzeit stärkster Läufer, Werner Jäger, lief bei diesem Meeting persönliche Bestzeit über 500 Meter, Bahnrekord über 3.000 Meter und österreichischen Rekord über 5.000 Meter. Diese beiden Athleten siegten auch bei den nationalen Meisterschaften, wobei Werner Jäger in allen vier Distanzen siegte und neue Meisterschaftsrekorde aufstellte. Sein weibliches Pendant, Carmen Krasnitzer, markierte über 3.000 Meter neue österreichische Bestleistung. Werner Jäger hat den Vorjahrsdominator Berend Schabus in der abgelaufenen Saison eindeutig als Nummer eins abgelöst.

Schibob

Nach wie vor im Aufwind befinden sich Österreichs Schibobfahrer. Diese Sportart gewinnt immer mehr Freunde und ist von der Wettkampfseite her überaus ernst zu nehmen, wie die spannenden Kämpfe bei den Weltmeisterschaften zeigten. Im Verband wird unauffällig, aber konsequent beste Aufbauarbeit geleistet, und die Erfolge stellen sich eben ein.

Die Weltmeisterschaften im Schweizer Kurort Lenzerheide ähnelten österreichischen Meisterschaften mit internationaler Beteiligung. Solches sagte man in früheren Jahren gerne bei den Weltcupabfahrtsrennen der Schiläufer. Die Parallele zum alpinen Schilauf spiegelt die Erfolgsbilanz wider: die Damen waren besser als die Herren. In der Abfahrt landeten Annegret Ertler, Andrea Dobler und Hannelore Gigler einen Triplesieg, im Riesentorlauf gab es durch Dobler und Ertler Gold und Silber, nur im Slalom lief es nicht ganz nach Wunsch: hier mußte sich Hannelore Gigler mit dem dritten Rang begnügen. Stolz auch das Kombinationsergebnis: Ertler Weltmeisterin vor Gigler. Bei den Herren setzten sich neuerlich die Brüder Irausek in Szene. In der Abfahrt siegte Hans, sein Bruder Alexander verfehlte knapp den dritten Rang und wurde Vierter. Im Riesentorlauf schaffte Alexander Irausek die Bronzemedaille, und im erstmals ausgetragenen Slalom holte sich Alexander Irausek die Silbermedaille, Walter Kroneisl wurde Dritter. In der Dreierkombination gab es für Alexander Irausek Silber.

Erstmals wurde ein Weltcup für Schibobfahrer ausgetragen. Bei den Damen holte sich Weltmeisterin Andrea Dobler den Gesamtsieg, die Wertung bei den Herren gewann einigermaßen überraschend Robert Mühlberger.

Ebenfalls erstmals trugen die Schibobfahrer eine Weltmeisterschaft für Schüler, Jugendliche und Senioren aus. Bei diesem Bewerb, der in Zell am See klaglos abgewickelt wurde, erreichten die österreichischen Teilnehmer insgesamt fünf Gold-, zwei Silber- und eine Bronzemedaille. Im Schibob dürfte also der Nachwuchs nahtlos an die Erfolge der gegenwärtigen Dominatoren anschließen.

Rodeln

Unterschiedliche Erfolge hatten die Rodler. Während es den Kunstrodlern noch nicht gelungen ist, jene Lücke, die durch den Rücktritt der routinierten Gebrüder Schmidt und anderer jahrelang erfolgreicher Kollegen zu schließen, erwiesen sich die Naturbahnrodler als wahre Titelhamsterer und erreichten bei den erstmals ausgetragenen Weltmeisterschaften, die Ende Jänner in Tirol stattfanden, beachtliche Siege. Im Herren-Einsitzer siegte Werner Prantl, im Damenbewerb gewann Ingrid Zametter die Silbermedaille, und im Doppelsitzer gab es durch Mücke/Hutter und die Gebrüder Werner und Florian Prantl Silber und Bronze.

Weniger gut ging es – wie erwähnt – den Kunstrodlern. Bei der Weltmeisterschaft in Königssee erreichte Angelika Schafferer als Beste der österreichischen Nationalmannschaft nur den fünften Rang. Die Herren enttäuschten und blieben durchwegs unplaciert.

Als einzigen Erfolg kann man die Bilanz des Alpencups nehmen: Hier siegte Angelika Schafferer, beste Österreicher bei den Herren wurde Edgar Rohner als Vierter, und im Doppelsitzer erreichten Fluckinger/Schrott immerhin den fünften Gesamtrang.

Übrigens hat der Internationale Rodelverband beschlossen, die Weltmeisterschaften künftig nur alle zwei Jahre auszutragen, und zwar alternierend auf Kunst- bzw. Naturbahnen.
Österreich, als überaus erfolgreiche Naturbahnrodelnation, hat über Initiative von Präsident Magister Josef Höchtl bei der FIL den Antrag gestellt, Naturbahnrodeln als Olympische Disziplin anzuerkennen.

Bob

Einen deutlichen Leistungsabfall, der nicht ganz zu erklären ist, brachten die Bobfahrer. Schon zu Saisonbeginn glaubte man, es ähnlich wie die großen Verbände machen zu müssen und inszenierte einen kleinen Skandal. Wenige Tage vor Beginn der Viererbobweltmeisterschaft wurde ein bereits qualifizierter Schlitten, nämlich der des Salzburgers Gerd Krenn, zugunsten der Mannschaft von Fritz Sperling ausgetauscht. Den Rückzieher bzw. die Einwilligung zu dieser Manipulation gab Präsident Dinkhauser, der dem Antrag seines Sportwartes Utz Chwalla nachgab. Entsprechend mager war dann die Ausbeute bei der Weltmeisterschaft in Königssee: kein einziger der österreichischen Schlitten erreichte einen Medaillenrang. Im Zweierbob landeten Dellekarth/Oberhöller auf Rang fünf, Sperling/Kögl mußten sich mit dem achten Platz zufrieden geben. Im Viererbob schaffte die Mannschaft mit Walter Dellekarth am Steuer Rang 6, Fritz Sperlings Schlitten erreichte den siebenten Rang. Noch schwächer schnitten die rotweißroten Bobfahrer bei der Viererbobeuropameisterschaft in Winterberg ab: Österreich I mit Fritz Sperling wurde 8., Österreich II mit Steuermann Krenn nur Zehnter.
Bei dem Aufwand und den guten Trainingsmöglichkeiten, die Österreichs Bobfahrer auf der Olympiabahn in Igls vorfinden, ist zu hoffen, daß es in dieser Sparte bereits im kommenden Olympiawinter wieder aufwärts geht.

Eishockey

Die Eishockeysaison 1978/79 hatte zwei Gesichter: ein erfreuliches, attraktives, nämlich die heimische Meisterschaft, die durch eine günstige Konstellation, ausgezeichnete Leistungen sowohl in bezug auf die Titelfrage als auch bezüglich des Absteigers, bis zur letzten Runde der Play-Off-Spiele offenblieb. Großartige Kämpfe, viel Dramatik, dazu auch viele Tore und – was bezüglich der Investition von einiger Bedeutung ist – interessante Legionäre, die die hohen Investitionen, was Verpflichtung und Gagen betrifft, durch Glanzleistungen jederzeit rechtfertigten.

Rühmliche Ausnahme in bezug auf Legionäre: der neue Meister KAC Kärntner Sparcasse, dem es ausgezeichnet gelungen war, die jungen heimischen Spieler zu einer Mannschaft zu formen und der den Abgang der Routiniers Felfernig und Puschnigg mühelos verkraftet hatte. Der Ordnung halber muß erwähnt werden, daß auch die Klagenfurter mit Hyytyäinen einem wochenlang Schlagzeilen machenden Finnen einen wichtigen Ausländer in ihren Reihen hatten. Bei Innsbruck brillierte der Kanadier Holst, bei Villach Jeff Geiger, ein in Kanada aufgewachsener Österreicher. Der KAC wurde im letzten Spiel durch einen Sieg über die junge Wiener Mannschaft WEV, die mit Rick Cunningham, einem eingebürgerten Österreicher, und dem Kanadier Roger Lamoureux ebenfalls zwei Legionäre als Spielgestalter und Scorer hatten, Meister. Sensationell stark auch die lange Zeit vorne liegenden Kapfenberger, deren Paradestürmer Gurejew und Martinjuk ihre österreichischen Mannschaftskollegen weit überragten. Im Abstiegskampf sah Vorjahrsmeister ATSE Graz lange Zeit sehr schlecht aus, letztendlich aber mußte HC Salzburg die rote Laterne übernehmen und steigt – sofern kein Wunder geschieht – in die Unterklasse ab.

Das zweite Gesicht ist weniger schön. Es betrifft die Nationalmannschaft. Noch ehe ein einziges Spiel ausgetragen wurde, drohte Österreich die Rückversetzung in die C-Gruppe, weil der Finne Hyytyäinen in der österreichischen Nationalmannschaft beim WM-Turnier mitgewirkt hat, obwohl er zuvor mehr als 40mal für Finnland international gespielt hatte. Erstaunen, Entsetzen bei den Österreichern, die nichts gewußt hatten und denen der Spieler beteuert hatte, nie für Finnland international gespielt zu haben. Auf die Idee, beim finnischen Verband rückzurufen, um sich diese Aussage bestätigen zu lassen, waren die gutgläubigen Verantwortlichen des Eishockeyverbandes nicht gekommen. In letzter Minute gelang es dem Generalsekretär des Internationalen Eishockeyverbandes, dem weltweit anerkannten heimischen Ex-Verbandspräsidenten Walter Wasservogel, die Verbandsgewaltigen umzustimmen, um den sportlich errungenen Aufstieg in die B-Gruppe nicht zu gefährden und den österreichischen Verband mit einer allerdings saftigen Geldstrafe in der Höhe von S 125.000,– zu belasten.

Mit einem ganz guten Gefühl und einer klaren Zielsetzung – Erhalt der Klassenzugehörigkeit – fuhr Österreichs Team zur B-Gruppen-WM nach Rumänien. Das gute Gefühl beruhte auf einer interimistischen Kanada-Tournee, wo man zwar neben zwei Unentschieden fünf Niederlagen kassierte, aber doch beachtliche Leistungen bot. Der Start in Rumänien verlief verheißungsvoll, 7 : 7 gegen Rumänien und ein dramatischer 4 : 3-Erfolg über Ungarn. Nach dem programmierten 0 : 7 gegen die DDR gab es noch ein Aufbäumen gegen Dänemark mit 4 : 3, dann aber kam der Zusammenbruch: Ein unnötiges 2 : 3 gegen Japan und zum Abschluß eine 2 : 7-Schlappe gegen die Schweiz beförderte Österreichs Eishockeyteam wieder in den kalten Keller. Sensationeller Sieger und damit Aufsteiger in die Gruppe A wurde Holland, ein Land, das noch vor wenigen Jahren mit Österreich bestenfalls gleichzusetzen war.

Leichtathletik

Nach neun Jahren war Wien wieder Austragungsort der Hallen-Europameisterschaft der Leichtathleten. Kleine Unterschiede allerdings zur damaligen Österreich-Premiere: Während 1970 die Wiener Stadthalle Austragungsort war und mit Ilona Gusenbauer und Maria Sikora echte Medaillen-, ja Sieganwärterinnen zur Verfügung standen, waren Österreichs Teilnehmer 1979 eher auf Plätze programmiert. Austragungsort war diesmal das ursprünglich als Radstadion konzipierte Wiener Hallenstadion, das aber in der Zwischenzeit als Mehrzweckhalle verschiedenartigste Bewährungen ausgezeichnet bestand.

Geheime, aber berechtigte Hoffnung des Veranstalters war Österreichs verläßliche Spitzenläuferin Karoline Käfer, über deren Start allerdings die Verbandsverantwortlichen sich wochenlang nicht einigen konnten. Wie zu erwarten siegte die Vernunft. Eine wieder einmal begnadigte Karoline Käfer durfte starten. Käfer begann ihren 400-Meter-Endlauf fulminant und schien einem sensationellen Sieg entgegenzulaufen. Buchstäblich auf den letzten Metern fiel sie ihrem eigenen Tempo zum Opfer und mußte sich mit der ausgezeichneten Zeit von 51,90 Sekunden mit der Bronzemedaille begnügen. Immerhin verbesserte sie die ÖLV-Bestmarke um 0,3 Sekunden.

Österreichs bester Mittelstreckler, der für Schwechat startende Kärntner Dietmar Millonig, erreichte im 3.000-Meter-Endlauf in 7:47,5 Minuten einen ausgezeichneten 6. Rang und blieb damit um 7 Sekunden unter der eigenen Bestmarke.

Die vielleicht erfreulichste, weil unerwartetste Leistung brachte der knapp 18-jährige Hochspringer Gottfried Wittgruber, der mit 2,18 m in dem europäischen Klassefeld Rang 8 erreichte und mit dieser Höhe ebenfalls neuen österreichischen Rekord aufstellte.

Gesamt gesehen standen diese Hallen-Europameisterschaften im Zeichen des Ostblocks, da immerhin 14 der 19 Entscheidungen auf Sportler aus Ostblockstaaten entfielen. Zum Teil werden Hallenmeisterschaften bei den Leichtathleten nicht sonderlich ernst genommen, man betrachtet sie als angenehme Überbrückung der Winterarbeit und sieht darin eigentlich nur eine Vorbereitung auf die Freiluftsaison. Oder wie es Ex-Olympiasiegerin im Hochsprung, Ulrike Mayfarth, formulierte: „Der Wettkampf und das Springen selbst sind doch viel lustiger als die trockene Arbeit in der Kraftkammer."

Gesundheit sichern in Spiel und Sport

Vorsorgemedizinische Betreuung durch Sportärzte

gesundes Leben gesunde Umwelt

Bundesministerium für
Gesundheit und Umweltschutz
1010 Wien, Stubenring 6

SPORTÄRZTLICHE UNTERSUCHUNGSSTELLEN

Wien

Österreichisches Institut für Sportmedizin, 1150 Wien, Possingergasse 2, Di., Mi., Fr. von 16 bis 18 Uhr; Anmeldung: Tel. 0 22 2 / 92 26 61, Dw. 74

Österreichisches Institut für Sportmedizin, Sportunfallzentrum, Chirurgische Abteilung, 1100 Wien, Kundratstraße 3, Ambulanz: Mo., Mi., Fr. von 15 bis 17 Uhr, Tel. 0 22 2 / 64 16 91, Kl. 239

II. Medizinische Universitätsklinik Wien, 1095 Wien, Alserstraße 4, 9. Hof, Vorstand: Prof. Dr. G. Geyer; Anfragen: Dr. Paul Haber, Tel. 0 22 2 / 42 89, Dw. 22 74

Pulmologisches Zentrum der Stadt Wien — Baumgartnerhöhe, 1145 Wien, Sanatoriumstraße 2, Prof. Dr. F. Muhar, Tel. 0 22 2 / 94 31 51, Dw. 27 17

Arbeitsgemeinschaft für Sport und Körperkultur, 1050 Wien, Bacherplatz 14, Mo., Di. von 17 bis 19 Uhr, Tel. 0 22 2 / 57 32 91

Wiener Fußballverband, 1060 Wien, Mariahilfer Straße 99, Mo. von 17 bis 19 Uhr, Mi. von 18 bis 20 Uhr, Tel. 0 22 2 / 57 15 36

Kärnten

Landeskrankenhaus Klagenfurt, 9020 Klagenfurt, St. Veiter Straße 47, Anmeldung: Tel. 0 42 22 / 37 50 59

Niederösterreich

Österreichisches Institut für Sportmedizin Wr. Neustadt, 2700 Wr. Neustadt, Neunkirchner Straße 24, Anmeldung: Do. von 17 bis 19 Uhr, Tel. 0 26 22 / 56 9 63, oder täglich in der Unfallaufnahme des Krankenhauses Wr. Neustadt, Tel. 0 26 22 / 35 21, Kl. 395

Österreichisches Institut für Sportmedizin Krems, 3500 Krems, Hohensteinstraße 79, a. ö. Krankenhaus Krems

Niederösterreichische Landessportschule Südstadt, 2344 Maria Enzersdorf, Johann-Steinböck-Straße 5, Tel. 0 22 36 / 67 39

Oberösterreich

Österreichisches Institut für Sportmedizin Linz, a. ö. Landeskrankenhaus, 4020 Linz, Krankenhausstraße 9, Anmeldung: Sportamt Linz, Tel. 0 73 2 / 22 4 62

Salzburg

Institut für Sportmedizin, Landeskrankenhaus Salzburg, 5020 Salzburg, Müllner Hauptstraße 48, Anmeldung: Sportamt Salzburg, Tel. 0 62 22 / 41 5 61/518

Beratungsstelle an der Bezirkshauptmannschaft Hallein, 5400 Hallein, Anmeldung: Tel. 0 62 45 / 25 31

Steiermark

Österreichisches Institut für Sportmedizin Judendorf-Straßengel, Sonderkrankenanstalt für innere Erkrankungen, 8111 Judendorf-Straßengel bei Graz, Anmeldung: Tel. 0 31 24 / 22 37

Sportambulanz am Unfallkrankenhaus Graz, 8011 Graz, Th.-Körner-Straße 65, nur Verletzungen! Tel. 0 31 22 / 61 5 50

Tirol

Institut für Sport- und Kreislaufmedizin, 6020 Innsbruck, Anichstraße 35, Mo. bis Fr. von 8 bis 12 Uhr, Anmeldung: Tel. 0 52 22 / 26 7 11

Krankenhaus St. Johann in Tirol, Abteilung für Herz-, Kreislauf- und Sportmedizin, 6380 St. Johann in Tirol, Mo. bis Fr. von 8 bis 12 Uhr,

Vorarlberg

Anmeldung: Tel. 0 53 52 / 22 39, Dw. 276

Arbeitskreis für prophylaktische und soziale Medizin, 6901 Bregenz, Postfach 4, Auskunft: Tel. 0 55 74 / 22 0 10

fit mach mit

Fit mach mit
gesund bleiben
durch
Spiel und Sport

Prof. Ing. Hermann Nußbaumer:

Der Schützensport jubiliert

Die Frage „Welche Sportart ist die älteste?“ kann man leicht beantworten. Ganz gleich, wovon man ausgeht, man wird immer wieder auf die Schützen treffen!
Ein Schriftsteller meinte einst, daß der erste Mensch schon ein Schütze gewesen sei, der mit der Waffe zur Jagd ging. Aber auch wenn man auf diese etwas weit hergeholte Schützentradition verzichtet, stößt man in Österreich schon im 13. Jahrhundert auf die ersten Schützenvereine, den ältesten davon in Klosterneuburg (1288). Auch ein Oberstlandesschützenmeister mit dem Sitz in Wien wurde damals schon urkundlich genannt. Man darf daher annehmen, daß das Schützenwesen schon in diesem Jahrhundert in der Öffentlichkeit große Beachtung gefunden hat.
In allen Teilen des Landes wurden dann in den folgenden Jahrhunderten Schützengesellschaften gegründet, wenngleich sie organisatorisch nur in Tirol als Landesinstitution zusammengeschlossen waren. Eindeutig sei aber dabei festgestellt, daß die Schützengesellschaften von der sportlichen Seite kamen und die Landesverteidigung von diesen Gesellschaften und Gilden erst später ihre Impulse bekam.
Viele Jahrhunderte vergingen dann, ehe man den Zusammenschluß der Vereine zur Erreichung höherer, dem Schießsport dienender Ziele erkannte.
Grundlage dafür war die Gründung des Deutschen Schützenbundes im Jahre 1862 und das erste Deutsche Bundesschießen in Frankfurt am Main, an dem auch viele Schützen aus den Kronländern teilnahmen.
Eine besondere Bedeutung für die österreichischen Schützen hatte dann das zweite Deutsche Bundesschießen im Jahre 1865 in Bremen, denn dort wurde Wien zum Austragungsort des 3. Bundesschießens 1868 erkoren, eine Wahl, die kurze Zeit später auch vom Wiener Gemeinderat ratifiziert wurde.
Doch dann kam die Politik dazwischen. Der Krieg zwischen Österreich und Preußen führte zum Austritt aus dem „Deutschen Bund“, und die Durchführung des 3. Bundesschießens war in Frage gestellt. Aus dem Ministerium und dessen politischen Unterabteilungen kamen negative Urteile, doch der Kaiser selbst entschied für das Bundesschießen. Es wurde schließlich dann auch 1868 ein voller Erfolg.

Bei diesem Bundesschießen faßten die österreichischen Schützen den Beschluß, einen eigenen Schützenbund zu gründen. Dr. Eduard Ritter v. Kopp, der Oberschützenmeister des Wiener Schützenvereines, war der Hauptinitiator. Der Aufruf zur Gründung des „Österreichischen Schützenbundes“ fand begeisterte Aufnahme, und „alle österreichischen Schützen, ohne Unterschied der Nation“, wurden zum Beitritt aufgefordert.

Es dauerte aber dann mehr als ein Jahrzehnt, ehe alle Vorbereitungen für die Gründung und eine weitverzweigte Korrespondenz die Einberufung einer Delegiertenversammlung möglich machten. Diese beriet am 20. Oktober 1878 die zukünftigen Satzungen und einigte sich in Baden bei Wien endgültig über die Form des neuen Verbandes. Mit Erlaß des „k. k. Ministeriums des Innern vom 21. Februar 1879, Z. 1.409“, durfte der Österreichische Schützenbund seine Arbeit mit sofortiger Wirkung aufnehmen.

Am 23. April 1879 wählten 93 Delegierte den Salzburger Oberschützenmeister Graf Arthur Podstatzky-Liechtenstein zum ersten Präsidenten des Gesamtausschusses des Österreichischen Schützenbundes. Delegierte aus Bielitz, Wien, Innsbruck, Graz, Laibach, Olmütz, Klagenfurt, Linz und Zara wurden in den Ausschuß berufen, der sogleich die Arbeiten für das 1. Österreichische Bundesschießen aufnahm, das dann 1880 in Wien durchgeführt wurde. Aus der Hand der Patin,

Kaiserin Elisabeth, erhielt der Schützenbund auch das Bundesbanner.

Weitere Bundesschießen in Innsbruck (1885), Graz (1889), Brünn (1892) und Wien (1898) folgten.

Um die Jahrhundertwende nahm der Schützenbund einen sehr erfolgreichen Aufschwung, Österreichs Schützen konnten sich auch international bewähren. Bei den Internationalen Meisterschaften 1901 gab es den ersten Weltmeistertitel für Österreich, und in der Durchführung internationaler Bewerbe wurde das 6. Österreichische Bundesschießen 1908 in Wien zu einem Markstein des internationalen Schießsports.

Der Erste Weltkrieg und seine Folgen trafen auch den Österreichischen Schützenbund. Die Landesverbände Böhmen, Mähren und Schlesien gingen verloren, aber bald wurden die Schießstände, vor allem in den Gebirgsgegenden, wieder eröffnet.

Der Bundesausschuß wurde 1926 neu konstituiert, innerhalb des Schützenbundes folgte eine organisatorische Straffung, neue Waffen, vor allem Kleinkaliber, traten immer mehr in den Vordergrund. Anläßlich des 50jährigen Bestehens des Österreichischen Schützenbundes war Baden bei Wien 1929 Austragungsort eines Jubiläumsschießens, 1931 folgte das 7. Österreichische Bundesschießen in Salzburg und 1937 das 8. Bundesschießen in Innsbruck.

Nach der Annektion Österreichs wurde der Schützenbund in den NS-Reichsbund eingegliedert, und nach dem Zweiten Weltkrieg gab es in den besetzten Zonen Österreichs viele Schwierigkeiten. Trotzdem wurde schon sehr bald wieder geschossen, vorerst allerdings mit der Armbrust. Als Österreich aber 1948 zu den Olympischen Sommerspielen nach London eingeladen wurde, waren auch die Schützen wieder dabei. Der „Tiroler Sportschützen-Verband" wurde gegründet, in ihm konnten alle österreichischen Schützen Mitglied werden.

Da auch die U.I.T. den Verband anerkannte, stand einem Start der österreichischen Schützen nichts mehr im Wege. Das Olympische Comité kaufte sogar ein neues KK-Gewehr, die anderen Schützen mußten sich mit älteren Gewehren zufrieden geben. Ein 15. Platz unter 28 teilnehmenden Nationen war mehr, als man sich erwarten konnte. Trotz der Besatzung entwickelte sich das Schießen wieder zunehmend, und seit der Unabhängigkeitserklärung 1955 konnten Österreichs Schützen wieder national und international tätig sein.

Heute ist der Österreichische Schützenbund ein geachtetes Mitglied der U.I.T., und Österreich auch ein Land, das durch die Leistungen seiner Schützen und als Austragungsort kontinentaler und Weltmeisterschaften beliebt ist. Dies bewiesen die Europameisterschaften 1973 mit den Luftdruckwaffen in Linz und die abermalige Vergabe für 1979 in Graz sowie die Wahl von Linz als Austragungsort der Weltmeisterschaften Laufender Keiler 1979 sowie der 1. Weltmeisterschaften Armbrust ebenfalls 1979. Dazu kommt noch das 10. Österreichische Bundesschießen, das, ebenso wie das 9. im Jahre 1963, in Innsbruck stattfinden wird.

Österreich in der U.I.T.

Die „International Shooting Union", als Abkürzung benützt sie, um nicht mit dem Eislaufverband verwechselt zu werden, die französische Bezeichnung „Union Internationale de Tir", also U.I.T., ist jünger als die internationalen Schießsportmeisterschaften, die schon seit 1897 durchgeführt werden. Die Gründung der U.I.T. geht auf Beratungen zurück, die 1906 in Mailand geführt wurden. Die Gründung folgte dann ein Jahr später durch folgende Nationen: Argentinien, Belgien, Frankreich, Griechenland, Holland, Italien, Österreich und der Schweiz. Erster Präsident wurde der Franzose Pierre Francois-Daniel Merillon. Bei der Generalversammlung in Wien am 30. Juni 1908 anläßlich der Internationalen Wettkämpfe wurden auch Statuten in deutscher Sprache geschaffen.

Zu den schon genannten Nationen kamen noch Deutschland, England, Ungarn, Kanada und die USA, so daß bereits 13 Nationen der U.I.T. angehörten. Nach

dem Ersten Weltkrieg, als Österreich nicht mehr den internationalen Verbänden angehörte, erfolgte eine Wiederaufnahme gemeinsam mit Deutschland im Jahre 1931. Der U.I.T. gehören heute fast 100 Länder der Erde mit 128 Schützenverbänden an.
Der Österreichische Schützenbund ist außerdem Mitglied der Europäischen Schützen-Konföderation, dem Europäischen Regionalverband. Dipl.-Ing. Fritz Schattleitner ist dabei Vorsitzender der technischen Kommission.

Die Präsidenten der U.I.T. seit der Gründung:

1907–1925 Pierre Francois-Daniel Merillon (Frankreich), gest. 1925

1927–1947 Jean Carnot (Frankreich), gest. 1969

1947–1960 Consul Erik Carlsson (Schweden, gest. 1971

1960–1976 Dr. Kurt Hasler (Schweiz)
seit 1976 Georg Andrew Vichos (Griechenland)

Präsidenten und Bundesoberschützenmeister des Österreichischen Schützenbundes 1879–1979:

1879 Adolf Graf Podstatzky-Liechtenstein (Salzburg)

1889 Fürst Karl zu Trauttmansdorff (Wien)

1892 Dr. Johann Graf von Meran (Steiermark)

1907 Fürst Karl zu Trauttmansdorff (Wien)

1926 Leopold Aichelburg-Labia (Kärnten)

1927 Carl Schreiner (Graz)

1930 Anton Graf Goeß (Kärnten)

1952 Hofrat Dr. Josef Schuhmacher (Tirol)

1956 Hofrat Dr. Josef Deflorian (Tirol)

1970 Prof. Ing. Hermann Nußbaumer (Oberösterreich)

Internationale Erfolge österreichischer Schützen:

1901 Österreichs Mannschaft Weltmeister im Gewehr stehend
Gewehr stehend: 2. Johann Prem

1907 Weltmeister im Gewehr stehend: Karl Wertgarner

1960 Olympiasieger im Freigewehr 300 m: Hubert Hammerer

1963 Europameister stehend: Martin Rid
Stehend: Mannschaft 3. (Rid, Fröschl, Fröwis, Sachsenmaier)

1969 EM English Match: 2. Wolfram Waibel
Sportpistole: 3. Hubert Garschall

1970 Weltmeisterschaft kniend: 2. Wolfram Waibel

1972 Olympische Bronzemedaille Freie Pistole: Rudolf Dollinger

1974 WM Gewehr stehen: 2. Gerhard Krimbacher
WM English Match: 2. Wolfram Waibel
WM Freie Pistole: Mannschaft 3. (Tschabrunn, Schmidt, Schneider, Garschall)

1975 Europameisterschaft Luftpistole: 3. Hubert Garschall
EM Zentralfeuer: Mannschaft 3. (Garschall, Schneider, Sailer, Aggermann)

1976 Bronzemedaille Olympische Spiele Freie Pistole: Dr. Rudolf Dollinger

1977 Europameisterschaft Luftpistole: 2. Dr. Rudolf Dollinger

1978 Weltmeisterschaft Pistole Schnellfeuer: 3. Gerhard Petritsch
WM KK kniend: Mannschaft 3. (Rauner, Stadler, Krimbacher, Waibel)

Hermann Fuchs:

Tennisboom mit Durchbruch zur Weltklasse

Das „historische" Ereignis fand am 2. August 1978 statt. Beide großen Wiener Tageszeitungen berichteten auf ihren Titelseiten über den Finalerfolg von Peter Feigl in Cleveland. Der erste Sieg eines Österreichers in einem Grand-Prix-Turnier, der vorläufige Höhepunkt des enormen Aufschwungs, den Tennis derzeit auch hierzulande nimmt, fand eine Würdigung, die sonst nur den Erfolgen der Schifahrer oder der Fußball-Nationalmannschaft zuteil wird.

Kein Zweifel, Tennis ist zum Volkssport geworden. Die Zahl derer, die das Racket schwingen, steigt auch in Österreich enorm an. Das beweisen auch die Statistiken des Tennisverbandes. Wurden 1963 17.290 Mitglieder registriert, so hat sich diese Zahl in den folgenden 15 Jahren mehr als vervierfacht. Der ÖTV avancierte dadurch zum viertgrößten heimischen Sportverband – hinter Fußball, Turnen und Schilauf.

Diese Zahlen allein drücken aber den ständigen Zuwachs an Popularität, den Tennis derzeit vermerkt, gar nicht richtig aus. Wie nicht jeder, der übers Wochenende oder ein paar Tage im Winter schifährt, Mitglied beim Verband ist, findet sich auch nur ein Bruchteil der Anzahl der tennisspielenden Österreicher in den Karteien des ÖTV. Schätzungen, die auf Verkaufszahlen von Rackets und ähnlichen Erhebungen basieren, ergeben, daß bereits rund eine Viertelmillion zu den Anhängern des „weißen Sports" gezählt werden kann. Das „anyone for tennis", geflügeltes Wort in angelsächsischen Ländern, heißt hierzulande eben „Tennis ist toll" oder „Tennis ist in".

Der weltweite Tennisboom erfaßte nun auch Österreich, könnte eine simple Erklärung dafür sein. Sicher zutreffend. Doch worin liegt die enorme Faszination, die von diesem Sport jetzt weltweit ausgeht? „Tennis ist der einzige Sport, in dem sich Großvater und Enkel, Mutter und Sohn wettkampfmäßig gegenüberstehen", versucht Vic Braden, der wohl bekannteste Analytiker Amerikas, eine Erklärung, „und in dem die körperlich Unterlegenen auch Chancen zum Sieg vorfinden." Nicht zu widerlegen. Doch dies erkennt man erst, wenn man bereits die ersten Gehversuche hinter sich, schon gewisse Grundkenntnisse erworben hat.

Was aber zieht wirklich alljährlich Zehntausende auf die – immer noch zu wenigen – Tennisplätze? In einer Untersuchung, die das Institut für empirische Sozialforschung vor vier Jahren im Auftrag des Bundesministeriums für Unterricht und Kunst durchgeführt hat, findet man etliche Anhaltspunkte. Damals, also 1974, wurde von fünf Prozent der Befragten Tennis gespielt, fast die Hälfte (43 Personen) erklärte, sie würde, falls Geld keine Rolle spielte, gerne diesen Sport ausüben. (Nur Schifahren, zu dem sich 61 Prozent bekannten, übte eine stärkere Anziehungskraft aus.) Der Ruf des „Exklusivsports" hing Tennis bei den Befragten also noch nach.

Das Gefühl, mit dem Griff zum Racket, zu weißem Short und Hemd gleichsam in der sozialen Stufenleiter einen Schritt nach oben zu klettern, in Bereiche vorzustoßen, die früher nur wenigen vorbehalten waren, dürfte sicher auch zum sogenannten Boom beitragen oder beigetragen haben. Vor allem bei Kindern, die von ihren Eltern statt wie früher zu einem Ballspiel- oder Turnverein, jetzt zum Tennis geschickt werden: „Sie sollen es besser haben als ich" – Tennis als Statussymbol.

Doch der Hauch der Exklusivität verringert sich immer mehr. Vor allem deshalb, weil Tennis ja nicht mehr zu den teuren Sportarten gezählt werden kann – eine Woche Schiurlaub belastet die Familienkasse mehr als eine komplette Saison beim Tennis –, aber auch durch die Professionalisierung, die da im Spitzensport stattfindet.

Interessant, daß ein sportlich eher wertloses, aber publizistisch aufgewertetes Ereignis den Tennisboom in Amerika losgetreten hat: das berühmte „Match der Geschlechter“ zwischen der damals 30-jährigen Billie Jean King und dem um 27 Jahre älteren Robert „Bobby“ Riggs. Nachdem King im September 1973 diese Partie im Astrodom von Houston vor 30.492 zahlenden Besuchern (eine Zahl, die bis heute noch von keinem anderen Single erreicht werden konnte) 6 : 4, 6 : 3, 6 : 3 gewonnen und dafür 100.000 Dollar kassiert hatte, stiegen die Zahlen der tennisspielenden Amerikaner – vor allem der weiblichen – geradezu sprunghaft an.

1974, 1975 sind auch die Jahre, ab denen der Zulauf zum Tennis auch in Österreich stark zugenommen hat. Die Voraussetzungen waren ja überaus günstig. Die vermehrte Freizeit, die damals auf Hochtouren kommende Fit-Welle, allgemeine Prosperität. Man konnte sich etwas „leisten“ – und viele gönnten sich Tennis.

Die Attraktivität des früher exklusiven Sports wurde ohne Zweifel durch die exorbitant hohen Summen, die die Topstars verdienen, weiter erhöht. Daß ein Connors, ein Borg oder Vilas alljährlich mehr als sieben oder acht Millionen Schilling allein an Preisgeldern, aber auch ein Kary in seiner besten Saison (1976) noch rund 500.000 Schilling (33.034 Dollar) bei Turnieren kassieren konnten, machte den Griff zum Racket sicher verlockender. Man möchte doch ausprobieren, ob diese so gut bezahlte Tätigkeit wirklich so schwer ist?

Weil zuvor Hans Kary erwähnt worden ist. Der Kärntner wirkte sicher als großer Animator für seinen Sport, seine Leistungen trugen bestimmt viel dazu bei, daß Tennis in Österreich so populär wurde. Mit den Erfolgen über Weltklassespieler wie Ilie Nastase oder Stan Smith vor sechs, acht Jahren machte er auf die Möglichkeiten aufmerksam; durch die Erfolge mit den diversen Auswahlmannschaften in Kings- und Davispokalspielen vermittelte er einen nationalen Stolz, der für jeden Sport dringend notwendig ist. Und schließlich verhinderten seine Starts im Ausland, daß das Interesse für Tennis nach der kurzen Freiluftsaison wieder versandet. Ein Sieg in Louisville, ein anderer in Bogota, eine Niederlage in Johannesburg – dem heimischen Tennisfan wurde dadurch nahegebracht, daß Tennis auf der ganzen Welt und über das ganze Jahr hindurch gespielt wird.

Kary wirkte aber auch als Vorbild. Seine Leistungen, zum Großteil aus eigener Initiative, waren es, die einem Feigl, auch einem Kandler oder Krajcik den Mut gaben, den Versuch zu wagen, im internationalen Geschehen Fuß zu fassen. Und sicherlich gaben sie – direkt oder indirekt – auch den Anstoß am intensiven Training der Jugend, das sich ja auch durch schöne Erfolge bei großen internationalen Mannschaftsbewerben niederschlägt.

Gab Kary also den Impuls, so schuf das seit mehr als fünf Jahren bestehende Leistungszentrum im Bundessportzentrum Südstadt die Grundlagen zum enormen Aufschwung, den Tennis in den letzten Jahren erlebte. Im Tennisverband hatte man 1972 das Angebot des Bundesministeriums für Unterricht und Kunst mit Freuden angenommen, die neuerrichteten Anlagen in der Südstadt zu einem Trainingszentrum zu nützen. Im angeschlossenen Sportheim fand sich die Möglichkeit zur Unterbringung, dazu ideale Sportstätten – eine Sportschule, die den höchsten Ansprüchen entspricht, war gegeben. Und sie wurde auch entsprechend genützt. Sowohl von Jugendlichen, die aus allen Bundesländern einzogen, als auch von der Spitzenklasse. Ausgezeichnete Trainer – der tschechische Daviscupstar Jan Kukal, Wolfgang Partl, Gerald Batik – die unter Anleitung des Wiener Pädagogen Dr. Helmut Hauer arbeiteten, komplettierten die „Südstadt“ zu dem idealen Nährboden großer Erfolge.

Und Erfolge wurden gefeiert. Von der Elite, fast noch mehr aber von den Jugendlichen, den Zöglingen dieses Leistungszentrums. Am beeindruckendsten schlugen sich zuletzt die Bubenteams. So gehören Finalplätze der Burschen „Unter 16", die im Cup Jean Becker ihre Europameisterschaften austragen, jetzt schon zur Selbstverständlichkeit, heuer gelang erstmals auch den 18jährigen ein sensationeller Vorstoß in die Endrunde des Cup Valeria. Bernhard Pils, Helmar Stiegler, Klaus Oberparleiter, Martin Lorenzoni und Ingo Wimmer belegten im italienischen Lesa sogar Platz drei. Drittbester Tennisnachwuchs Europas, wer hätte dies von Österreichern erwartet?

Diese Mannschaftserfolge fanden in Einzelergebnissen ihre Ergänzung. Wimmer/Oberparleiter holten EM-Gold im Burschendoppel, Klaus Oberparleiter belegte im Einzel Platz zwei, Ingo Wimmer wurde hier Dritter. Auch bei den Älteren blieben die Ergebnisse – Reininger Zweiter, die Mädchen Ulrich/Sommerauer Dritte – über den Erwartungen.

Über den Erwartungen schlug sich auch Österreichs Herrenteam im Kingscup. Hans Kary und Peter Feigl belegten da in der obersten Division nach Siegen über England (zweimal), Schweden, Spanien und BRD (je einmal) den fantastischen vierten Rang. Damit bestätigten sie auch die Resultate im Daviscup, in dem Österreich ja seit einigen Jahren zur Mittelklasse vorgestoßen ist, zuletzt stets die vierte Runde erreichte und nur an „Großen" gescheitert war.

Zu Ende, noch bevor sie begonnen hatte, schien bereits die Karriere von Peter Feigl. Der gebürtige Steyrer, im November 1978 27 Jahre alt geworden, galt als ewiges Talent, dem aber der Vorstoß zur Spitze nie gelingen könnte. Gleichsam im letzten Anlauf schaffte er es aber doch. Im Winter 1977 unternahm er – mehr als Abenteuerlust, denn aus echter Chance – eine Turnierreise nach Ostasien. Einige spektakuläre Resultate gaben ihm den Mut, im Sommer 1978 das Glück in Amerika zu versuchen. Und da schaffte er das zuvor unmöglich Scheinende. Vorstoß aus der Qualifikation bis in die 3. Runde des US-Claycourtmeisterschaften in Indianapolis, Sieg im Turnier von Cleveland, Vorstoß ins Achtelfinale des 200.000-Dollar-Turniers von Boston. Österreich war plötzlich in aller Munde. Und Tennis im Munde aller Österreicher. Ein Boom hatte seinen ersten Höhepunkt erreicht.

Prof. F. Holzweber:

Ist der Sport für die Zukunft gerüstet?

Unsere Zeit ist schnellebig, Veränderungen der Arbeitswelt und Veränderungen im persönlichen Bereich gehen rasend schnell vor sich: schon die „mittelalterlich" Sporttreibenden und Sportfunktionäre erinnern sich mit nostalgischen Gefühlen an ihre noch gar nicht so lange zurückliegende Jugendzeit, wo auch im Sport „so alles anders war".

Dieser Beitrag soll aber nicht die Vergangenheit behandeln, sondern versuchen, allgemeine Tendenzen der demographischen und wirtschaftlichen Entwicklung aufzuzeigen sowie Prognosen über künftiges Freizeit- und Konsumverhalten zu stellen, um daraus Schlüsse ziehen zu können. Wie wird die Entwicklung im Sportbereich vor sich gehen, und worauf hat sich der Vereins- und Verbandssport Österreichs einzustellen?

Welche Grundtendenzen sind feststellbar

Bei den derzeit stagnierenden oder nur mehr leicht steigenden Geburtenzahlen wird die Bevölkerung weiter veraltern, die Bevölkerungszunahme wird daher bei den 40jährigen und älteren Menschen liegen. Eine weitere Verstädterung ist zu erwarten, der Familienverband wird weiterhin klein bleiben (3—4 Personen).

Das Wirtschaftswachstum wird wahrscheinlich auch in den nächsten Jahren nur bei 1 bis 2 Prozent liegen, das Wachstum im produzierenden Gewerbe am größten sein und die Anpassung an „intelligente" Produkte zu einer Umschichtung der Industrie führen, die wesentlich größer als in den letzten Jahrzehnten ist und für einige Branchen große Auswirkungen haben wird.

Auch die verdienende Bevölkerung wird eine Umschichtung erfahren: Die jüngeren männlichen Jahrgänge werden — bedingt durch längere Ausbildungen — geringere Erwerbsquoten aufweisen, die Quoten der Männer der mittleren Jahrgänge werden konstant bleiben, die Pensionisten eine leichte Abnahme zu verzeichnen haben. Bei den Frauen wird sich die Situation, die sich schon angebahnt hat, noch verstärken: Die berufstätige Frau wird zum Normalfall und in den mittleren Jahrgängen stark zunehmende Erwerbsquoten aufweisen. Insgesamt bedeutet das, daß das Einkommen eines Privathaushaltes in den nächsten Jahren stark steigen wird, manche Untersuchungen sprechen von 50 Prozent in zehn Jahren! Die Zahl der Selbständigen wird weiter schrumpfen, ebenso die Zahl der Arbeiter zugunsten der Angestellten.

Die Bedürfnisse der Bevölkerung werden sich stärker nach der Qualität der „Lebensverbesserung" ausrichten und damit die Nachfrage nach Güter und Dienstleistungen für die Freizeit weiter steigen. Auf den Freizeitmärkten könnten die privaten Ausgaben besonders für den laufenden und den Folgebedarf schnell zunehmen.

Vorsichtiger Schluß aus dem Gesagten: Wir werden es in Zukunft mit gut verdienenden Menschen mittleren Alters zu tun haben, wobei die Frau eine zunehmend größere Rolle spielen wird, und vor allem qualitativ hochwertige Güter und Dienstleistungen für die Freizeit verlangt werden.

Auch im Freizeitverhalten wird sich eine Änderung ergeben, wenn auch hier Gesamtuntersuchungen fehlen und daher eine Aussage doch mit Vorsicht aufzunehmen ist:

Ob die Entwicklungsprognose zu einem „goldenen Freizeitalter" mit einer jährlichen Arbeitszeit von rund 1.500 Stunden im Jahre 2000 wirklich zutreffen wird, steht vielleicht noch nicht fest. Feststeht jedoch, daß alle Gruppen der Erwerbstätigen kontinuierlich weniger Arbeitszeit haben, und daß weitere Arbeitszeitverkürzungen eintreten werden, aller Wahrscheinlichkeit durch Zunahme der Urlaubszeit um 1 bis 2 Wochen und weniger durch Abnahme der wöchentlichen Arbeitsstunden. Dem verkürzten Freitag wird hier besonders Bedeutung zukommen, weil er eine Verlängerung des Wochenendes und damit eine Verbesserung der Freizeitbilanz bedeutet.

Von besonderer Wichtigkeit für die Entwicklung des Sports ist das Freizeitverhalten der Menschen unseres Industriezeitalters. Es lohnt sich, hier einige Bemerkungen anzubringen:

Natürlich bildet die soziale Situation, das Einkommen, eine wichtige Voraussetzung für Freizeitaktivitäten. Es wäre jedoch falsch, sich nur an den oberen Einkommensschichten zu orientieren, da Studien in der BRD zeigen, daß 37 Prozent der Bevölkerung weder Zeit noch Geld für Freizeitaktivitäten haben, 11 Prozent zwar genügend Geld, aber keine Zeit, und 16 Prozent viel Zeit, aber kein Geld. Dennoch sind die Freizeitausgaben und besonders die Urlaubsausgaben wesentlich rascher gestiegen als die Ausgaben für den privaten Gebrauch. Der Freizeitkonsum hat seinen festen Platz im Lebensstandard aller Schichten bekommen. Wichtig für das Freizeitverhalten ist natürlich auch die zur Verfügung stehende Zeit. Es könnten daher – da sich die Freizeitvermehrung besonders am Wochenende abspielen wird – eigene Aktivitäten für Werktag, Wochenende und Urlaub entwickelt werden. Inwieweit dies in der Praxis tatsächlich eintreten wird, ist noch fraglich, Trägheitsmoment des einzelnen, aber auch Umwelt, Tradition, gesellschaftliche Normen, Klima, Möglichkeiten des geselligen Kontaktes können entscheidende Faktoren werden.

Ein großes Fragezeichen bildet das künftige Freizeitverhalten der Jugendlichen: Sicher ist, daß das Jugendalter für die Erziehung zu einer aktiven und sinnvollen Freizeitbetätigung entscheidend ist und daß die Wahrscheinlichkeit, daß eine in der Jugend erlernte Sportart als Hobbysportart auch im Alter ausgeübt wird, sehr groß ist.

Allerdings zeigt sich auch, daß Kontakte zum Freizeitsport nach dem 14. Lebensjahr kaum mehr anwachsen und besonders bei den weiblichen Jugendlichen eine sprunghafte Abnahme der Bindung zum Sport mit 16 Jahren (meist ein Jahr nach Berufseintritt) und dann neuerlich mit ca. 20 Jahren (Heirat, Haushalt) eintritt. Es ist noch fraglich, ob das verbesserte Image des Fitneßsports bzw. die verbesserte soziale und finanzielle Stellung der Frau ausgleichend wirken können. Seien wir jedenfalls nicht zu optimistisch: Sport als Freizeitbeschäftigung steht bei den männlichen Jugendlichen erst an 4. Stelle, was immerhin noch eine bedeutende Rolle im Rahmen der Freizeit spielt, bei den weiblichen Jugendlichen aber erst am 9. Platz, was unbedeutend ist. Überflüssig zu sagen, daß gerade hier dem Elternhaus und der Schule eine bedeutende Rolle zukommt.

Gut bekannt ist, besonders durch eine IFES-Studie aus dem Jahre 1974, die Einstellung der Bevölkerung zum Sport in Österreich, die besagt, daß die sportliche Aktivität mit dem Alter abnimmt, Familiengründung und Festigung der beruflichen Situation einen negativen Einfluß ausüben und zwischen dem 35. und 40. Lebensjahr zwar eine große Gruppe wieder zur Sportausübung zurückfindet, der Rest aber praktisch überhaupt keinen Sport mehr ausübt. Ganz klar zeigt sich auch, daß die Sportaktivität der Männer im Vergleich zu den Frauen wesentlich intensiver ist, bedingt insbesondere durch die Mehrbelastung der Frau, daß aber ein deutliches Aufholen der Frauen besonders durch ein vielseitiges Fitneßangebot zu bemerken ist.

Der Vollständigkeit halber soll hier noch angeführt werden, daß die Sportaktivität mit der Zugehörigkeit zu höheren sozialen Schichten Hand in Hand geht bzw. sehr stark nur in Gruppen mit höherem Bildungsniveau ausgeübt wird.

Im Bezug auf die Zukunftsentwicklung ist interessant, welche Sportarten heute vorrangig betrieben werden bzw. welche man gerne ausüben möchte: bei den Männern vor allem Schwimmen, alpiner Schilauf, Radfahren und Bergsteigen; bei den Frauen: Schwimmen, Radfahren, Schilauf und Gymnastik. Wunschsportarten waren sowohl bei Männern wie Frauen Reiten, Schilauf, Tennis und Segeln, bei den Frauen zusätzlich noch Gymnastik. Übertroffen wird aber in Österreich alles vom Wandern: Zwei Drittel der Österreicher wandern, zumindest gelegentlich, und dies bei einer Sportabstinenz von rund 50 Prozent der Bevölkerung!

Das heißt, Wandern ist im Bewußtsein der Bevölkerung nicht „Sport", sondern eher ein leibeserziehlich-gesellschaftliches Ereignis.

Nicht uninteressant ist auch, daß von den Sportausübenden nur ein Drittel regelmäßig das ganze Jahr über Sport betreibt, ein Drittel nur zu bestimmten Jahreszeiten und ein Drittel nur unregelmäßig bzw. gelegentlich. Dabei ist auffällig, daß vielseitige Sportler und aktive Mitglieder von Sportvereinen meist das ganze Jahr über Sport betreiben, woraus geschlossen werden kann, daß der Wunsch nach vielseitigem Angebot und nach Gemeinschaft in der Bevölkerung vorhanden ist.

Das alles sind sozusagen feststehende Fakten, für eine zukunftsorientierte Entwicklung des Sportes sind aber Prognosen im Freizeitsportbereich notwendig.

Allerdings gibt es zu diesem Thema nur wenige Teiluntersuchungen aus Industrieländern (USA, BRD, aber auch Österreich), und es muß daher darauf hingewiesen werden, daß die folgenden Prognosen mit Vorsicht aufgenommen werden müssen.

So wird der Trend zum Wandern bzw. Spazierengehen, sowohl organisiert wie auch unorganisiert, weiter anhalten, wenn auch die großen Zuwachsraten der vergangenen Jahre nicht mehr zu erwarten sein werden. Dafür aber ein Festigen der Gewohnheit und ein weiteres Ansteigen der „regelmäßigen" Wanderer.

Eine weitere, noch sehr starke Zunahme wird bei der unspezifischen und vielseitigen Sportausübung stattfinden, für die ich hier den Begriff „Fitneßtraining" verwenden möchte. Darunter kann von der Heimgymnastik mit oder ohne Gerät, dem Vereinsturnen vom Kleinkind bis zum Senior, der Benützung von Fitparcours, dem Waldlauf, dem Spielen im Wald und Flur alles verstanden werden. Dieser Zuwachs wird um so größer sein, je stärker die Werbung für den Fitneßgedanken in der Öffentlichkeit fortgesetzt und damit das Image der Fitneß für die ganze Bevölkerung ausgebaut wird. Diese Entwicklung ist allerdings auch abhängig von der Entwicklung des Sportes überhaupt. Hier könnten durch die schon derzeit oft bestehende Unmöglichkeit, in Vereinen noch Mitglieder aufzunehmen, Grenzen auftreten.

Weitere Zuwachsraten wird das Schwimmen haben, vor allem im privaten Bereich, aber auch in der Urlaubszeit. Auch das Radfahren, wobei allerdings hier ein Umdenken der öffentlichen Hand eintreten müßte: Die Auflassung von Radwegen zugunsten öffentlicher Verkehrsflächen ist nicht nur dem Radfahren abträglich, sondern auch der Volksgesundheit! Weiter stark expandieren wird Tennis, wo in den nächsten Jahren eine Verdoppelung prognostiziert wird, wobei besonders das „Mittelalter" stark vertreten sein wird. Auch Reiten – besonders als Urlaubssport – und besonders das Langlaufen oder Schiwandern, das schon heute als ausgesprochene Life-time-Sportart von allen Schichten betrieben wird, haben Zukunftschancen.

Diese Aspekte sollten vom österreichischen Vereins- und Verbandssport entsprechend wahrgenommen und umgesetzt werden, wenn der Sport auch in Zukunft seinen Aufgaben im Rahmen der Freizeitbewältigung und im Dienste der Volksgesundheit nachkommen will.

Und so könnten die Vorschläge aussehen:

1. Die Sportorganisationen müssen sich bewußt sein, daß Sport ein wichtiges Instrument zur Bewältigung der Freizeit ist und in der heutigen Gesellschaft in den meisten Bereichen des täglichen Lebens wichtige Aufgaben zu erfüllen hat. Zum Wohle des einzelnen, der Familie und der ganzen Gesellschaft.

2. Die stagnierenden und vielleicht weiter zurückgehenden Geburtenzahlen werden eine noch mehr veralternde Gesellschaft hervorrufen, für welche eine stärkere Ausrichtung des Vereines in Richtung Fitneßsport zu erfolgen hätte.
3. Auf die spezielle Situation der Frau in der kommenden Gesellschaft wird besonders Bedacht zu nehmen sein.
4. Die Höhe der Ausgaben für Freizeit, und damit für den Sport, wird relativ unabhängig von der jeweiligen Konjunkturlage sein. Es sollte allerdings die Orientierung nicht an sozial hochgestellte Schichten erfolgen, sondern am Durchschnittsösterreicher, der zwar Geld für Freizeit und Sport auszugeben bereit ist, aber Qualität verlangt. In diesem Zusammenhang wird ein vielseitiges Angebot im Fitneßbereich von besonderer Bedeutung sein.
5. Die Chance des Vereines, in Zukunft seine Rolle im Rahmen des kulturellen Lebens in Österreich beizubehalten, wird wahrscheinlich in der Möglichkeit liegen, Kontakte und Geselligkeit anbieten zu können; dies ist auch wahrscheinlich seine große Chance gegenüber dem Angebot kommerzieller Institutionen und Organisationen.
   Da die Freizeitaktivität unabhängig von der verfügbaren Zeit ist, könnten sich eigene Sportaktivitäten für Wochentage, Wochenende und Urlaube entwickeln.
6. Der Urlaub wird in Zukunft wesentlich stärker zur Sportausübung dienen als heute, was entweder zu einer verstärkten Tätigkeit im selbstgewählten Hobbysport führen könnte oder aber auch, wenn das Bedürfnis geweckt werden kann, zur Erlernung einer zweiten Sportart. Hier läge auch für den Verein eine Chance, insbesonders in der Durchführung von Sporturlauben in Zusammenarbeit mit Fremdenverkehrsinstitutionen, der Hotellerie und Gemeinden.
7. Wichtig für eine lebenslange sportliche Betätigung ist die Erziehung zum Sport in der Jugend. Für Mädchen, die vom Sport wenig halten, wären entsprechende Angebote weit weg vom Leistungssport zu erstellen.
8. Die Hauptmotive für die Sportausübung der breiten Bevölkerung sind „fit und gesund bleiben“ und „weil es Spaß macht“. Hauptgründe für Sportabstinenz sind Zeitmangel, Alters- und Gesundheitsgründe.
   Es müßte daher ein entsprechendes Angebot für jedes Alter und für jede finanzielle Möglichkeit geben; die sportlich-spielerische Betätigung im Fitneßbereich wäre zu forcieren, doch müssen in den Konzepten der Raumplaner auch die Sportstätten „um die Ecke“ für den täglichen Freizeitbedarf vorhanden sein.
9. Der Einspartenverein wird in einem Zeitalter der vermehrten Freizeit und beim vorhandenen Wunsch nach einem vielseitigen Angebot und nach Gemeinschaft mit Gleichgesinnten seiner Aufgabe nicht nachkommen können.
10. In die Arbeit der Vereine sind die zukunftsträchtigen Sportarten Wandern, Schwimmen, Langlaufen, Radfahren, Tennis, Reiten, Segeln, Gymnastik etc. — unter Wahrung der Vielseitigkeit — stärker einzubeziehen. Neue Sportarten, wie z. B. jetzt Squash und Windsurfen, sind sorgsam zu beobachten.
    Da die größten Zuwachsraten aber wahrscheinlich in der unspezifischen, vielseitigen und sportlich-spielerischen Sportausübung liegen werden, ist schon heute durch Ausbildung entsprechender Übungsleiter und durch Sicherung angepaßter Sport- und Spielflächen, sowohl in der Natur als auch unter Dach, Sorge zu tragen.

Dr. Othmar Manninger:

Das Jahr des Kindes

(Bedeutung des Sports im Kindesalter und als Erziehungsfaktor fürs Leben)

Ein Jahr des Kindes im Jahrhundert des Kindes? Ist es notwendig und sinnvoll, in dem den Kindern gewidmeten 20. Jahrhundert nochmals in einem Jahr speziell daran zu erinnern? Welche Beziehung besteht zum Sport als beliebtes und weitverbreitetes Handlungsmuster und welche zum Sport als Erziehungsfaktor? Diesen Fragestellungen soll kurz nachgegangen werden, wobei ich mich auf die Situation in Österreich beschränke. Unter Kindern sind Menschen zwischen der Geburt und dem elften oder zwölften Lebensjahr zu verstehen. Nach etwa einem Dutzend Lebensjahren erreicht der Mensch eine gewisse Vollkommenheit. Deshalb bezeichnet die pädagogische Psychologie diese Altersstufe als Vollkindheit. Die Auffassung mancher Psychologen und Pädagogen, der Mensch sei nie mehr so perfekt, so harmonisch und so sympathisch wie in diesem Alter, ist vielleicht eine Übertreibung. Objektiv feststellbar ist jedenfalls, daß einzelne Organe (Augen, Ohren) bereits optimal entwickelt sind.

Die große Bedeutung des Sportes für Kinder folgt aus der Tatsache, daß die wesentlichsten Stufen der Entwicklung der menschlichen Motorik (d. i. die Summe aller körperlichen Funktionen, die für Bewegungen notwendig sind) bereits abgeschlossen sind. Der weitverbreitete Ausspruch „Was Hänschen nicht lernt, lernt Hans nimmermehr" gilt speziell für die menschliche Bewegung. Nach neueren wissenschaftlichen Erkenntnissen ist Entwicklung als mehr oder weniger stetiges Wachstum das Ergebnis mehrerer Faktoren: Da sind zunächst die psychosomatischen Reifungsprozesse, denen der Mensch aufgrund seiner Erbmasse „ausgeliefert" ist. Daneben laufen aber auch Selbststeuerungsprozesse ab, das Kind versucht mit Hilfe seines Willens aktiv in seine Entwicklung einzugreifen. Neben diesen individuellen Faktoren steuert die soziale Umwelt zwei weitere Faktoren bei. Durch Schichtzugehörigkeit und daraus resultierende gesellschaftliche und kulturelle Gegebenheiten entstehen Prägeprozesse, die als Entwicklungsfaktoren von Bedeutung sind. Schließlich muß Entwicklung noch als Funktion von intentionalen (=zielgerichteten) Lernprozessen gesehen werden. Im Rahmen einer so analysierten kindlichen Entwicklung stellt der Sport einen durch nichts anderes ersetzbaren Lebensbereich dar. Welch große Freude für die Eltern, wenn der Säugling, in seinem Bettchen liegend, erstmals einen Gegenstand ergreifen kann! Er „begreift" ihn, d. h., er macht ihn sich verfügbar, verleibt ihn seiner Erfahrungswelt ein. Wir verwenden das Wort „begreifen" natürlich eher für das verstandesmäßige Erfassen eines Sachverhaltes. Sein Ursprung beweist die Wichtigkeit der Motorik und der daraus resultierenden Bewegungen für die gesamte menschliche Entwicklung. Bewegungsmerkmale sind in den ersten Lebensjahren wichtige, oft lebenslang in Erinnerung bleibende Stufen der Entwicklung: das Aufrichten, die ersten Schritte ohne Hilfe. Der Bewegungstrieb erweist sich als eines der „gewaltigsten Selbstbildungsmittel" (Gaulhofer/Streicher). Er stellt die Eltern in ihrer Sorge um die körperliche Sicherheit vor große Probleme. Die Einteilung der Entwicklung des Kindes in einzelne Stufen (Säuglingsalter, Kleinkindalter, Kindergartenreife, Schulreife, Schulkindalter, Vollkindalter) erfolgt u. a. auch nach Kriterien des Bewegungsverhaltens. Ein in kindgemäßer Form betriebener Sport ist die einzige Möglichkeit, dem kindlichen Bewegungstrieb zu entsprechen.

Sport für Kinder muß anders aussehen als Sport für Erwachsene oder Sport für Jugendliche. Er muß Spiel sein, denn

„das Spiel ist die geistige Lebensform des Kindes und ist die Quelle aller Kultur“ (Nohl, H.: Vom Ethos des Sports, Stuttgart 1952). Sport in spielerischer Form für dreijährige Kinder wird natürlich anders aussehen als sportliche Spielformen für Zwölfjährige. Das Spiel sportlich talentierter Kinder wird sich vom Spiel jener Kinder, die mit weniger Voraussetzungen, aber doch auch mit Freude und Begeisterung spielen, unterscheiden. Für alle aber wird der Ausspruch Buytendijks gelten: „Der Mensch braucht Brot und Spiele. Brot, um zu wachsen und zu existieren, Spiele, um diese Existenz zu erleben.“ Das Spiel bzw. das Spielerische ist auch aus methodischer Sicht sehr bedeutsam. Jeder, der Erfahrung im Umgang mit Kindern hat, weiß, daß Bewegungen recht gut in spielerischer Form, durch die Einkleidung in einen Spielrahmen, durch Bewegungsaufgaben erlernt werden. Dies gilt um so mehr, je jünger die Kinder sind.

Bei Kindern bis zum 6. Lebensjahr muß die Bewegungsschulung vom vertrauten Lebensraum ausgehen. In erster Linie werden dafür Laufen, Springen, Werfen, Klettern, Hangeln, Ballspiele, einfache Turnübungen, Radfahren, Schwimmen, Eislaufen, Rollschuhlaufen, Schilaufen geeignet sein. Wichtig ist auch die Anwesenheit, noch besser das Mittun einer aus dem kindlichen Alltag kommenden Bezugsperson. Die Bemühungen der Österreichischen Bundessportorganisation um ein Mutter-Kind-Turnen im Rahmen der Fit-Bewegung müssen hier als vorbildlich erwähnt werden. Ein wichtiger Grundsatz sollte von uns allen, ganz gleich ob Eltern, Lehrer, Kindergärtnerinnen, Übungsleiter oder Trainer, beachtet werden: Sport soll Spaß und Freude bringen. Dies gilt natürlich nicht nur für die Gestaltung des Sports mit Kindern, aber in diesem Fall ganz besonders. Kinder sind aufgrund ihres Wesens (spontanes Handeln, geringe Vordenklichkeit, fehlende Erfahrung u. a. m.) im Sport ebenso wie in anderen Lebensbereichen (Straßenverkehr) mehr unfallgefährdet als Erwachsene. Dies gilt besonders dann, wenn Sport zugleich mit Personen anderer Altersgruppen betrieben wird. Beim Schilaufen z. B. haben die kleinen Knirpse ihren Kopf etwa in einer Höhe, auf der Erwachsene mit den Spitzen ihrer Schistöcke hantieren. Jeder, der Sport für Kinder organisiert, muß darauf durch entsprechende Maßnahmen Bedacht nehmen und auch darauf achten, daß die Sportausrüstung der Kinder optimale Sicherheit bietet.

Zusammenfassend kann gesagt werden, daß Kinder durch ihren Bewegungstrieb und Spieltrieb, durch ihr Nachahmungs- und Neugierverhalten und durch ihre Bereitschaft zur Leistung und zum sozialen Lernen für den Sport besonders geeignet sind. Sport ist wie schon gesagt ein Handlungsfeld, das in dieser Altersstufe kaum ersetzbar ist. Neben dem motorischen Aspekt muß bedacht werden, daß Sport und Spiel zum selbständigen Anschauen und Nachdenken, Forschen und Erfinden anregen. Sie sind unentbehrliche Beiträge zur Gesamtentwicklung und damit wichtige Faktoren jeglicher Erziehung. Diese wird für Kinder im wesentlichen durch die Institutionen Familie, Kindergarten und Volksschule sowohl durch intentionales Lernen als auch durch Prägung vermittelt. Für das Wirksamwerden des Sports als Erziehungsfaktor ist daher die Einstellung dieser Institutionen zum Sport entscheidend.

Durch sinnvolle Förderung im Elternhaus kann für das Kind die Grundlage für sportliches Handeln geschaffen werden. Die Schwierigkeit wird darin bestehen, den Sport hinsichtlich Quantität und Qualität in eine richtige, pädagogische und gesundheitliche Aspekte berücksichtigende Relation zu anderen Lebensbereichen zu bringen. Kinder, die neben der Schule ihre gesamte Freizeit der Erlernung eines Musikinstrumentes widmen müssen, unter irgendeinem Vorwand nicht einmal den Unterrichtsgegenstand Leibesübungen besuchen, sind ebenso bedauernswert wie solche, die, vom Ehrgeiz der Eltern getrieben, sich total dem sportlichen Wettkampf und Training verschreiben müssen. Für beide Extremfälle gilt wohl der bekannte Ausspruch „Was sind alle Siege der Welt gegen ein verpfuschtes Kinderleben"!

Die Struktur mancher Sportarten erfordert aber eine sehr lange Vorbereitungs- und Trainingsphase, in anderen Sportarten hat sich das Wettkampfalter sehr drastisch verringert. Daher muß mit einem gezielten, viel Zeit erfordernden Training oft schon im frühen Kindesalter begonnen werden. Zur optimalen Abstimmung von schulischen Verpflichtungen und sportlicher Trainings- und Wettkampftätigkeit wurden mit den Sporthauptschulen und Sportgymnasien, den Schihauptschulen und Schigymnasien spezielle Einrichtungen geschaffen. Bevor sich Eltern ihrer bedienen, sollte durch eine offene Diskussion aller Konsequenzen Klarheit geschaffen werden. Vor allem sollte im Sinne des eingangs erwähnten Entwicklungsfaktors „Selbststeuerung" auch der Wille des Kindes und nicht nur der Ehrgeiz der Eltern als Entscheidungskriterium herangezogen werden.

In gut eingerichteten Kindergärten wird das Spiel- und Bewegungsbedürfnis der Kinder in eigenen Bewegungsräumen mit speziell für diese Altersstufe geschaffenen Geräten erfüllt. In den Bildungsanstalten für Kindergärtnerinnen ist eine auf die drei- bis sechsjährigen Kinder abgestimmte sportpädagogische Ausbildung eingeschlossen. Die Situation ist von Ort zu Ort, von Bundesland zu Bundesland sehr verschieden und hängt von den finanziellen Möglichkeiten jener Gebietskörperschaft ab, die Erhalter des Kindergartens ist.

In die Volksschulzeit fällt ein für die sportliche Entwicklung wesentlicher Abschnitt des Kinderlebens. Um so bedauerlicher ist es, daß nicht in allen Schulen die vom Lehrplan her gegebenen Möglichkeiten voll ausgeschöpft werden. Meines Erachtens sind es drei Faktoren, die zu diesem aus der Sicht der Sportpädagogik unbefriedigenden Zustand führen. Da ist zunächst der Mangel an Übungsstätten, der sich allerdings durch eine zügige Realisierung des Österreichischen Sportstättenplanes laufend verringert. Zweitens bedingt das Klassenlehrersystem, daß der Volksschullehrer vom Lesen, Schreiben und Rechnen angefangen bis zur Musikerziehung, bildnerischen Erziehung und Leibesübungen alle „Fächer" unterrichten muß. Drittens schließlich ist die Volksschule – mehr als andere Schultypen – auf eine Pädagogik hin orientiert, die der Leibeserziehung innerhalb der Erziehung keinen oder keinen besonderen Stellenwert einräumt. Dr. Sinowatz, Bundesminister für Unterricht und Kunst, hat sich im Oktober 1978 in einem Brief an Eltern und Lehrer gewandt. Darin wird „die Vielzahl der Möglichkeiten der leibeserziehlichen Maßnahmen in der Grundschule" aufgezeigt. Darüber hinaus wird es noch notwendig sein, weitere Aktionen zu setzen, wie etwa die Einführung des Fachlehrersystems für den Unterrichtsgegenstand Leibesübungen in der Volksschule.

Im Jahr des Kindes über die Bedeutung des Sportes für Kinder nachzudenken war das Ziel dieser Zeilen. Aus der Sicht des Sports und der Sportpädagogik steht das Ergebnis fest. Es darf allerdings nicht übersehen werden, daß es – auch bei uns in Österreich – noch genügend Kinder gibt, die aus ökonomischen Gründen keinen Zugang zum Sport haben, denen aus Unverständnis oder Zeitmangel der Eltern Sportmöglichkeiten verwehrt sind, die von Lehrern unterrichtet werden, die ihren Erziehungsauftrag um die Leibeserziehung verkürzen. Hier Abhilfe zu schaffen, sollte im Jahr des Kindes unser aller Anliegen sein!

E L A N — das österreichische Mineralölunternehmen —, stets aufgeschlossen für die Förderung des Sports

Sektionsleiter Min.-Rat Dr. Johann Altenhuber:

Stellung und Aufgaben der Bundesanstalten für Leibeserziehung im österreichischen Sport

Auch im Sportbetrieb kommt es vor allem auf den menschlichen Faktor an. Ausgezeichnete Sportanlagen, gute Organisation und Geld sind zwar wesentlich, nützen aber nichts, wenn nicht in ausreichendem Maße qualifizierte Personen zur Verfügung stehen, die befähigt sind, Sporttreibende anzuleiten, zu lehren, zu betreuen und zu motivieren. Die imstande sind, den Sportbetrieb sportgerecht, aber auch pädagogisch bzw. andragogisch richtig zu führen. Das gilt für den immer stärker anwachsenden Freizeitsport ebenso wie für den zunehmend schwieriger werdenden Leistungssport. Die Heranbildung qualifizierter Sportanimatoren (Lehrwarte), Sportlehrer und Trainer für die verschiedenen Sportdisziplinen ist somit eine wichtige Voraussetzung dafür, daß die Sportvereine und Sportverbände ihren Aufgaben gerecht werden können.

Aus diesem Grund hat der Bund die Bundesanstalten für Leibeserziehung (nachstehend abgekürzt mit BAFL) ins Leben gerufen. Sie vermitteln in Lehrgängen für Lehrwarte, Sportlehrer und Trainer die notwendigen Qualifikationen für die Leitung des Sportbetriebes und die Betreuung der Sporttreibenden. Schon 1946 begründet, erhielten die BAFL durch das Bundesgesetz vom 6. Februar 1974 über Schulen zur Ausbildung von Leibeserziehern und Sportlehrern (BGBl. Nr. 140/74) ihre gesetzliche Grundlage. Mit jährlichen Kosten von derzeit 20 bis 22 Millionen Schilling leistet der Bund durch die Führung und Erhaltung der BAFL einen wesentlichen Beitrag zur Förderung des österreichischen Sports. Es gibt derzeit drei solcher Anstalten, nämlich in Graz, Innsbruck und Wien. Im Jahre 1979 wird eine vierte BAFL in Linz errichtet. Die BAFL in Wien deckt vorwiegend den Ausbildungsbedarf für Wien, Niederösterreich und das nördliche Burgenland, die BAFL in Graz den Bedarf für Steiermark, Kärnten und das südliche Burgenland, die BAFL Innsbruck den für Tirol und Vorarlberg. Die BAFL Linz wird den Bedarf für Oberösterreich und Salzburg decken. Für bestimmte Sparten werden jedoch die Ausbildungen für das gesamte Bundesgebiet zentral von einer BAFL durchgeführt. So erfolgt etwa die Lehrwarteausbildung für Schilehrer durch die BAFL Wien, die Ausbildung zum staatlich geprüften Schilehrer durch die BAFL Innsbruck.

Die Bundesanstalten für Leibeserziehung sind ihrem Schulstatus nach mittlere Lehranstalten im Sinne des Schulorganisationsgesetzes. Sie führen den Unterricht nach den vom Bundesministerium für Unterricht und Kunst verordneten Lehrplänen, haben das Recht, staatsgültige Zeugnisse auszustellen, und unterstehen in erster Instanz dem zuständigen Landesschulrat, in zweiter Instanz dem Bundesministerium für Unterricht und Kunst. Der Schulbesuch ist wie an allen anderen Schulen kostenlos.

Was den Schulbetrieb anlangt, stellen die BAFL in der österreichischen Schullandschaft eine Besonderheit dar. Sie ähneln darin viel mehr einer Erwachsenenbildungseinrichtung als einer Schule. Das ergibt sich schon daraus, daß die Besucher der BAFL überwiegend berufstätige Erwachsene sind. (Es wird erwogen, auch das derzeit noch für die Sportlehrerausbildung geltende Mindestalter von 16 Jahren etwas hinaufzusetzen.) Die meisten Lehrgänge werden in Blockform in Wochenkursen, Wochenendkursen oder in den Abendstunden durchgeführt, wobei auch in den regulären Schulferien (z. B. im Juli und August) derartige Lehrgänge stattfinden. Der Direktunterricht ist gekoppelt mit einem Fernunterricht, d. h., ein großer Teil des Lehrstoffes muß an Hand von Skripten bei entsprechender Anleitung selbständig erarbeitet werden. Der gesamte Unterrichtsbetrieb wird mit einem kleinen Stamm an hauptberuflichen Lehrkräften (insgesamt 23 an allen drei BAFL) und einer großen Zahl von nebenberuflich tätigen Lehrbeauftragten bewältigt. Diese Lehrbeauftragten sind im Hinblick auf die Vielfalt der Sportdisziplinen, in denen Ausbildungen erfolgen (im Jahre 1979 sind es z. B. 35), unerläßlich. Dazu kommt schließlich noch, daß die BAFL ihre Lehrgänge an verschiedenen Orten (Universitätssportzentren, Bundessportzentren u. a.) abhalten. Dies alles erfordert eine ungeheure Flexibilität in der Führung des Unterrichtsbetriebes. Zusammen mit der natürlichen Spannung zwischen dem gesetzlichen Schulauftrag und den praktischen Erfordernissen der Sportverbände stellt es die Leiter und Mitarbeiter der BAFL vor schwierige Aufgaben, die nur mit großem persönlichem Engagement und dank der Mitarbeit der Bundes-Sportorganisation sowie der Sportverbände bewältigt werden können.

Über die Zahl der Teilnehmer an den Lehrgängen der BAFL gibt die folgende Aufstellung aus dem Jahre 1978 eine Übersicht:

Lehrgänge	Teilnehmerzahl 1978			
für	Innsbruck	Graz	Wien	insgesamt
Lehrwarte	268	326	1.215	1.809
Trainer	212	73	234	519
Schilehrer	203	–	–	203
Fußballtrainer	–	–	179	179
Tennislehrer	–	–	91	91
Sportlehrer	–	–	139	139
Gesamt	683	399	1.858	2.940

Die Lehrpläne der BAFL umfassen folgende Pflichtgegenstände: Religion, Deutsch, Politische Bildung, Lebenskunde, Organisationslehre, Betriebskunde und kaufmännisches Rechnen, Geschichte der Leibesübungen, Anatomie, Gesundheitserziehung und Physiologie, Erste Hilfe, Pädagogik und Psychologie, Didaktik und Methodik, Bewegungslehre und Biomechanik sowie Trainingslehre. Dazu kommen praktische Übungen und die Spezialfächer der gewählten Sparte. Im Rahmen der Ausbildung sind auch Praxiszeiten zu absolvieren. Für die Aufnahme in einen BAFL-Lehrgang ist eine Eignungsprüfung vorgeschrieben. Die sportlichen Eignungskriterien sind für die Sportlehrerausbildung in Mindestnormen für Leistungen in der Leichtathletik, im Schwimmen und im Geräteturnen festgesetzt, für die Lehrwarte- und Trainerausbildung werden sie von den BAFL im Einvernehmen mit den Sportfachverbänden für die jeweilige Sportdisziplin festgelegt.

Werfen wir nunmehr noch einen kurzen Blick auf die einzelnen Ausbildungssparten.

Die **viersemestrige Sportlehrerausbildung,** die nur an der BAFL Wien besteht, wird als einzige Ausbildungssparte kontinuierlich durch alle Semester mit normalem Tagesunterricht geführt (mit 35 bis 38 Unterrichtsstunden pro Woche). Neben dem Pflichtfach „Allgemeine Körperausbildung“ kann man als Wahlfach jede vom Bundes-Sportfachrat anerkannte Sportart oder die Fächer „Versehrtensport“ oder „Leibeserziehung an Schulen“ (für den Unterricht an Hauptschulen, polytechnischen Lehrgängen und Berufsschulen) wählen. Im 1. und 2. Semester werden die allgemeinen Grundlagen für den Sportunterricht für alle Altersgruppen vermittelt, im 3. und 4. Semester erfolgt die Spezialausbildung zum Sportlehrer der gewählten Sportart bzw. die Ausbildung zum Leibeserzieher an Schulen. Für die Absolventen der letztgenannten Richtung ergeben sich leider zunehmend Schwierigkeiten, eine entsprechende Anstellung an Schulen zu finden. Ein Problem, dem besonderes Augenmerk zugewendet werden muß.

Die erfolgreiche Ausbildung als Sportlehrer im speziellen Wahlfach ist der Lehrwarteausbildung und der Trainergrundausbildung in dieser Disziplin gleichgestellt.

Spezielle Formen der Sportlehrerausbildung sind für Tennis (2 Semester) und Schifahren (2 Semester) eingerichtet.

Eine besondere Bedeutung kommt im Hinblick auf die Stellung des Schisports in Österreich der zweisemestrigen Schilehrerausbildung zu, die von der BAFL Innsbruck durchgeführt wird. Ihr Ziel ist es, zu befähigen, einen dem österreichischen Schilehrplan entsprechenden Unterricht in allen Altersstufen zu erteilen. Voraussetzung für die Aufnahme ist die erfolgreiche Absolvierung der entsprechenden Landesschilehrerausbildung oder Ablegung einer gleichwertigen Prüfung.

Die **ein- bis zweisemestrige Lehrwarteausbildung** hat zum Ziel, die fachlichen und erzieherischen Qualifikationen zu vermitteln, die dazu befähigen, den Übungsbetrieb im Breiten- und Leistungssport vorzubereiten und zu leiten. Der allgemeine Lehrgang zur Ausbildung von Lehrwarten dauert ein Semester und umfaßt bei Einbeziehung des Fernunterrichts insgesamt 142,5 Unterrichtsstunden. In nächster Zeit ist vorgesehen, für gewisse Sportarten, in denen die technischen Anforderungen nicht so hoch sind (z. B. Sportkegeln, Wasserball, Rudern) einen Lehrplan mit einer reduzierten Stundenanzahl (105) in Kraft zu setzen. Damit wird einem schon lang erhobenen Wunsch der Sportverbände entsprochen.

Die **dreisemestrige Trainerausbildung** führt zur Befähigung, im Grundlagen-, Aufbau- und Hochleistungstraining einer Sportart zu unterweisen sowie Leistungs- bzw. Spitzensportler insbesondere im Wettkampf zu betreuen. Sie setzt eine erfolgreiche Lehrwarteausbildung in der entsprechenden Sportart voraus (oder den Nachweis des Wissens der Lehrwarteausbildung durch eine Prüfung). Die ersten zwei Semester gelten als Grundausbildung, im dritten Semester erfolgt die Spezialausbildung.

Spezielle Lehrpläne wurden für die Ausbildung Schitrainer, alpin, Sportschützen, Gewehr, Sportschießen, Pistole, sowie Fußballtrainer (viersemestrig) in Kraft gesetzt. Dazu kommt in nächster Zeit ein Lehrplan zur Ausbildung von Reittrainern für Dressur, Springen und Vielseitigkeit.

Die BAFL könnten ihren Lehrbetrieb nicht durchführen ohne die Mithilfe der Bundes-Sportorganisation und der Sport-Dach- und -Fachverbände. Diese geben den Bedarf an Ausbildungslehrgängen bekannt, melden die Teilnehmer an, stellen einen Großteil der Lehrbeauftragten für die einzelnen Sportarten und arbeiten in allen Fragen der Eignungskriterien sowie der Lehrgangsdurchführung eng mit den BAFL zusammen. Die Sport-Fachverbände sind es auch, die aufgrund der Zeugnisse der BAFL den Trainern ihre Lizenzen ausstellen. Ständige Gespräche zwischen den Direktoren und Mitarbeitern der BAFL sowie den Vertretern der Bundes-Sportorganisation und der Sportverbände, aber auch ein gemeinsam erarbeitetes, bewährtes Anmeldeverfahren für die BAFL-Lehrgänge bilden die Gewähr für eine gute Zusammenarbeit.

Zusammenfassend kann festgestellt werden, daß Österreich im Rahmen der BAFL ein nach dem Baukastenprinzip organisiertes bewährtes Ausbildungssystem für qualifizierte Sportbetreuer, Sportlehrer und Trainer besitzt. Interessierten Absolventen dieser Ausbildung steht darüber hinaus, auch wenn sie keine Matura erworben haben, über die Berufsreifeprüfung oder die 1976 eingeführte Studienberechtigungsprüfung eine akademische Ausbildung in der Sparte Sportwissenschaften offen.

Ein Problem stellt derzeit noch die Anerkennung der Ausbildungen an den BAFL durch die Länder dar, da nach unserer Bundesverfassung die Zuständigkeit für Sportangelegenheiten bei den Ländern liegt.

Mag. Norbert Bayer:

Aktivitäten im Schulsport

Der Turn- und Spielfestausschuß der Schulen Österreichs ist jene Einrichtung beim Bundesministerium für Unterricht und Kunst, die Schulwettkämpfe bundesweit und überregional betreut. Die Entwicklung des österreichischen und internationalen Schulsports gibt Anlaß, die Aktivitäten in Österreichs Schulen und seinen Behörden einer sportinteressierten Öffentlichkeit bekanntzumachen. Der seit 1972 hauptamtlich besetzte Turn- und Spielfestausschuß möchte seine Aufgabengebiete

1. Schülerligen und ähnliche Fördermaßnahmen auf Bundesebene
2. Bundesmeisterschaften, Bundesqualifikationen
3. Bundes-Turn- und -Spielfeste/Bundesschiwettkämpfe

in einer Standortbestimmung vorstellen und seine Zielsetzung verständlich machen.

Da der Vereins- und Schulsport in Österreich getrennt organisiert ist, hat sich die Schule zur Aufgabe gemacht, die Verbandsarbeit nicht zu konkurrenzieren, sondern nach Möglichkeit zu ergänzen. Neben der allgemeinen Ausbildung der Schuljugend im Unterrichtsgegenstand „Leibesübungen" werden in den letzten Jahren neben Schulveranstaltungen mit leibeserziehlich-sportlichem Schwerpunkt vermehrt Schulwettkämpfe und Wettspiele angeboten. Ziel dieser Aktivitäten ist,

- Sport als zukünftige Freizeitgestaltung zu sehen,
- Breiten- und Basisarbeit für die Sportverbände zu leisten, das heißt Hinführen Interessierter, vor allem Talentierter, zum Vereinssport, sei es als Aktive oder als Funktionärsnachwuchs.

Organisationseinheit der österreichischen, seit 1972 auch der internationalen Schulwettkämpfe ist die „Schulmannschaft" (Schüler einer Schule), die bei Schul-, Orts-, Bezirks-, Landes- und Bundesmeisterschaften starten kann. Die wichtigsten Wettkämpfe sind jene auf Ortsebene bzw. zwischen benachbarten Schulen. Sie erfassen die größte Schülerzahl und die meisten „Nichtvereinssportler".

Die Besonderheit der in Österreich durchgeführten Wettkämpfe an der Schule ist darin zu sehen, daß die Wettkämpfe durchwegs als Mannschaftswettkämpfe ausgetragen werden. Dies gilt im Schulbereich auch für Individualsportarten, die als Mannschaftsbewerbe (-wertung) zur Austragung gelangen und somit keine Wiederholung von Vereins- und Verbandswettkämpfen sein sollten. Eine weitere Begründung für diese Zielsetzung ist es, daß die Arbeit in der Schule immer die Arbeit mit einer großen Zahl von Schülern ist, daher soll auch der „Schulwettkampf" einer größeren Schülerzahl die Möglichkeit geben, im Mannschaftswettkampf zu bestehen. Darüber hinaus gibt es in mehreren Bundesländern Mannschaftsbewerbe, an denen nur ganze Klassenverbände teilnahmeberechtigt sind. In jeder Klassengemeinschaft befinden sich aufgrund der Vereinsarbeit Vorbilder unter den Schülerinnen und Schülern. Um diesen „Kern" bildet sich meist mit Hilfe eines interessierten Lehrers eine leistungswillige „Klassenmannschaft", die zu Vergleichswettkämpfen anregt.

● „Schülerliga", neue Entwicklung im Schulsport

Über Initiative des Unterrichtsministers Dr. Fred Sinowatz wurden zur Förderung und Intensivierung der Sportspiele an der Schule 1975 die Schülerliga Fußball für 10—12jährige, 1976/77 die Schülerliga Volleyball für 13—14jährige Schülerinnen geschaffen.

Die Schülerligen gehören heute zum festen Bestandteil im Schulsport und haben einen entsprechenden Stellenwert im österreichischen Sportgeschehen. Dies ist darauf zurückzuführen, daß in der Organisation bewußt neue Wege gegangen wurden. Neu deshalb, weil die im außerschulischen Bereich schon lange bestehende Zusammenarbeit zwischen Wirtschaft und Sport erstmals in der Schule zur Anwendung kam. Über eine Arbeitsgemeinschaft, der Vertreter der Schulbehörde, des jeweiligen Fachverbandes, der Wirtschaft und Fachreferenten angehören, wurde den Schulen mit Hilfe der Medien der Bewerb schmackhaft gemacht, und es war und ist zum erstenmal möglich, seitens einer Organisation direkt an die im Bewerb gemeldeten Schulen bundesweit heranzutreten.

Struktur der Arbeitsgemeinschaften

BMUK/Landesschulbehörde
ÖFB bzw. ÖVV/Landesverbände

Sponsoren: Hauptverband der österreichischen Sparkassen, Erste österreichische Spar-Casse, Zentralsparkasse, Bausparkasse der Sparkassen, Puma

Fachreferenten: Sportart, Schulaufsicht, Öffentlichkeitsarbeit, Landesreferent
Landesreferenten
Bezirksreferenten

Betreuer der Schülerliga-Schulmannschaften

Die Bereitstellung der Mittel durch die Sponsoren und deren ideelles Engagement in der AGM ermöglichen erst die Abwicklung der rund 4.000 Spiele in einem Schülerligajahr. Diese eingebrachte Sponsorleistung im weitesten Sinn ist die Grundlage für den neuen Weg der Schulsport- und Nachwuchsförderung, basierend auf der heute feststehenden positiven Zusammenarbeit zwischen Schule/Behörde-Verein/Verband-Wirtschaft/Sponsoren-Medien.

Was will die Schülerliga?

– Begeisterung, Interesse für die Bewerbe!

Die Arbeitsgemeinschaft hat mit einem Paket von Begleitmaßnahmen dieses Ziel erreicht und einen wertvollen Beitrag zur Integration der Schule in die sportorientierte Gesellschaft geleistet. Weit über 60 Prozent der teilnahmeberechtigten Schulen spielen mit ihren Schulmannschaften aktiv unter Anteilnahme der Eltern-Lehrerschaft und der Begeisterung der Mitschüler mit:

	Schulfußball				**Schul-Volleyball**	
Teilnehmerzahlen Schuljahr	1975/76	1976/77	1977/78	1978/79	1977/78	1978/79
Burgenland	27	40	35	43	13	18
Kärnten	46	63	64	68	25	33
Niederösterreich	125	174	184	198	61	94
Oberösterreich	61	147	161	172	48	65
Salzburg	33	52	53	60	21	32
Steiermark	69	120	128	137	64	79
Tirol	34	54	57	62	30	34
Vorarlberg	19	27	17	25	12	17
Wien	49	79	76	77	33	43
	463	756	775	842	307	415

Überlegt man, daß im Durchschnitt ca. 20 Schüler in einer Schulmannschaft durch die Schülerliga betreut werden, so entspricht das einer Gesamtzahl von rund 50.000 Schülern und ca. 14.000 Schülerinnen, die mit den Schülerligen erfaßt wurden.

Der Erlebniswert der teilnehmenden Schülerligisten soll durch Einbau von Rahmenveranstaltungen, beginnend vom „Bezirks"- über das „Landesfinale" bis zur Bundesmeisterschaft, erhöht werden. Maßnahmen wie Betreuer der Finalisten (von Vogts bis Koncilia), Belohnungen der Siegermannschaften etc. erhöhen noch die Teilnahmemotivation und sind

zusammen mit dem WM-Erfolg im Fußball und der Medienarbeit wesentlicher Grund für den heutigen Öffentlichkeitswert der Schülerliga.
Österreichs Schülerliga-Fußball ist auch im Ausland auf großes Interesse gestoßen. Der Schülerligagedanke wird bereits von anderen Fachverbänden immer wieder geprüft, da die Schüler sicher auch für andere Sportspiele des Schulbetriebes motivierbar sind.

– Begleitmaßnahmen

Neben der rein finanziellen Stützung bei der Abwicklung des Spielbetriebes wurde die Ausstattung aller teilnehmenden Schulmannschaften vorgenommen. Besonderen Wert legt die AGM auf die fachlichen Begleitmaßnahmen für Schülerliga-Betreuer: Lehrerfortbildung, Nachwuchstrainerlehrgänge, Schiedsrichterlehrgänge, Broschüren „Schulfußball"

– „Schul-Volleyball", Koordinations-Fragebogenaktion, Organisationstage.

Schülerliga-Aktive (nur Fußball): BSPS-Fünfkampf, Elfmeterschießen (Zusatzbewerb nach jedem Bezirksspiel), Talentfindung (System zur Erfassung), Lehrgänge für die gesamten Schulmannschaften.

Miniknabenförderung (Spielbetrieb).

Die Zielvorstellung ist längst von der Organisationsfrage auf die Niveauverbesserung übergewechselt. Einerseits will man den „Lehrer-Trainer" weiterbilden, andererseits den „Schülerligisten" individuell und im Mannschaftsverhalten verbessern. Für die individuelle Fußballausbildung ist der BSPS-Fünfkampf gedacht, ein Tecknikbewerb, dessen Ziel es ist, die technischen Fertigkeiten der Spieler zu verbessern und den Spieler zum Einzeltraining und zur Teilnahme am Schul- bzw. Bundesbewerb zu motivieren.
Die Schülerliga Volleyball hat den Schwerpunkt auf Lehrerfortbildung und Schiedsrichterausbildung gelegt. 800 Lehrer wurden bereits erfaßt. Eine Fragebogenauswertung ergab, daß der Schülerligabewerb von 94 Prozent der Lehrer als „wertvoll" bezeichnet wurde.

– Ergänzung der Vereinsarbeit – keine Konkurrenzierung

Dieses Anliegen der AGM ist sicher noch eine Diskussionsfrage für die Schülerliga Fußball. Feststeht, daß in den letzten Jahren steigende Anmeldezahlen im Nachwuchsfußball der Landesverbände diese Zielvorstellung bestätigen.
Die Schülerliga Volleyball leistete Pioniertätigkeit, da es in Österreich keinerlei praktische Erfahrungen in der wettkampfmäßigen Arbeit mit 13–14jährigen Mädchen gab, daher ein echter Gewinn des Verbandes, der einen Folgebewerb ins Auge faßte.
Beide Arbeitsgemeinschaften haben die Absicht, die Schülerligisten für die Sportart zu begeistern und die Überleitung in den Vereinssport zu unterstützen. Eine ideale Lösung wäre es, könnten die Schülerligabetreuer eine Ergänzung für den Vereinsbetreuer sein, und, wenn eine Funktionärslücke im Verein des Schulortes besteht, diese schließen. Diese Tendenz des Funktionärsgewinnes bestätigt die Zahl der 400 Lehrer, die bisher an Nachwuchstrainerlehrgängen der Fußballverbände teilgenommen haben.
Talente und Nachwuchs auf breiterer Basis für die Vereine und Funktionärsgewinn aus der Lehrerschaft können, zusammen mit den durch die Schülerliga geschaffenen potentiellen Zuschauerkreis, für die Sportart ein Gewinn und ein echter Beitrag der Nachwuchsförderung sein.

● Langlaufförderung

Ähnlich den Modellen der Schülerligen wurde 1978 eine Arbeitsgemeinschaft zur Förderung des Langlaufs in den Schulen Österreichs gegründet.

Mitglieder: Bundesministerium für Unterricht und Kunst, Österreichischer Schi-Verband, Österreichischer Leichtathletik-Verband, Heeressportverein.

Sponsoren: Raiffeisenverband, Adidas.
Fachreferenten.

Zielsetzung ist es, eine Verbesserung des Ausdauertrainings im Rahmen der Schule mit Hilfe flankierender Maßnahmen zu erreichen. Anlaß für die Schaffung dieser Einrichtungen war es, daß auch im Bereich des Gesundheitssportes ein richtig betriebenes Ausdauertraining eine günstige Vorbeugung gegen Herz- und Kreislauferkrankungen ist. Ein Langlauf-Cup der Schulen, der im Schilanglauf oder als Cross-Country-Bewerb ausgetragen wird, soll Motivation für die Schuljugend sein.

Jedes Jahr soll es im Wechsel Bundesmeisterschaften im Schilanglauf und Cross-Country als Mannschaftswettkämpfe (5/6er-Mannschaften) geben, die als Qualifikation für die internationalen Schulwettkämpfe herangezogen werden. Neben diesen Wettkämpfen soll in der „Zwischensaison" der jeweiligen Sportart einer großen Zahl der Schuljugend die Möglichkeit der Teilnahme an „Schulschitagen" und „Schulschiläufen" auf Bezirksebene geschaffen werden.

● Leichtathletik-Mannschafts-Dreikämpfe

Auf Erlaß des Bundesministeriums für Unterricht und Kunst führen die Landesschulbehörden Leichtathletikwettkämpfe durch. Die Abteilung „Schulische Leibeserziehung" wertet diese Landesergebnisse aus und führt eine Bundesreihung durch (Fernwettkampf). Diese Wettkämpfe in der Leichtahtletik sind Mannschaftswettkämpfe, bei denen 10–16jährige Schülerinnen und Schüler antreten. Eine Schulmannschaft besteht aus 11 (10) Mitgliedern.

● Bundesmeisterschaften/Bundesqualifikationen

Das Wettkampfprogramm umfaßt die Hauptsportarten der Schulen, die auf dem Veranstaltungskalender der Internationalen Schulsport-Föderation (ISF) stehen. Das Jahresprogramm paßt sich an den 2-Jahres-Rhythmus der ISF an. An den österreichischen Schulwettkämpfen auf Bundes- oder überregionaler Ebene sind nur Schulmannschaften (Ausnahme Gymnasiade, aber da gibt es keine Bundesmeisterschaft als Qualifikation, die Auswahl erfolgt in Zusammenarbeit mit dem Fachverband), das heißt Schüler(-innen) einer Schule teilnahmeberechtigt. Bis zum Jahre 1980 ist die ISF-Altersgrenze für die Spiele Basketball, Handball, Volleyball 19 Jahre, ab 1981 international und national 18 Jahre. Cross-Country und Gymnasiade haben 17 Jahre als Altersgrenze, Schilauf hat Sonderbestimmungen. Die an der Bundesmeisterschaft zugelassenen Schulmannschaften erwerben ihre Teilnahmeberechtigung am Bundesbewerb durch einen Sieg bei den jeweils in den Ländern durchgeführten Landesmeisterschaften oder Landesqualifikationen. Die Bundessieger nehmen als österreichische Vertreter bei den ISF-Wettkämpfen/-spielen der Internationalen Schulsport-Föderation teil.

● Bundes-Turn- und -Spielfeste Bundesschiwettkämpfe

Diese Schulsportfeste auf Bundesebene haben neben dem sportlichen Charakter einen besonderen Schwerpunkt in einem kulturellen und gesellschaftlichen Rahmenprogramm, so daß das Zusammentreffen der Jugend aller Bundesländer meist eine bleibende Erinnerung für die Teilnehmer ist und auch sein soll. Die Teilnehmerzahlen schwanken zwischen 500 und 800 Personen.

Das Bundes-Turn- und -Spielfest kommt nur alle vier Jahre zur Austragung. Auf dem Wettkampfprogramm stehen in letzter Zeit vier Sportarten:

1. LA-Mannschaftswettkämpfe Schülerinnen und Schüler
2. Spiele für die Schülerinnen
3. Spiele für die Schüler
4. Schwimm-Mannschaftswettkämpfe Schülerinnen und Schüler

Die Mannschaftswertung in der Leichtathletik und Schwimmen ist bewußt eingeführt, damit die Schulsportarbeit auf breitere Basis gebracht wird.

Die Bundesschiwettkämpfe – Mannschaftswettkämpfe. Die Schulmannschaften bestehen hier aus 5 Schülerinnen bzw. Schülern. Die Mannschaftswertung wird so vorgenommen, daß bei den alpinen Bewerben die besten drei Kombinationsnoten des Riesentorlaufergebnisses mit den besten drei Torlaufnoten addiert werden, egal von welchem der 5 Läufer der Schulmannschaft eine der drei besten Noten erreicht wurde.

Anhang: Adressen

- Bundesministerium für Unterricht und Kunst – Schulsport, Arbeitsgemeinschaft (Volleyball, Langlauf) Turn- und Spielfestausschuß der Schulen Österreichs, Possingergasse 2, 1150 Wien, Telefon 92 26 61/16

- Arbeitsgemeinschaft Schulfußball,
Mariahilfer Straße 99, 1061 Wien, Telefon 57 15 36/45

- Bundessieger der Schulen 1978

Basketball, Jahrgang 1960 und jünger:
Schülerinnen:
Stifts-Gymnasium Melk, Niederösterreich
Schüler:
HAK I, Wien

Fußball: Schülerliga '78, Jahrgang 1966 und jünger:
HS Güssingen, Burgenland

Volleyball: Schülerliga '78, Jahrgang 1964 und jünger:
BG Wien XIII, Fichtnergasse, Wien
Jahrgang 1959 und jünger:
Schülerinnen:
BG Ried/Innkreis, Oberösterreich
Schüler:
1. BG/BRG Wien XXI, Franklinstraße

Cross-Country '78, Jahrgang 1961 und jünger:
Schülerinnen:
wikuBRG Graz, Steiermark
Schüler:
HTBLVA Innsbruck, Tirol

Handball 77/78, Jahrgang 1959 und jünger:
Schülerinnen:
BG Wien XVI, Maroltingergasse
Schüler:
BORG Wiener Neustadt, Niederösterreich

Bundesobmann
Min.-Rat Dr. Josef Finder:

6. Internationale Union-Bundeskampfspiele 1978

Das größte Sportfest Österreichs

In der Woche vom 9. bis 16. Juli 1978 in Linz, während der 6. Internationalen Union-Bundeskampfspiele, gab es eine Fülle von großartigen Ereignissen. Nicht alle davon waren im Bereich des aktiven Sportes angesiedelt. Eine große Anzahl von kulturellen Veranstaltungen gab Zeugnis von der Tätigkeit der Österreichischen Turn- und Sport-Union als Verband, der nicht nur den Sport als Mittelpunkt seines Tuns sieht, sondern immer wieder den Menschen. Absoluter Höhepunkt war zweifellos die Massendemonstration auf dem Linzer Hauptplatz. Ob dabei 30.000 oder „bloß" 25.000 Teilnehmer gezählt wurden, ist belanglos. Es war ein grandioser Beweis der inneren Stärke des Verbandes. Die Union wird mit vollem Recht noch Jahre von dieser Darstellung ihrer organisatorischen Kraft zehren.

Dazu kommt – und das darf nicht übersehen werden –, daß diese 6. Internationalen Bundeskampfspiele absoluter Höhepunkt in der Veranstaltungsreihe waren. Es gab bisher noch niemals Union-Spiele, die derart erfolgreich verliefen. Uns sei daher jene Frage gestattet, die sich wohl viele der Beteiligten, aber sicherlich auch Außenstehende gestellt haben mögen: Woher kommt die Kraft innerhalb der Union, die es ermöglicht, Spiele dieser Art zustande zu bringen? Erzwingen kann man so etwas nicht. Diktatorisches Gehaben im Verband ist nicht vorhanden, würde wohl auch kaum Erfolg bringen. Geld allein ist es auch nicht. Wer also regt Funktionäre ebenso wie Aktive an, Mammutveranstaltungen dieser Art vorzubereiten und durchzuführen? Mühen auf sich zu nehmen, in unserer so materialistisch eingestellten Zeit auch noch finanziell etwas zuzuschießen. Wer oder was ist das?

Zweifellos rührt diese Frage an die weltanschaulichen Fundamente des Verbandes. Wir wissen auch, daß wir allein darauf so schnell keine Antwort finden, dies auch gar nicht wollen. Zu viel Wertvolles müßte darin enthalten sein. Nur ein einziges Argument vergessen hieße bereits den Sinn des Ganzen verfälschen. Aber nachdenken darüber, das sollten wir.

Solcherart könnten wir gemeinsam ein ideologisches Gerippe für unsere kommende Arbeit finden. Linz war neben Sport und Spiel auch Anregung und Auftrag. In den Mußestunden, die nun dem Überwältigenden folgen, sollten wir uns Zeit nehmen, nach den Gründen des Erfolges zu suchen und diese auch stolz zu verkünden.

Wenn es bisher noch Zweifel oder Diskussionen über die wahre Stärke unseres Verbandes gegeben hat, sind solche nach Linz überflüssig geworden. So gesehen stellen die 6. Bundeskampfspiele einen Markstein in der Geschichte unseres Verbandes dar. Bestehen bleibt jedoch der Alltag in den vielen Vereinen der Union. Für ihn gilt nunmehr die modifizierte Parole „Union, noch weiter voran".

Nach dreijähriger Vorbereitungsarbeit war es soweit:

Die Spiele waren so geplant, daß neben den großen Sportwettkämpfen und den Sportlertreffen eine ganze Reihe von Sonder- und Rahmenveranstaltungen durchgeführt wurden, die die Veranstaltung nicht nur auflockerten und vielfältig machten, sondern die Union auch als kulturellen und gesellschaftlichen Verband auswiesen. So wurden in 43 Sparten Bundesmeisterschaften ausgetragen. Rund 2.000 ausländische Sportler aus 27 Nationen waren unsere Gäste. Neben nationalen und internationalen Meisterschaften gab es eine Reihe sportlicher Sonderveranstaltungen, darunter das als Weltmeisterschaftsgeneralprobe angesetzte Volksbank-Wasserspringen mit der Teilnahme der Weltelite. Niki Stajkovic (Union Salzburg) konnte den US-Meister Brian Bungum hinter sich lassen. Ferner sei auf die Internationalen FISEC-Spiele (Föderation der katholischen Schulen), die Internationalen FICEP-Meisterschaften (Föderation der katholischen Sportverbände) in den Sparten Judo und Tischtennis, das Internationale Jugendturnier im Fußball, den ersten offiziellen Damenfußball-Länderkampf Österreich gegen die Schweiz, das Internationale Fallschirmspringen, das große internationale Schauturnen, die Internationale Gymnastikmatinee, die internationalen Wettkämpfe in Badminton, Boxen, Fechten, Karate, Landhockey, Ringen, die internationalen Turniere in Basketball und Handball, das internationale Radkriterium sowie das internationale Städteturnier in Schach hingewiesen. Auch die großen FIT-Veranstaltungen „Bring Deine Familie mit" waren ein voller Erfolg.

Aus der Fülle der kulturellen Veranstaltungen sind herauszuheben: der Eröffnungsgottesdienst im alten Linzer Dom und die Abschlußmesse in der Linzer Sporthalle; das Eröffnungskonzert mit dem Bruckner-Orchester Linz, das dem musikalischen Jahresregenten Franz Schubert mit der Sinfonie in h-Moll und W. A. Mozart mit der Linzer Sinfonie huldigte; die Ausstellung unter dem Motto „Sport – die Brücke von Mensch zu Mensch, von Land zu Land", bei der neben der Sowjetunion mit einer Vorschau auf die Olympischen Spiele 1980 auch die Bundesrepublik Deutschland, die ČSSR, die Schweiz, Ungarn und Österreich sowie die Union mit einer Sonderausstellung repräsentiert waren; die Diskussion „Sport und Massenmedien"; weitere gesellschaftliche Veranstaltungen waren der Österreichabend, der Seniorenstammtisch und das internationale Jugendlager. Höhepunkt der Kampfspiele war die Massendemonstration in Form eines Fackelzuges und mit dem Festspiel. Die Teilnehmer am Festzug füllten zusammen mit der überaus regen Anteil nehmenden Linzer Bevölkerung den Linzer Hauptplatz (30.000 Menschen). Der Linzer Bevölkerung ist hier für ihr begeistertes Mitgehen nochmals zu danken.

Die Bundesleitung der Turn- und Sport-Union hatte immer den Standpunkt vertreten, daß ein so großer Verband in Abständen vor der Öffentlichkeit seine Stärke und Leistungskraft zu demonstrieren hat, aber auch, daß Kampfspiele für die innere Ausrichtung den Funktionären und Sportlern wichtige Impulse geben. Es sei aber nicht verschwiegen, daß es auch kritische Stimmen über den Wert einer solchen Großveranstaltung gab. Nach Linz sind diese Stimmen verstummt. Viele Anerkennungen aus dem In- und Ausland haben den Planern und Organisatoren recht gegeben. An der Basis der Union, in ihren Vereinen, ist durch Linz ein Aufbruch entstanden, der die Kampfspiele nicht nur rechtfertigt, sondern auch die gedeihliche Weiterentwicklung sichert und neue Planungen verlangt. In einigen Jahren wird die Union daher mit neuen Formen wieder die Öffentlichkeit vom Wert ihrer sportlichen, erzieherischen und gesellschaftlichen Arbeit zu überzeugen haben.

Die Union hat ihre Wegweisung nach und von Linz so formuliert:

„... Der Sport ist heute zu einem weltweiten Phänomen von größter gesellschaftspolitischer Bedeutung geworden. Mit Stolz registriert die Union ihren Anteil an diesem Prozeß. Es erfüllt uns mit Genugtuung, daß wir in all den Umwälzungen der vergangenen Jahre immer unseren Grundsätzen treu geblieben sind. Wir wollen auch in Zukunft den Sport als ein edles Spiel, als ein Medium der Selbstverwirklichung und der Völkerverbindung sehen und diesen Brunnen der Freude vor Mißbrauch bewahren. Wir sind überzeugt, daß unser Bekenntnis zur christlichen Weltanschauung und zu Österreich uns dabei weiterhin in dieser Aufgabe helfen werden ..."

Rudolf Spiola:

1978: Jahr der ASKÖ-Landessportfeste

Geprägt war das abgelaufene Jahr von den Landessportfesten in Wr. Neustadt (Niederösterreich), Gmunden (Oberösterreich) und Kuchl (Salzburg); dem Freundschaftstreffen der Junggebliebenen in Wien und den Vorbereitungen für die Internationale ASKÖ-Wintersportwoche im Jänner 1979 in Villach (Kärnten). Wichtige Beschlüsse für die weitere Entwicklung des Sports wurden bei der Klausurtagung Ende Jänner in Bad Heilbrunn sowie bei der Länderkonferenz im November in Graz gefaßt.

5.000 Teilnehmer bei Landessportfesten

An den Landessportfesten in Salzburg, Nieder- und Oberösterreich nahmen aktiv mehr als 5.000 Sportler teil. Beim Freundschaftstreffen der durch Sport Junggebliebenen (früher sagte man Alterstreffen dazu) versammelten sich mehr als 1.500 in der Bundeshauptstadt und bewiesen augenscheinlich, daß Fitneß und körperliche Beweglichkeit, Leistungsfähigkeit und gutes Aussehen durch sportliches Leben erreicht werden kann.

Neue Organisationsformen im Breitensport

Für neue Organisationsformen im Breitensport sprachen sich einhellig die Teilnehmer an der Klausurtagung in Bad Heilbrunn aus. Die Vereine in ihrem derzeitigen Entwicklungsstand können nur unzureichend die mit der Ausweitung des Sportangebotes und der Übernahme neuer gesellschaftlicher Verpflichtungen entstehenden Aufgaben erfüllen. Von der Erfassung der Jugend im Vorschulalter über wohnortgebundene Übungsmöglichkeiten bis zum organisierten Betriebs- und Seniorensport müssen zusätzliche Initiativen gesetzt werden, war die Meinung der Tagungsteilnehmer. Auch vereinsgebundenen Interessenten aller Altersgruppen müßten Betätigungsmöglichkeiten angeboten werden. Dabei sollten die Sozialversicherungsträger und die Interessenvertretungen der Arbeitnehmer in zukünftige Aktionen weitaus mehr als bisher miteinbezogen werden. Ziel aller Bestrebungen des ASKÖ im Bereich Breitensport ist es nach wie vor, möglichst allen Menschen das ganze Leben hindurch eine regelmäßige, dem Lebensalter und den Lebensumständen angemessene sportliche Betätigungsmöglichkeit anzubieten.

Bei der im November in Graz abgehaltenen ASKÖ-Länderkonferenz wurden das Budget und das Sportprogramm für 1979 beschlossen und wurde der Termin des ersten Winterfreundschaftstreffens fixiert.

57 Bundeslehrgänge

Dank der erfreulichen Entwicklung im Sporttoto war es möglich, das vom Sportausschuß ausgearbeitete umfangreiche Sportprogramm für 1979 zu realisieren. Allein für die Durchführung der 51 Bundeslehrgänge, der Jugendlager und sechs Fitkurse wurden finanzielle Mittel in Höhe von 1,13 Millionen Schilling benötigt und auch bereitgestellt. Für den Auslandssportverkehr, der die Teilnahme an internationalen Sportfesten in Kopenhagen, Helsinki, Zürich und Israel vorsieht sowie die Beteiligung an neun CSIT-Meisterschaften in Gewichtheben, Handball, Leichtathletik, Ringen, Tennis, Turnen, Volleyball und Wasserball beinhaltet, sind 700.000 Schilling präliminiert.

21 Bundesmeisterschaften und sechs weitere Bundesbewerbe runden das umfangreiche sportliche Programm ab.

Höhepunkt 1979: Wintersportwoche

Höhepunkt des Jahres 1979 war die Internationale ASKÖ-Wintersportwoche vom 12. bis 21. Jänner in Villach. Sportler aus zwölf Nationen nahmen an den Bewerben im Schilauf, alpin und nordisch, im Eiskunstlaufen, im Rodeln, im Schibob und im Eisstockschießen teil. Rahmenbewerbe und Veranstaltungen für jedermann im Eisstockschießen, im alpinen (Mannschaftslauf) und nordischen (Langlauf) Schilauf, im Rodeln sowie im Eislaufen sollten die Bevölkerung zum Mittun anregen.

Das Motto des Bundesministeriums für Unterricht und Kunst:

Sportförderung großgeschrieben

Der Sport als integrierter Bestandteil des kulturellen Lebens unserer Gesellschaft wird in unserem Land durch Organisationen und Institutionen vollzogen. Diesen wäre eine erfolgversprechende Durchführung aller Maßnahmen ohne Unterstützung von öffentlicher Seite nicht möglich; deshalb bedarf es, wie auch auf anderen kulturellen Gebieten, sowohl der ideellen als auch materiellen Unterstützung von staatlicher Seite.

Die Gliederung der sportlichen Aufgaben ergibt sich aus der Größenordnung und den regionalen Gegebenheiten. Der Verein, die Basis der sportlichen Betätigung unserer Bevölkerung, ist Mitglied des jeweiligen Landesdach- bzw. -fachverbandes, während diese wiederum in gesamtösterreichischen Dach- und Fachverbänden vereinigt sind. An der Spitze dieser Gliederung steht die Bundes-Sportorganisation (BSO), die als Dachorganisation die drei Dachverbände (ASKÖ, ASVÖ, UNION) und die 46 anerkannten Fachverbände (Leichtathletikverband, Skiverband etc.) als ordentliche Mitglieder umfaßt. Daneben gibt es noch zahlreiche Einrichtungen, wie das Österreichische Olympische Comité, das Institut für Schul- und Sportstättenbau, das Institut für Sportmedizin, die Sporthilfe, den Austria-Ski-Pool, den Austria-Tennis-Pool u. v. a., die zur Unterstützung des Sports dienen.

Laut Bundesverfassung sind Angelegenheiten des Sports Landessache – logischerweise auch dessen Förderung! Da jedoch viele Aufgaben des Sports über den Rahmen eines einzelnen Bundeslandes hinausgehen – man denke nur an die Durchführung der Olympischen Winterspiele in Österreich oder an die Vielzahl von Welt- und Europameisterschaften, die in unserem Lande stattfinden –, wurde nach langjährigen Bemühungen – vor allem der Sportverbände – am 12. Dezember 1969 das „Bundes-Sportförderungsgesetz“ vom Nationalrat verabschiedet. Dieses Gesetz ermächtigt den Bund, Anliegen von gesamtösterreichischer Bedeutung auf dem Gebiete des Sports durch Subventionen an die der Bundes-Sportorganisation angehörigen Verbände zu fördern. Ferner ermächtigt dieses Gesetz den Bund, sich an der Errichtung von Sportstätten im Rahmen des Österreichischen Sportstättenplanes durch die Gewährung von Bundeszuschüssen (Investitionsförderung) an Sportvereine und -verbände sowie Gemeinden zu beteiligen. Eine weitere Form der Sportförderung des Bundes, nämlich die Errichtung von Bundes-Sporteinrichtungen (Bundessportschulen und -heime) wird durch dieses Gesetz ebenfalls legalisiert.

Betrachtet man die Entwicklung der Förderungstätigkeit des Bundes von der Verabschiedung dieses Gesetzes bis zum Jahre 1978, so kann man eine doch recht ansehnliche Steigerung der hiefür vorgesehenen Mittel feststellen.

Standen im Jahre 1970 für die Sportförderung 70 Millionen Schilling zur Verfügung, so ist der Betrag bis zum Jahre 1978 fast um das 2,5fache auf rund 174 Millionen Schilling angewachsen.

Ein Hauptanliegen des Bundes in diesem Zeitraum war zweifellos die Schaffung und der Ausbau geeigneter Sportübungsstätten, da aufgrund der Erhebungen zum Sportstättenplan auf diesem Gebiet ein besonders großer Nachholbedarf bestand. So konnten in den Jahren 1970 bis 1978 ca. 600 Projekte, wie Sporthallen, Sportschwimmbäder, Kunsteisbahnen und sonstige Sportanlagen mit insgesamt 476 Millionen Schilling entweder in Form nichtrückzahlbarer Zuwendungen oder als Mietzinsvorauszahlungen gefördert werden. Den mittelbaren Benützern dieser Anlagen, den in der Bundes-Sportorganisation vereinigten

Dach- und Fachverbänden, konnten zur Bewältigung ihrer Aufgaben in diesen Jahren insgesamt 50 Millionen Schilling zur Verfügung gestellt werden.

Ein weiteres Schwerpunktprogramm, welches seit dem Jahre 1973 läuft, soll den Fachverbänden die Beschäftigung von haupt- und nebenamtlichen Trainern erleichtern, wofür allein im Jahre 1978 für 31 haupt- und 118 nebenamtlich beschäftigte Trainer Förderungsmittel in Höhe von 7,4 Millionen Schilling verausgabt wurden; insgesamt wurden für diesen Zweck bisher rund 22 Millionen Schilling aufgewendet.

Neben der Förderung von Spitzensportlern zur Teilnahme an Olympischen Spielen mit insgesamt 14 Millionen Schilling wurde die Ausrichtung und Durchführung der XII. Olympischen Winterspiele Innsbruck 1976 sowie weiterer 19 Weltmeisterschaften, 27 Europameisterschaften und 83 sonstiger Großsportveranstaltungen mit einem Gesamtbetrag von 56 Millionen Schilling unterstützt bzw. erst ermöglicht.

Eine große Anzahl weiterer Förderungsmaßnahmen kleineren Umfanges dienten der Unterstützung studierender Spitzensportler, der Trainings- und Wettkampfteilnahme im Rahmen der Schulversuche mit sportlichem Schwerpunkt, den Projekten „Verbesserte sportmedizinische Betreuung österreichischer Spitzensportler“ und dem „Leistungsmodell Südstadt“.

Zur Durchführung von Aus- und Fortbildungskursen für Übungsleiter, von Trainerkursen für den Spitzen- und Breitensport sowie von Schikursen hat der Bund die Aufgabe übernommen, sogenannte Bundessporteinrichtungen (Bundessportschulen und -heime) zu errichten und zu betreiben. Für die Bewältigung dieser Aufgaben wurden durch das Bundesministerium für Unterricht und Kunst im Berichtszeitraum rund 720 Millionen Schilling aufgewendet.

Eine nüchterne Aufstellung der für die Sportförderung in den letzten neun Jahren verausgabten Bundesmittel ergibt sohin die Summe von 1,3 Milliarden Schilling, ein sicherlich nicht unwesentlicher Beitrag zum Spitzen- und Leistungssport in Österreich.

Unter Berücksichtigung der rund 700 Millionen Schilling, die in den Jahren 1970 bis 1978 dem Sport aus den Erträgen des Österreichischen Sporttotos zuflossen, erscheint die Feststellung nicht übertrieben, daß Sportförderung in unserem Lande groß geschrieben wird!

Im Namen des österreichischen Sports ist nur zu hoffen, daß diese Aufwärtsentwicklung auch weiterhin anhält, um die im nächsten Jahrzehnt heranstehenden Aufgaben erfolgreich bewältigen zu können!

BSO-Report 1978

Die planende und koordinierende Tätigkeit der Österreichischen Bundes-Sportorganisation brachte, vor allem in Zusammenarbeit mit dem Bundesministerium für Unterricht und Kunst sowie dem Bundesministerium für Gesundheit und Umweltschutz, im Jahr 1978 einige Arbeitsschwerpunkte.

Sportmedizin
Der vielleicht wichtigste, weil zukunftsorientiert und die Gesundheit unserer Spitzensportler betreffend, war die Fortführung des Projektes „Verstärkte sportmedizinische Untersuchung von Spitzensportlern". Dieses Projekt kam durch die Vermehrung auf neun über ganz Österreich verteilte Untersuchungsstellen und eine Vervollständigung der Ausstattung voll zum Tragen und ermöglichte es, daß 1.500 Spitzensportler, unter Einbeziehung der leistungsstärksten Jugendlichen, bis zu dreimal untersucht wurden. Jede Untersuchung umfaßte rund 700 Daten und dauerte pro Athlet etwa vier Stunden. Die Untersuchungen wurden in Vergleich zu internationalen Normen gestellt und ermöglichten so den Trainern, gezielter, besonders im Konditionsbereich, zu arbeiten oder Schäden rechtzeitig zu erkennen und entsprechende Behandlungen vorzunehmen. Die mehrmalige Untersuchung im Jahr zeigte aber auch im Vergleich zueinander den Fortschritt oder Rückschritt der Trainingsarbeit und gab die Möglichkeit, das Training zu forcieren oder zu bremsen, um zu bestimmten und gewünschten Terminen in Höchstform zu sein. Die nächste Ausbaustufe des Projektes sieht die Anschaffung eines Computers vor, um die Ergebnisse speichern zu können. Daraus wird dann nach einigen Jahren Aufschluß über eine Langzeittrainingsarbeit in den verschiedenen Sportzweigen resultieren, bzw. wird man bei etwa auftretenden Schäden Trainingsmethoden und Trainingsplanung umstellen können.
Mit den Ärzten wurde eine Koordinationstagung abgehalten, deren wichtigstes Resultat – neben der Beschäftigung mit den Projektsuntersuchungen – eine verbesserte Zusammenarbeit mit den Trainern bringen soll. In einer weiteren Tagung sollen Sportärzte mit Trainingsmethoden und Trainer mit sportärztlichen Maßnahmen zur Verbesserung des Trainingseffektes bekanntgemacht werden.

Weiterer Schwerpunkt: **Lehrwarte- und Trainerausbildung sowie -honorierung:**
Gesetzlich geregelt ist, daß die staatliche Ausbildung zum Trainer eine einsemestrige Lehrwarteausbildung und darauf aufbauend eine dreisemestrige Trainerausbildung umfaßt. Diese Ausbildungen werden in Zusammenarbeit zwischen den Bundesanstalten für Leibeserziehung und den Verbandsfachleuten durchgeführt. Einige Ausbildungen für Sportarten, die technisch und taktisch nicht so anspruchsvoll sind, wurden gekürzt und damit die Möglichkeit geschaffen, in kürzerer Zeit ein Trainerdiplom zu erhalten, ohne an Qualität einzubüßen.
Die Fortbildung der staatlich geprüften Trainer konnte mit Unterstützung des Unterrichtsministeriums durchgeführt werden, allerdings nur mit allgemein interessanten Themen (Ausdauer, Sportmassage etc.). Die Fortbildung im spartenspezifischen Bereich wurde von einigen Verbänden fortgeführt und ausgebaut, doch ist hier die Situation noch lange nicht befriedigend.
Das System der Trainerhonorierung wurde schon 1977 zugunsten von stundenweise beschäftigten Regional- oder aufgabenbezogenen Trainern geändert. Diese Regelung wurde beibehalten und weiter ausgebaut, so daß 1978 rund 130 nebenamtliche und nur mehr 16 hauptamtliche Trainer in Österreich tätig waren. Die Honorierung dieser Trainer erfolgte zu 80 Prozent durch das Bundesministerium für Unterricht und Kunst und zu 20 Prozent durch den Verband und hat sich bewährt, was der Aufschwung im internationalen Bereich, besonders beim Nachwuchs, beweist.
Ein weiterer wichtiger Arbeitsschwerpunkt war die Neuregelung der sport-

lichen Auslandsbeziehungen Österreichs. Hatte es bis 1977 eine gewisse Zweigeleisigkeit durch die Tätigkeit des Unterrichtsministeriums auf der einen Seite und der Bundes-Sportorganisation auf der anderen Seite gegeben, so versuchte man nun sowohl die sportlichen Interessen als wie auch die staatlichen Intentionen zu koordinieren und gründete dafür die „Paritätische Kommission für sportliche Auslandsbeziehungen“, die nun – paritätisch von BSO und BMfUK besetzt – sowohl die Beziehungen zur Sportministerkonferenz, dem Europarat, der Europäischen Sportkonferenz, der Europäischen Sportjugendkonferenz, aber auch die Beziehungen zu den sozialistischen Ländern, mit denen die Bundes-Sportorganisation Sportverträge hat, regelt. Die Arbeit dieser Kommission hat sich bewährt. Dieser Kommission war es auch möglich, ausländische Trainer kurzfristig oder auch über mehrere Jahre nach Österreich zu verpflichten. Bei den expandierenden Beziehungen und der internationalen Geltung Österreichs in vielen internationalen Gremien wird die Tätigkeit der PKA in Zukunft noch von größerer Bedeutung sein.

Von besonderer Wichtigkeit waren zwei Tagungen

Hier wäre vorerst die „V. Europäische Sportjugendkonferenz“ im Mai zu erwähnen, welche Jugendsportvertreter aus 19 europäischen Ländern in der Bundes-Sportschule Schielleiten vereinigte. Die Tagung, die sich vor allem mit der Weiterführung der Jugendarbeit befaßte, war erstmals auch von Vertretern aus vier sozialistischen Ländern beschickt und brachte als Resultat den Wunsch, sich mehr im Rahmen der nationalen Sportorganisationen zu etablieren, als Organisation aber einen stärkeren Anschluß an die Europäische Sportkonferenz zu finden. Außerdem wurde das Sekretariat der Europäischen Sportjugendkonferenz nach Österreich vergeben und ein Vertreter des BSO-Jugendausschusses zum Generalsekretär gewählt.

Eine weitere wichtige Zusammenkunft von Jugendvertretern fand anläßlich der Konferenz „Sport und Jugend in Österreich“ statt, die einen Meinungsaustausch zwischen Vertretern des Jugendsportes und Vertretern der „nichtsportlichen“ Jugendarbeit brachte. Das Resultat war ein Bekenntnis zur Zusammenarbeit, wobei Jugendorganisationen verstärkt auch sportliche Betätigung in ihrem Bereich anbieten werden, und daß in den Jugendgruppen der Sportvereine pädagogische Zielsetzungen verstärkt zum Tragen kommen sollen.

Selbstverständlich gingen die Bemühungen der Österreichischen Bundes-Sportorganisation um die Volksgesundheit und um eine aktive Freizeitbetätigung durch Sport weiter. Im abgelaufenen Jahr wurden wieder drei Großveranstaltungen durchgeführt: nationaler Schiwandertag im Februar (50.000 Teilnehmer), nationaler Radwandertag im Juni (40.000 Teilnehmer trotz Regens) und Fitlauf und Fitmarsch zum Nationalfeiertag am 26. Oktober, wobei diese Veranstaltung besonders unter Regen und Schneefall in West- und Ostösterreich litt und daher das Rekordergebnis des Vorjahres nicht erreicht werden konnte: Immerhin waren 370.000 wetterfeste Österreicher dabei.

Die Bemühungen um eine regelmäßige sportliche Betätigung, nicht nur bei den drei Volkssportveranstaltungen der BSO, gingen weiter. Es gab eine Neuauflage der Aktion „Sport aktiv“, wobei mit medialer Unterstützung der Sendung „Wir“ (Fernsehen) und „Club Ö 3“ (Hörfunk) sowie mit finanzieller Unterstützung der Mehlunion, des Bundesministeriums für Gesundheit und Umweltschutz und des Hauptverbandes Österreichischer Sparkassen in einer Broschüre 20 Sportarten dargestellt wurden. Jeder Österreicher erhält nach Absolvierung eines bestimmten Trainingsaufwandes Urkunde, Stoff- und Metallabzeichen. Diese Aktion verzeichnete 1978 eine Teilnahme von 20.000 Personen, wobei die meisten Abzeichen im Wanderbereich gemacht wurden, gefolgt mit deutlichem Abstand von Schilanglauf, Stockschießen, Radfahren und Schwimmen.

MITGLIEDERSTATISTIK DER SPORTORGANISATIONEN

	Burgenland		Kärnten		Niederöst.		Oberösterr.		Salzburg		Steiermark		Tirol		Vorarlberg		Wien		Gesamt		Veränderungen Vereine		Veränderungen Mitglieder	
	Vereine	Mitgl.	Vereine	Mitgl.	Vereine	Mitgl	Vereine	Mitgl.	Vereine	Mitgl.	Vereine	Mitgl.	Vereine	Mitgl.	Vereine	Mitgl.	Vereine	Mitgl.	Vereine	Mitgl.	–	+	–	+
ASVÖ	172	26.976	153	36.949	159	33.578	304	89.376	131	66.587	231	55.223	338	88.643	335	55.402	189	83.971	2.012	536.705	–	5	–	1.201
ASKÖ	142	19.553	278	58.939	610	134.834	466	137.360	153	39.863	518	138.122	129	28.768	56	12.873	558	253.768	2.904	824.080	–	124	–	46.323
Union		21.919		31.207		137.917		130.859		43.393		121.828		48.796		29.703		141.073		706.695	–	–	–	–
Badminton	–	–	8	395	10	380	9	362	4	150	11	374	6	176	9	381	7	207	64	2.425	–	1	–	167
Bahnengolf	–	–	4	46	25	427	11	291	7	147	4	38	12	189	9	193	10	234	82	1.565	–	4	–	93
Basketball	8	191	16	528	24	1.240	21	1.150	10	506	24	994	6	255	–	–	40	2.855	149	7.719	10	–	172	–
Billard	–	–	–	–	5	256	1	59	–	–	3	190	–	–	–	–	12	753	21	1.258	–	1	–	31
Bob	–	–	2	32	3	35	–	–	1	38	1	10	9	350	1	10	–	–	17	475	–	2	223	–
Bogenschützen	–	–	3	35	3	65	4	120	1	10	4	150	4	185	4	190	4	180	27	935	–	5	–	84
Boxen	–	–	3	152	8	389	10	591	6	301	8	371	6	355	3	77	8	492	52	2.728	1	–	126	–
Casting	–	–	–	–	2	37	5	545	–	–	–	–	–	–	–	–	3	52	10	637	–	1	19	–
Eishockey	1	18	16	782	5	168	6	155	4	249	6	540	7	426	7	286	11	456	63	3.089	–	1	129	–
Eislauf	3	–	3	–	14	–	6	–	3	–	13	–	11	–	6	–	16	–	75	10.655	4	–	–	151
Eisschießen	25	1.065	267	12.690	161	6.578	236	10.884	101	12.078	550	22.895	80	4.894	19	504	20	981	1.459	72.569	46	–	–	3.899
Fechten	2	37	6	181	11	432	6	223	4	103	6	195	2	98	4	117	9	336	51	1.722	–	3	–	40
Flugsport	9	489	21	913	57	2.218	39	1.613	16	1.050	49	3.109	35	1.336	12	453	26	1.865	264	13.046	–	2	–	122
Fußball	171	20.000	175	25.000	415	50.000	357	40.000	110	12.000	293	48.000	112	18.000	60	6.000	204	23.000	1.897	242.000	–	30	–	42.000
Gewichtheben	1	42	3	117	31	2.247	9	882	4	178	8	462	5	382	3	289	25	2.076	89	6.675	3	–	116	–
Golf	–	–	1	125	5	518	3	437	4	541	3	209	4	640	–	–	1	572	20	3.042	–	–	–	186
Hand- u. Faustball	6	160	19	710	49	4.049	152	5.085	17	816	46	1.440	13	433	28	1.030	50	3.599	380	17.322	–	–	–	–
Heeressport	6	868	3	1.006	19	4.487	6	2.609	3	1.526	10	1.983	8	1.576	1	152	3	2.410	59	16.617	keine Vergleichsziffern			
Hockey	–	–	–	–	2	260	1	67	1	11	1	18	–	–	–	–	10	2.096	15	2.452	–	–	–	50
Jagd- und Wurftauben	3	3.571	3	7.143	17	1.727	6	549	2	138	5	687	1	57	1	30	19	5.481	57	19.383	–	–	63	–
Judo	5	232	14	600	23	1.193	50	2.147	16	1.030	26	1.035	8	458	9	700	23	1.536	174	8.931	2	–	–	634

Kanu	1	10	5	177	15	646	11	1.056	3	93	9	242	3	134	–	–	9	748	56	3.106	–	–	–	–
Karate	–	–	3	240	13	650	16	800	7	490	8	530	–	–	8	510	8	760	63	3.980	7	–	–	230
Leichtathletik	10	261	16	485	45	2.465	41	3.181	13	724	38	3.627	17	1.756	26	1.003	18	1.698	224	15.200	8	–	–	726
Moderner Fünfkampf	–	–	–	–	1	25	1	30	–	–	–	–	–	–	–	–	1	20	3	75	–	–	–	5
Motorboot	–	–	–	–	–	–	–	–	–	–	–	–	–	–	–	–	–	–	50	2.305	–	6	213	–
Orientierungslauf	10	256	6	122	5	60	8	132	1	40	12	218	1	25	–	–	8	135	51	988	–	1	–	119
Pferdesport	17	552	21	869	130	2.690	45	2.114	29	716	32	1.342	19	647	12	587	13	1.724	318	11.241	–	38	–	641
Radsport	10	1.837	20	1.281	85	7.705	50	5.083	10	1.752	59	5.237	29	1.479	38	4.422	45	6.926	346	36.722	–	21	–	1.831
Ringen	siehe Wien		–	–	siehe Wien		5	790	4	460	2	110	3	490	6	630	6	590	26	3.070	–	1	–	20
Rodeln	–	–	45	5.000	12	2.250	13	148	10	267	41	1.330	98	9.653	8	626	27	2.085	254	21.359	–	–	–	–
Rollsport	1	67	–	–	–	–	–	–	–	–	–	–	–	–	–	–	7	416	8	483	3	–	301	–
Rudern	1	26	5	644	8	296	10	1.319	siehe OÖ.		1	18	–	–	1	336	10	1.529	36	4.166	–	1	27	–
Schach	22	200	50	430	40	150	58	214	19	87	85	1.300	28	405	16	268	100	1.600	418	5.705	–	–	–	–
Schibob	–	–	7	95	10	205	16	180	14	278	4	25	10	175	5	135	6	140	72	1.233	1	–	–	79
Schießen	20	349	44	1.108	102	3.551	121	4.780	45	3.002	63	2.655	141	8.590	37	1.624	23	1.269	596	26.928	–	18	–	2.074
Schilauf	18	1.059	163	16.893	121	15.137	208	29.622	119	16.316	214	17.182	249	38.919	101	14.983	95	12.305	1.288	162.416	–	25	–	2.070
Schwimmen	12	3.892	17	5.642	25	6.711	27	7.031	11	4.189	20	9.103	11	3.881	8	1.996	9	13.404	140	55.849	–	5	–	2.385
Segeln	8	1.769	5	957	–	–	11	2.044	7	1.610	2	232	4	1.035	4	738	5	954	46	9.439	–	–	–	556
Sportkegeln	20	415	16	219	59	1.092	78	806	26	315	26	505	49	881	11	235	200	3.140	485	7.608	–	7	–	248
Tanzen	–	–	3	130	4	94	7	570	siehe OÖ.		9	480	5	270	siehe Tirol		13	630	41	2.174	–	4	–	30
Tauchen	–	–	2	150	1	35	9	160	4	200	2	320	3	260	2	70	14	980	37	2.175	–	12	–	501
Tennis	30	2.142	62	6.716	170	15.650	132	16.204	59	6.907	94	11.992	74	7.970	38	5.364	67	12.452	726	85.397	–	120	–	15.258
Tischtennis	18	543	33	310	101	2.607	165	5.267	28	1.167	55	1.488	44	1.729	17	700	75	6.474	536	20.285	–	6	–	559
Turnen	–	–	20	6.757	233	47.252	185	45.723	44	10.731	76	23.362	32	9.224	39	8.379	108	38.404	737	189.832	–	34	–	14.613
Volleyball	–	–	9	340	13	342	19	759	12	550	15	620	18	880	5	130	24	4.582	115	8.203	–	20	–	1.498
Wasserschi	–	–	8	865	1	28	10	630	–	–	–	–	–	–	1	75	2	30	22	1.448	–	1	–	306

Das ÖOC rüstet für Moskau und Lake Placid

Zunächst ein paar Bemerkungen über den Rahmen, in dem sich im vierjährigen olympischen Zyklus die Haupttätigkeit des ÖOC abspielt. Natürlich können hier nur einige Schwerpunkte angegeben werden.

Es beginnt im ersten Jahr nach den Spielen mit dem Abschluß der Analysen der vergangenen Olympischen Spiele. Damit verbunden ist eine Überprüfung von Planung und Konzept, die zuletzt angewendet wurden, und – wenn erforderlich – gewisse Anpassungen oder Abänderungen. Daß es dabei ohne eine gewisse neue Feineinstellung abgeht, wäre ein Wunder. Als Planung und Konzept ergeben sich auch die Bemühungen des ÖOC, ganz allgemein zu einer Verbesserung der Voraussetzungen für den Spitzensport in Österreich beizutragen, die sofort und verstärkt in Angriff genommen werden müssen.

Das zweite Jahr bringt neben den weiterlaufenden Bestrebungen zur Erzielung einer verbesserten Chancengleichheit der österreichischen Sportler bereits das volle Einsetzen der direkten Vorbereitung auf die nächsten Spiele.

Erste Tests des Olympiageländes im weitesten Sinn stehen auf der Tagesordnung.

Im vorolympischen Jahr folgen die schon zur Tradition gewordenen eigentlichen Testwettkämpfe auf dem sportlichen Sektor und eine Überprüfung des Funktionierens der Organisation. Verbesserungsmaßnahmen für eine optimale Olympiavorbereitung und den reibungslosen Aufenthalt am Schauplatz der Spiele selbst müssen hier schon abgeschlossen sein.

Die detaillierte Planungstätigkeit der Fachverbände endet schließlich im Olympiajahr in den letzten Kontrollen und der gezielten Vorbereitung auf die Spiele als sportlicher Höhepunkt. Für das ÖOC stehen Beschickung und Abwicklung der Olympischen Spiele im Mittelpunkt, dann beginnen schon wieder die Analysen als Basis für die Planung der nächsten Spiele...

Kommen wir also zur direkten Olympiavorbereitung auf Lake Placid und Moskau. Am zweckmäßigsten ist es wohl, mit jenen Bereichen zu beginnen, die sowohl für die Winter- als auch die Sommerspiele Gültigkeit haben.

Als erstes Paket von Maßnahmen müßte man hier die zwischen dem ÖOC und den olympischen Fachverbänden vereinbarten Olympia-Qualifikationsrichtlinien und die sogenannten Wertungswettkämpfe erwähnen, deren Anwendung den jeweiligen Stand der Olympia-A-, -B- und -C-Kader des ÖOC ergibt. Was verbirgt sich hinter diesen Begriffen?

Eigentlich ist das System ganz einfach. Es bestehen äußerst detaillierte Bedingungen (Qualifikationsrichtlinien), die von den Sportlern bei genau festgelegten, praktisch nur internationalen Sportveranstaltungen (Wertungswettkämpfen) erfüllt werden müssen und zur Einstufung in die drei vom ÖOC geführten Olympiakader (A, B, C) führen.

Die Richtlinien sind so abgestimmt, daß in den Olympia-A-Kader des ÖOC nur solche Sportler aufgenommen werden, die nach Meinung des ÖOC zum Zeitpunkt der A-Kader-Qualifikation olympiareif waren.

Davon ausgehend praktiziert das ÖOC – und zwar erstmals in der Vorbereitung auf die kommenden Olympischen Spiele – die jährliche Erstellung einer theoretischen Olympiamannschaft. Es werden dabei dieselben Spielregeln angewendet wie für die endgültige Olympianominierung 1980. Also Beachtung der Zulassungsbeschränkungen nach den Regeln des Internationalen Olympischen Comités und der Internationalen Sportfachverbände sowohl für die Sportler als auch die Betreuer. Auswahl der zu den A-Kader-Sportlern und mitnominierten Ersatzleuten von den Fachverbänden vorgeschlagenen Fachbetreuer, aber auch Festlegung der Ärzte und Masseure usw. Das ÖOC verspricht sich davon nicht nur mehr Routine für die heikle Frage der richtigen Selektion einer kompletten Olympiamannschaft, sondern zwingt sich und die Fachverbände damit auch zur rechtzeitigen Lösung von Problemen, die ansonsten möglicherweise bis ins Olympiajahr vor sich hergeschoben würden und zu diesem späten Zeitpunkt vielleicht nicht mehr zu bewältigen wären.

Doch nun von der Theorie zur Praxis. Nach Ende der Saison 1977/78 gehörten einer solchen theoretischen ÖOC-Olympia-Mannschaft für Lake Placid insgesamt 43 Sportler an. Lediglich im alpinen Bereich gab es, wie erwartet, mehr A-Kader-Angehörige als den insgesamt zulässigen 14 Startplätzen bei Olympischen Winterspielen entspricht. Der ÖSV hat daher bereits zweimal eine gewisse Vorauswahl getroffen.

Während sich die Zahl der Wintersportler gegenüber dem Vorjahr von 46 auf nunmehr 43 Sportler verringert hat, ist im Sommersport, also einer theoretischen Olympiamannschaft für Moskau, das Gegenteil eingetreten. Hier stiegen die Zahlen von nur 24 (1977) auf 36 bzw. 37 Sportler nach Ende der Saison 1978 an. Das bestätigt, daß es, generell gesehen, 1978 im Bereich der olympischen Sommersportdisziplinen einen Leistungsanstieg gegeben hat.

Natürlich dominiert noch immer der Wintersport, sogar viel eindeutiger, als es hier vielleicht den Anschein hat. Denn man muß bedenken, daß bei Winterspielen nur sechs olympische Sparten vertreten sind, während die 36 bzw. 37 Sportler der theoretischen Olympiamannschaft für Moskau aus insgesamt 22 österreichischen Sportfachverbänden kommen.

Zwar sowohl für die Olympiavorbereitung auf Lake Placid als auch Moskau gedacht, in der Praxis jedoch vorläufig fast nur im Sommersportbereich realisiert, sind die Anstrengungen des ÖOC zu einer verstärkten Kooperation auf internationaler Ebene. Die seit 1977 systematisch aufgebaute bessere Zusammenarbeit mit verschiedenen europäischen Ländern konnte 1978 erfolgreich fortgesetzt werden. Die Olympischen Komitees von Belgien, der Bundesrepublik Deutschland, Frankreich, Holland, Italien, Liechtenstein, Luxemburg, der Schweiz und Österreich haben nicht nur die Abhaltung gemeinsamer Trainingskurse im Hinblick auf eine bessere Vorbereitung auf die Olympischen Spiele des Jahres 1980 organisiert, Zusammenkünfte dieser neun Länder dienen außerdem noch dazu, wichtige Probleme zu beraten und, wenn erfolgreich, eine gemeinsame Haltung dazu einzunehmen.

Erster konkreter Anlaß war ein Vorgehen gegen die Konzeption des Olympischen Dorfes von Lake Placid. Besorgniserregende Nachrichten über die Detailplanung des Olympischen Dorfes von Lake Placid waren erstmals im Frühjahr 1978 aufgetaucht. Schon zu diesem Zeitpunkt läuteten beim ÖOC die Alarmglocken. Die Planung für ein eventuelles Ausweichquartier, das zumindestens Teilen der österreichischen Olympiamannschaft für Lake Placid während der Winterspiele zur Verfügung stünde, startete unverzüglich. Und das ÖOC tat gut daran, denn je mehr Einzelheiten über das Olympische Dorf von Lake Placid bekannt wurden, desto mehr wuchs nicht nur beim ÖOC, sondern auch bei anderen Olympischen Komitees die Entrüstung darüber, was die Organisatoren von Lake Placid den Sportlern und Betreuern 1980 zumuten wollen. Ein Lokalaugenschein des ÖOC bestätigte diese Informationen und ließen das ÖOC zu dem Schluß kommen, daß eine solche Unterbringung der Sportler in Lake Placid einfach nicht akzeptiert werden kann.

Die Liste der „Schwachstellen" des Olympischen Dorfes von Lake Placid ist leider relativ lang, hier sollen daher nur die wichtigsten aufgezählt werden:

Bei der überwiegenden Anzahl der Zimmer handelt es sich um Räume für zwei Personen mit einer Größe von nicht einmal 9 m^2 (!), einem ca. 30 cm breiten Fenster, das vom Boden bis zur Decke reicht, einem Stockbett (!), zwei schmalen Kästen sowie einem Sessel, einem Schreibpult und einem Waschbecken. Daneben gibt es noch andere Zweibettzimmer, die überhaupt keine Fenster aufweisen. Dasselbe trifft für die Vierbettzimmer zu, wo man diesen Umstand schon als recht unzumutbar bezeichnen muß.

Wie es überhaupt dazu kommen konnte? Die Erklärung ist recht einfach: Bei dem Komplex des Olympischen Dorfes von Lake Placid handelt es sich um eine neu errichtete Jugendbesserungsanstalt, die lediglich für die Zeit der Olympischen Winterspiele für die Sportler und Betreuer etwas adaptiert wird (!). Das stärkste Argument, das gegen die derzeitigen Planungen des Organisationskomitees von Lake Placid spricht, ist aber die Tatsache, daß in den Zimmern, die während der Winterspiele für zwei Sportler vorgesehen sind, später lediglich ein jugendlicher Rechtsbrecher untergebracht sein wird. Das bedeutet mit anderen Worten, daß in Lake Placid Hochleistungssportler während der Olympischen Winterspiele, was den Standard ihrer Unterbringung betrifft, doppelt so schlecht als später die jugendlichen Rechtsverletzer behandelt würden (!).

Die beiden Hauptforderungen des beim Internationalen Olympischen Comité eingebrachten Protestes waren einerseits die Belegung der Zweibettzimmer nur mit einer Person sowie die Errichtung zusätzlicher Unterbringungsmöglichkeiten im Olympischen Dorf von Lake Placid.

Unabhängig von dieser Vorgangsweise, zu der sich das ÖOC nach den für Lake Placid gebotenen Unterbringungsmöglichkeiten unbedingt veranlaßt sah, liefen natürlich die Vorkehrungen für ein Ausweichquartier weiter. Das ÖOC vermied es jedoch bewußt, diese Aktivitäten an die große Glocke zu hängen, um damit sein Protestschreiben an das Internationale Olympische Comité nicht abzuschwächen. Das ÖOC hat sich jedenfalls durch ein Ausweichquartier abgesichert und dabei ein großes finanzielles Risiko auf sich nehmen müssen. Was immer das Internationale Olympische Comité in dieser Frage entscheidet und die Organisatoren von Lake Placid im Winter 1980 tatsächlich anbieten werden, durch die vom ÖOC getroffenen Maßnahmen wird eine Unterbringung der österreichischen Olympiamannschaft gewährleistet sein, die es ermöglicht, daß unsere Spitzensportler in Lake Placid ihre volle Leistungsstärke ausspielen können.

Glücklicherweise gibt es, was die Olympischen Spiele 1980 in Moskau betrifft, zumindestens beim Olympischen Dorf keine derartigen Probleme. Nach allen bisher vorliegenden Informationen wird das Olympische Dorf von Moskau sehr großzügig angelegt sein und den Sportlern und Betreuern auch genügend große Wohnmöglichkeiten anbieten.

Dafür bereitet dem ÖOC die Frage der Beschickung der Finalwettkämpfe der Spartakiade 1979, die zwischen dem 21. Juli und 5. August stattfinden werden und als vorolympische Testwettkämpfe anzusehen sind, einiges Kopfzerbrechen. Da das Sportkomitee der UdSSR dazu Sportler aus 100 Ländern eingeladen hat, muß es zwangsläufig zu einer Kontingentierung der zugelassenen Sportler kommen.

Das ÖOC bemüht sich, durch seine guten Kontakte zu den sowjetischen Sportbehörden, diese Zahl größtmöglich zu halten.

Sollte es aufgrund der vom sowjetischen Sportkomitee vorgesehenen Kontingentierung nicht möglich sein, die Wünsche der österreichischen Fachverbände für einen Start bei der Spartakiade 1979 komplett zu erfüllen, so wird das ÖOC bei einer eventuell erforderlichen Auswahl solche Disziplinen bevorzugen, in denen Sportler bereits die A-Kader-Qualifikation für Moskau erreicht haben. Dazu noch diejenigen Bereiche, wo eine Kenntnis der Wettkampfstätten bzw. vor allem die Erprobung von neugebauten Wettkampfanlagen von besonderer Wichtigkeit ist.

Die eingeleiteten Verhandlungen mit den sowjetischen Sportstellen scheinen jedoch erfolgreich zu verlaufen, so daß auch die österreichischen Sommersportler gut gerüstet und durch eine Teilnahme an den vorolympischen Testbewerben entsprechend vorbereitet zu den Olympischen Spielen 1980 in Moskau anreisen sollten.

BSO

ÖSTERREICHISCHE BUNDES-SPORTORGANISATION
gegründet als Arbeitsgemeinschaft – vereinsrechtlich eingetragen 1969

Geschäftsstelle
Haus des Sports, Prinz-Eugen-Straße 12, A-1040 Wien,
Telefon 0 22 2 / 65 37 42, Kl. 60, 61, Telex 13/3132 sport a

Vorsitzender
1978 Min.-Rat Dr. Josef Finder; ab März 1979 Hofrat Prof. A. Weghofer

Exekutivkomitee
Die Präsidien des Bundes-Sportfachrates und des Bundes-Sportrates und folgende Herren:
Generalsekretär Otto Demuth (Fußballbund)
O. Med.-Rat Dr. Oskar Madl (Eislaufverband)
Min.-Rat Dr. Josef Simecek (Tischtennisverband)
Generalsekretär Felix Netopilek (ASVÖ)
Generalsekretär Rudolf Spiola (ASKÖ)
Generalsekretär Helmut Dembsher (Union)

sowie mit beratender Stimme:
Min.-Rat Mag. Robert Mader (BMUK)
Min.-Rat Dr. Otto Ventruba (BM f. Gesundheit und Umweltschutz)
Dr. Peter Pilsl (Olympisches Comité)
Prof. Friedrich Holzweber (Leiter der Geschäftsstelle)

ÖSTERREICHISCHER BUNDES-SPORTFACHRAT
(bestehend aus Vertretern der 46 anerkannten Fachverbände, drei davon ohne Stimmrecht)

Präsidium 1978 und 1979

Hofrat Prof. Anton Weghofer, Vorsitzender (Schwimmverband)
Sekt.-Chef Dr. Erich Pultar (Leichtathletikverband)
OAR Max Lakitsch (Judoverband)
Ab März 1979 ergeben sich möglicherweise Veränderungen im Präsidium.
Der Vorsitzende wird jährlich gewählt.

ÖSTERREICHISCHER BUNDES-SPORTRAT
(bestehend aus den Vertretern der Bundes- und Landesleitungen der Dachverbände ASKÖ, ASVÖ, UNION)

Präsidium 1978

Min.-Rat Dr. Josef Finder (Vorsitzender)
RA Dr. Kurt Schmid
Bundesrat Kurt Heller
Der Vorsitz wechselt jährlich, ab März 1979 führt Dr. Kurt Schmid den Vorsitz.

ÖSTERREICHISCHE BUNDES-SPORTVERSAMMLUNG

Vorsitzender 1978: Min.-Rat Josef Finder; ab März 1979 Hofrat Prof. Anton Weghofer

Präsidium

Die Präsidien des Bundes-Sportfachrates und des Bundes-Sportrates

Mitglieder

Die Mitglieder des Bundes-Sportfachrates und des Bundes-Sportrates sowie ohne Stimmrecht die a. o. Mitglieder der Österr. Bundes-Sportorganisation:
Österr. Heeressportverband
Verband der Leibeserzieher
Österr. Sportlehrerverband
Österr. Versehrtensportverband
Österr. Volkssportverband
Österr. Wasserrettung
Österr. Schachbund
weiters das Olympische Comité, die neun Landessportorganisationen, die Ministerien, die Ehrenmitglieder Dr. H. Pruckner, Dr. A. Schöpf, Dr. W. Sekyra, L. Stipkovich

ÖOC

ÖSTERREICHISCHES OLYMPISCHES COMITÉ, gegründet 1912
1040 Wien, Prinz-Eugen-Straße 12,
Telefon 0 22 2 / 65 96 47 und 65 05 435, Telex 01/3132 hsport a
Dienstzeit: Montag bis Freitag von 9 bis 17 Uhr

Schirmherr: Bundespräsident Dr. Rudolf Kirchschläger

Vom **Internationalen Olympischen Comité** (IOC) anerkannt

Anschrift: Château de Vidy, 1007 Lausanne,
Telefon 05/021 / 25 32 71–74, Telex CIO 24 024 Lausanne

Präsident
Kurt Heller, 1010 Wien, Rathaus, Telefon 0 22 2 / 42 8 00 / 29 11

Generalsekretär
Dr. Peter Pilsl, 1040 Wien, Prinz-Eugen-Str. 12, Tel. 0 22 2 / 65 96 47, 65 05 435

Vertreter Österreichs
DVw. Philipp Schoeller ist der vom IOC gewählte Vertreter Österreichs

Offizielle Verbandszeitung
„Olympische Blätter", ca. 6mal pro Jahr, ca. 700 Stück

Die Tätigkeit des Österreichischen Olympischen Comités war im Jahre 1978 auf zwei Schwerpunkte ausgerichtet. Einerseits die Bemühungen des ÖOC um eine generelle Verbesserung der Grundvoraussetzungen für den Spitzensport in Österreich, andererseits bereits die direkte Vorbereitung auf die Olympischen Spiele des Jahres 1980, wobei – vor allem aufgrund der großen Schwierigkeiten hinsichtlich der Unterbringung von Sportlern und Betreuern im Olympischen Dorf – Lake Placid mehr Arbeit und Zeitaufwand in Anspruch nahm als Moskau.
Bei den Aktivitäten des ÖOC zur Erzielung einer besseren Vereinbarkeit zwischen Spitzensport auf der einen und Beruf oder Ausbildung auf der anderen Seite handelt es sich um ein Problem, das nicht nur das ÖOC bzw. die Olympiakandidaten für 1980, sondern praktisch den gesamten österreichischen Sport betrifft. Generell kann man feststellen, daß die vom ÖOC in die Wege geleiteten Verhandlungen, auch wenn sie natürlich noch nicht abgeschlossen sind, doch schon sehr interessante und zum Teil auch recht erfreuliche Ergebnisse gezeigt haben.
Ausgangspunkt der Überlegungen in diesem Bereich sollte nach Meinung des ÖOC eine spezielle Berufsberatung für Spitzensportler sein, die sich vielleicht später zu einer gezielten Planung der sportlichen und beruflichen Karriere entwickeln könnte.
Bei der Beschäftigung mit dem Problem einer besseren Vereinbarkeit zwischen Spitzensport und Beruf konnte man den Eindruck gewinnen, daß schon derzeit relativ viele gesetzlich fundierte Möglichkeiten bestehen, Spitzensportlern in dieser Frage zu helfen. Schon alleine eine Koordinierung aller dieser Maßnahmen und eine gezielte Anwendung für den Spitzensport müßten eine Reihe von Erleichterungen bringen.

Die systematisch aufgebaute bessere Zusammenarbeit auf internationaler Ebene mit benachbarten europäischen Ländern konnte 1978 erfolgreich fortgesetzt werden. Die olympischen Komitees von Belgien, der Bundesrepublik Deutschland, Frankreich, Holland, Italien, Liechtenstein, Luxemburg, der Schweiz und Österreich haben nicht nur die Abhaltung gemeinsamer Trainingskurse im Hinblick auf eine bessere Vorbereitung auf die Olympischen Spiele des Jahres 1980 organisiert, Zusammenkünfte dieser neun Länder dienen außerdem noch dazu, wichtige Probleme zu beraten und wenn erforderlich eine gemeinsame Haltung einzunehmen. Hier wäre insbesondere auf das Problem der Unterbringung im Olympischen Dorf von Lake Placid hinzuweisen.
In Österreich wurden 1978 im Rahmen dieser internationalen Kooperation von neun olympischen Komitees zwei internationale Trainingskurse abgehalten, für die sehr großes Interesse herrschte. An einem im Juni in Zell am See durchgeführten Lehrgang für Pistolenschützen nahmen 30 Sportler aus acht Nationen teil, ein Ende September im Bundesportzentrum Südstadt abgehaltenes einwöchiges Judotrainingslager führte insgesamt 57 Sportler und Betreuer aus sieben der angeführten Länder zusammen.
Nach ähnlichen Gesichtspunkten, allerdings nicht im Rahmen der Zusammenarbeit der europäischen Olympischen Komitees, sondern unter der Patronanz der Olympischen Solidarität, also dem gegenseitigen Unterstützungsprogramm aller Olympischen Komitees, fand Ende September am Ossiacher See ein internationales Trainingslager für Rudern statt.
1979 sind in Österreich insgesamt fünf internationale Trainingskurse geplant, und zwar im Zweierbob in Innsbruck/Igls, für die Sparten Stabhoch- und Weitsprung im Wiener

Hallenstadion, Pistolenschießen wieder in Zell am See, Rudern am Ossiacher See und Judo neuerlich im Bundessportzentrum Südstadt.
Aus Anlaß des Olympiajahres 1980 wird das ÖOC für den Leichtathletikmannschaftsdreikampf der österreichischen Schulen, der vom Bundesministerium für Unterricht und Kunst organisiert wird, die Patronanz übernehmen und die siegreichen Mannschaften und Einzelkämpfer mit eigens dafür geschaffenen ÖOC-Abzeichen auszeichnen. An sich ist daran gedacht, diese schulsportliche Sommersportveranstaltung alle zwei Jahre unter der Patronanz des ÖOC durchzuführen.
Erstmals ab 1982 könnten dann auch die Schulwettkämpfe im Schilanglauf in diese Aktion miteinbezogen werden. Das ÖOC wird sich auch bemühen, daß prominente Olympiakandidaten bei den unter der zusätzlichen Patronanz des ÖOC stehenden Schulwettkämpfen als Starter oder Berater etc. in Erscheinung treten. Für 1980 ist außerdem an die Ausschreibung eines Aufsatzwettbewerbes zu einem olympischen Thema für die österreichischen Schulen gedacht.
Keine wesentlichen Fortschritte, ja eigentlich überhaupt kein Echo haben die Bemühungen des ÖOC zu einer Verbesserung der Zusammenarbeit mit der Wissenschaft im Bereich der olympischen Sommersportverbände erbracht. Obwohl sowohl Univ.-Prof. Dr. Sobotka vom Wiener Hochschulinstitut für Leibeserziehung als auch Prof. Dr. Guttmann, der Leiter des Psychologischen Instituts der Universität Wien, an einer Zusammenarbeit mit dem Sport interessiert und dazu bereit gewesen wären, hat sich bisher kein einziger Sommersportverband beim ÖOC um Vermittlung bzw. Hilfe für sportwissenschaftliche Vorhaben gemeldet.
Erfreulich ist die Situation bei den Wintersportverbänden. Hier verfügt der Skiverband bereits seit längerer Zeit über einen eigenen wissenschaftlichen Beirat, der für die Kontakte mit der Wissenschaft zuständig ist. Für den Rodelverband plant Univ.-Prof. Dr. Fritzsche vom Institut für Elektronik der Technischen Universität Graz wissenschaftliche Untersuchungen mit den Schwerpunkten Videotechnik, Magnetschranken, Lichtschranken und Rodelbau durchzuführen. Im Bereich des Eislaufverbandes läuft für die Sparte Eisschnellauf bei Univ.-Prof. Dr. Fetz am Universitätssportinstitut Innsbruck ein Forschungsvorhaben für die Erstellung eines sportmotorischen Leistungsprofils und von Bewegungsanalysen sowie für die Erhebung der Eisschnellaufliteratur. Erfreulicherweise hat auch Frau Bundesminister für Wissenschaft und Forschung, Dr. Hertha Firnberg, dem ÖOC in Beantwortung einer auf die verstärkte Zusammenarbeit zwischen Sport und Wissenschaft gerichtete Anfrage ihre Unterstützung zugesagt.

ASKÖ

ARBEITSGEMEINSCHAFT FÜR SPORT UND KÖRPERKULTUR IN ÖSTERREICH, gegründet 1892
1040 Wien, Margaretenstraße 13–15, Telefon 0 22 2 / 57 11 73 und 57 11 79,
Telex 2411 ASKOE
Dienstzeit
Montag bis Donnerstag von 8 bis 17 Uhr, Freitag von 8 bis 14.30 Uhr

Präsident
StR Kurt Heller, 1082 Wien, Neues Rathaus, Telefon 0 22 2 / 42 8 00 / 29 11

Generalsekretär
Rudolf Spiola, 1040 Wien, Margaretenstr. 13–15, Tel. 0 22 2 / 57 11 73, 57 11 79

Mitglied des
Comite Sportif International du Travail (CSIT), gegründet 1913, 15 Verbände, 1,2 Millionen Mitglieder
Anschrift
Boulevard de l'Empereur, 13, B-1000 Bruxelles (Belgique), Telefon 513/82/70
ASKÖ-Generalsekretär Rudolf Spiola ist auch Exekutivmitglied des CSIT.

Offizielle Verbandszeitung
ASKÖ-Sport, 11mal jährlich

Chefredakteur
Rudolf Spiola, 1040 Wien, Margaretenstr. 13–15, Tel. 0 22 2 / 57 11 73, 57 11 79

Seite 87 oben: Lake Placid konnte trotz Schwierigkeiten die Bewährungsprobe für 1980 bestehen (Foto L. P. O. O. C.)

Seite 87 unten: Mit vollem Einsatz für die Sporthilfe. Sporthilfe-Zehnkampf 1978 (Foto Sündhofer)

Seite 88: Österreichs erfolgreiche Mount-Everest-Expedition auf dem Weg zum Gipfelsieg. Aufstieg durch den Khumbu-Eisfall

MADRID
13
REAL
4

ASVÖ

ALLGEMEINER SPORTVERBAND ÖSTERREICHS, gegründet 1949
1010 Wien, Elisabethstraße 26, Telefon 0 22 2 / 57 65 46
Telegrammadresse: ASVOE-SPORT-WIEN
Dienstzeit: Montag bis Freitag von 8 bis 17 Uhr

Präsident
Hans Hanauska, 1210 Wien, Rappgasse 6/34, Telefon 0 22 2 / 30 33 70

Generalsekretär
Felix Netopilek, 1230 Wien, Dirmhirngasse 16—18/14/23, Tel. 0 22 2 / 88 17 494

Offizielle Verbandszeitung
ASVÖ-Sport-Magazin

So einen Jahresbeginn wie 1978 würde sich der Allgemeine Sportverband Österreichs (ASVÖ) immer wünschen: vier Weltmeistertitel im alpinen Schilauf:

Annemarie Moser-Pröll: 1. WM Abfahrt und 1. WM Kombination sowie 3. WM Riesentorlauf

Lea Sölkner: 1. WM Slalom

Sepp Walcher: 1. WM Abfahrt

Werner Grissmann: 3. WM Abfahrt

Aber die Erfolge gingen weiter:

Alois Lipburger: 2. WM Skispringen
Angelika Schafferer: 3. WM Rodeln
Elfriede Pirkmann: 1. EM Rodeln
Fritz Sperling, Franz Köfel, Walter Rednak, Walter Köck: 1. EM Viererbob
Alfred Lengauer: 1. EM Junioren-Skispringen
Hubert Raudaschl, Karl Ferstl: 3. EM Segeln, Starklasse

Ebenso erfreulich wie der Jahresbeginn war auch das Jahresende: Bei den Judo-Damen-

Seite 89 oben: Österreichs Meister Klosterneuburg scheitert an Real Madrid (Foto Votava)
Seite 89 unten: Ratheyser/Hofegger — Österreichs Meisterpaar in Aktion (Foto Votava)
Seite 90 oben: Hugo Simon — nach wie vor allein an der Spitze (Foto Votava)
Seite 90 unten: Eröffnung der Union-Bundeskampfspiele 1978 in Linz (Foto Votava)

Europameisterschaften in Köln konnten von ASVÖ-Sportlerinnen folgende hervorragende Erfolge erkämpft werden:

1. Edith Hrovat
1. Gerda Winklbauer
2. Margit Schmutzer

Die vorgesehenen Schwerpunkte für 1978, und zwar

1. Verstärkung des internationalen Sportverkehrs,
2. Verstärkung der Jugendleiterausbildung und der gesamten Jugendarbeit im ASVÖ und
3. verstärkte Funktionärsschulungen,

wurden voll und ganz in die Tat umgesetzt.

Höhepunkt in den sportlichen Wettkämpfen war ohne Zweifel das vom 15. bis 18. Juni 1978 in Linz durchgeführte Schwimmturnier der Nationen. Dieses Turnier mit zahlreicher internationaler Beteiligung brachte einen ganz großen und werbewirksamen Erfolg für den Allgemeinen Sportverband Österreichs.

Der zweite große, wenn auch nationale Wettkampf waren die Bundesländer-Vergleichskämpfe im Geräteturnen für Damen und Herren. Hier zeigten sich die Vorarlberger Turner des Allgemeinen Sportverbandes Österreichs allen anderen klar überlegen.

Sportlich wären noch das Turnier für Rhythmische Gymnastik in Wr. Neustadt mit Sportlern aus der ČSSR und aus der UdSSR sowie die Damenturniere im Handball und im Volleyball zu erwähnen.

Zahlreiche Auslandsentsendungen in den Sportarten Badminton, Basketball, Leichtathletik, Handball, Volleyball, Fußball, Kegeln, Eisschnellauf und Orientierungslauf beweisen den starken internationalen Sportverkehr des ASVÖ. Diese internationalen Wettkämpfe waren nur dank der großzügigen Subventionierung durch das Bundesministerium für Unterricht und Kunst – und hier möchten wir dem Herrn Bundesminister für Unterricht und Kunst persönlich recht herzlich dafür danken – möglich.

Die 1977 begonnene staatliche Jugendleiterausbildung wurde 1978 mit Erfolg abgeschlossen. Alle 19 Teilnehmer des ASVÖ-Jugendleiterlehrganges konnten die Ausbildung positiv abschließen. Für die 1979 beginnende staatliche Jugendleiterausbildung haben sich mehr als 30 junge Sportler angemeldet.

Auch das dritte Schwerpunktprogramm für 1978, und zwar die verstärkte Funktionärsschulung, konnte durchgeführt werden. Drei Landesverbände haben ein- und zweitägige Seminare für Funktionäre organisiert. Natürlich wurde auch wieder die Internationale ASVÖ-Jugendsportwoche in Faak am See abgehalten. Neben Jugendsportlern aus allen neun Landesverbänden nahmen auch Sportler aus vier ausländischen Nationen teil.

Ab Mitte des Jahres wurden die Vorarbeiten für die 1979 stattfindenden internationalen „ASVÖ-Jugendspiele 79" intensiviert. Diese „ASVÖ-Jugendspiele 79" finden vom 9. bis 15. Juli im Raume Zell am See, Bruck an der Glocknerstraße, Kaprun und Saalfelden statt. In folgenden Sportarten werden Wettkämpfe auf internationaler Ebene durchgeführt: Badminton, Basketball, Fechten, Fußball, Judo, Handball, Hockey, Leichtathletik, Ringen, Schwimmen, Schilauf alpin und Volleyball.

Darüber hinaus werden im Geräteturnen und in der Rhythmischen Gymnastik Bewerbe der Spitzenklasse abgewickelt. Im Rahmenprogramm sind vorgesehen: Bewerbe im Kunstradfahren, Segeln, Segelfliegen, Schießen, Schilauf (nordisch – Schiroller), Modellfliegen und Trampolinspringen.

Von 18 Nationen liegen Zusagen zur Teilnahme vor. Die Durchführung dieser „ASVÖ-Jugendspiele 79" stellt für die ehrenamtlichen Funktionäre des ASVÖ eine harte Belastung dar.

Da der Allgemeine Sportverband Österreichs 1979 sein 30jähriges Bestandsjubiläum feiert, werden diese „ASVÖ-Jugendspiele 79" der Höhepunkt dieses Jubiläumsjahres sein. Als Abschluß des Jubiläums wird am 14. Oktober 1979 in der neuen Sporthalle in Badgastein ein Schauturnen des ASVÖ mit der europäischen Spitzenklasse durchgeführt. Diese Veranstaltung wird sicherlich ein Höhepunkt dieses Jubiläumsjahres werden. Am Tage vor dem Schauturnen, also am 13. Oktober, wird ebenfalls in Badgastein der Festakt „30 Jahre ASVÖ" abgehalten.

Coke
SCHUTZMARKE
macht mehr draus...
Trink
Coca-Cola
SCHUTZMARKE
CC/78/5D

UNION

ÖSTERREICHISCHE TURN- UND SPORT-UNION, gegründet 1945
1010 Wien, Falkestraße 1, Telefon 0 22 2 / 52 39 80
Dienstzeit
Montag bis Donnerstag von 8 bis 17 Uhr, Freitag von 8 bis 12 Uhr

Präsident
Ministerialrat Dr. Josef Finder, 1010 Wien, Hafnersteig 5,
Telefon 0 22 2 / 66 21/45 48, privat 0 22 2 / 63 20 385

Generalsekretär
Helmut Dembsher, 1010 Wien, Gonzagagasse 3/8, Telefon 0 22 2 / 63 72 01

Mitglied der
Federation Internationale Catholique d'Education Physique et Sportive
(FICEP), gegründet 1911, 18 Länder
Anschrift
5, rue Cernuschi, Paris 17eme, Telefon 924 31 12, 13 und 14
Union-Präsident Dr. Josef Finder ist Präsident der FICEP.

Offizielle Verbandszeitung
Union-Post

Sport – die Brücke von Mensch zu Mensch, von Land zu Land

Unter diesem Titel veranstaltete die Österreichische Turn- und Sport-Union in der Zeit vom 9. bis 16. Juli 1978 in Linz ihre 6. Internationalen Union-Bundeskampfspiele. An dieser Veranstaltung nahmen insgesamt 16.400 Aktive, Funktionäre und Mitarbeiter sowie ca. 2.000 Ausländer aus 27 Nationen teil. Auf Grund dieser Teilnehmerzahl wurden die 6. Internationalen Union-Bundeskampfspiele zum zahlenmäßig größten Sportfest Österreichs seit Bestehen der Zweiten Republik.
Neben den vielen Rahmenveranstaltungen (Ausstellung „Sport – die Brücke von Mensch zu Mensch, von Land zu Land", Massendemonstration mit Ton- und Lichtspiel, Seniorenstammtisch, internationales Jugendlager, Damenfußballänderkampf Österreich gegen die Schweiz, zwei Veranstaltungen „Internationales Schauturnen, Gemeinschaftsabend, Gymnastikmatinee, Festkonzert, Eröffnungsgottesdienst, Podiumsdiskussion „Sport und Massenmedien", Fotowettbewerb, Schlußgottesdienst mit anschließender Schlußveranstaltung) wurden die FICEP-Meisterschaften in Judo und Tischtennis, die 30. Internationalen FISEC-Spiele sowie zahlreiche internationale Turniere bzw. Wettkämpfe durchgeführt.
In mehr als 40 Sparten wurden bei internationaler Beteiligung Bundesmeisterschaften abgehalten, besonders hervorzuheben wäre die Durchführung des internationalen Union-Volksbank-Wasserspringens sowie die breite Palette der FIT-Bewerbe, an welchen sich ca. 7.000 Personen beteiligten.
Besonders erwähnenswert die rege Anteilnahme seitens der Linzer Bevölkerung, die vor allem im Rahmen des Fackelzuges von der Größe und Stärke der Turn- und Sport-Union Kenntnis nahm. Durch die ehrenamtliche Mitarbeit von ca. 1.200 Funktionären konnte diese Großveranstaltung klaglos abgewickelt werden.

Neben der Durchführung der 6. Internationalen Union-Bundeskampfspiele wurde das Union-Sportzentrum Niederöblarn weiter ausgebaut. Im Jahre 1979 wird eine Mehrzwecksporthalle errichtet. Das Union-Sportzentrum Niederöblarn wird somit in Zukunft Mittelpunkt vor allem der fachlichen Tätigkeit sowie Sitz der neu zu gründenden Union-Sportakademie, die hauptsächlich der Fort- und Weiterbildung von Funktionären aller Führungsebenen der Union dienen soll, sein.

Anläßlich der Generalversammlung der FICEP (Fédération International Catholique d'Education Physique et Sportive) wurde Bundesobmann Min.-Rat Dr. Josef Finder in seiner Funktion als Präsident bestätigt und Generalsekretär Helmut Dembsher zum stellvertretenden Generalsekretär dieser internationalen Sportvereinigung bestellt. Die Durchführung der FICEP-Meisterschaften in Judo und Tischtennis im Rahmen der Bundeskampfspiele, die Beteiligung am FICEP-Jugendlager in der Schweiz sowie die Beteiligung an weiteren Aktivitäten der FICEP dokumentieren, daß die Turn- und Sport-Union federführend in dieser Vereinigung mitarbeitet.

Die Durchführung des 7. gesamtösterreichischen Bezirksobmännertreffens in Eisenstadt, die Abhaltung der Geschäftsführertagung sowie die Landesfachwartetagungen in Schibob, alpinem Schilauf und Rodeln, das regelmäßige Erscheinen der Union-Post, die Herausgabe der „Schaffenden Union" (Zeitschrift für den Sportfunktionär) dienten vor allem dem Informationsfluß sowie der Diskussion über aktuelle Sportprobleme auf breitester Basis.

Wie schon in den vergangenen Jahren hat die Turn- und Sport-Union vor allem der Jugendarbeit vermehrtes Augenmerk gewidmet. So wurde in Zusammenarbeit mit der met.

ALPINISMUS

VERBAND ALPINER VEREINE ÖSTERREICHS (VAVÖ)
1010 Wien, Bäckerstraße 16, Telefon 0 22 2 / 52 54 88
Dienstzeit
Montag bis Donnerstag von 9 bis 17 Uhr, Freitag von 9 bis 15 Uhr

Präsident
Dkfm. Helmut Habersohn, 1010 Wien, Bäckerstraße 16

Vizepräsident
Generalsekretär Josef Saftner, 1150 Wien, Viktoriagasse 6

Sekretär
Rudolf Kaupe, 1010 Wien, Bäckerstraße 16

Mitglied der
Union Internationale des Associations d'Alpinisme (UIAA), gegründet 1932
Anschrift
29–31 rue des Delices, CH-1211 Genf, Schweiz

Die Mitgliedsvereine des VAVÖ führten 1978 eine Reihe von Expeditionen zu den höchsten Bergen der Erde durch.

Österreichischer Alpenverein:

Mount-Everest-Expedition 1978, 8.848 m
Expeditionsleiter: Wolfgang Nairz

Diese Expedition auf den höchsten Berg der Erde war von einer Anzahl großer Erfolge gekrönt: Erste österreichische Besteigung des Mount Everest. Erste Besteigung ohne Zuhilfenahme von künstlichem Sauerstoff (P. Habeler und R. Messner). Erste Alleinbesteigung des Mount Everest (Franz Oppurg). Erstmals wurde am Mount Everest ein 16-mm-Film gedreht. Erstmals wurde in Nepal ein Drachenflug von ca. 6.000 m Höhe durchgeführt. Erstmals erreichte ein Expeditionsleiter den Gipfel des höchsten Berges der Erde. Eineinhalb Stunden konnte die erste Mannschaft am Gipfel verbringen.
Diese Daten zeigen den Expeditionserfolg auf. Aber gerade an dieser Stelle sollte betont werden, daß dieser Erfolg ein Mannschaftserfolg gewesen ist. Jeder Teilnehmer hat sich für das gemeinsame Ziel, die Erreichung des Gipfels, voll eingesetzt. Durch Wetterglück begünstigt, konnten neun Bergsteiger den Gipfel erreichen.

Naturfreunde Österreich:

1. Oberösterreichische Naturfreunde: Himalaja-Expedition mit dem Ziel Nanga Parbat (8.125 m). Trotz großer Schwierigkeiten und Änderungen des Expeditionszieles erreichten fünf von sechs Teilnehmern den Gipfel.
2. Kärntner Naturfreunde: Himalaja-Expedition mit dem Ziel Annapurna I (8.091 m). Die gewaltigen Schneefälle des letzten Winters, Schlechtwetter und Lawinen verhinderten den vollen Erfolg des Unternehmens. Die widrigen Umstände zwangen die Teilnehmer, in einer Höhe von ca. 7.500 m umzukehren.

Österreichischer Touristenklub:

1. Besteigung des Pik Lenin (7.134 m) im Pamir.
2. Grönlanddurchquerung mit Langlaufskiern.
3. Besteigung der höchsten Berge Korsikas mit Skiern (Monte Cinto, 2.704 m, Monte Rotondo, 2.625 m).

Jubiläen:

Im Dezember 1978 feierte der Österreichische Alpenklub sein hundertjähriges Bestehen.

BADMINTON

ÖSTERREICHISCHER BADMINTON-VERBAND (ÖBV), gegründet 1957
1040 Wien, Prinz-Eugen-Straße 12, Telex 01/3132 h-sport

Präsident
Ing. Hermann Nöhrer, 8160 Weiz, Göttelsberg 78, Telefon 0 31 72 / 23 16

Mitglied der
International Badminton Federation (IBF), gegründet 1934

Offizielle Verbandszeitung
Österreichische Badminton-Nachrichten, 6mal jährlich (2monatlich), 2.000 Stück

Im Jahr 1978 konnte Badminton in Vorarlberg einen sehr beachtlichen Aufschwung nehmen, während in den anderen Bundesländern eher eine Stagnation eintrat. Dies gilt auch für die Spitze bei den Herren. Die Jungen haben die jahrelang dominierenden Spitzenspieler national überholt, konnten jedoch mangels fehlender Routine international noch nicht in Erscheinung treten, abgesehen von einzelnen Teilerfolgen.

Den bisher größten Erfolg einer Vereinsmannschaft konnte Österreichs Meistermannschaft ASKÖ „Sport-Amann" Klagenfurt beim neugeschaffenen Europacup buchen. Klagenfurt wurde durch Siege über Racing Club Paris (5:2), Benfica Lissabon (7:0) und Olympia Laibach (4:3) Sieger der Zone C.

STAATSMEISTER 1978

Herren-Einzel	**Johann Ratheyser**	BC Sparkasse St. Pölten
Damen-Einzel	**Elisabeth Wieltschnig**	ASKÖ Landskron
Herren-Doppel	**Johann Ratheyser,** **Gerald Hofegger**	BC Sparkasse St. Pölten
Damen-Doppel	**Elisabeth Wieltschnig,** **Gitti Reichmann**	ASKÖ Landskron ATUS Weiz
Mixed-Doppel	**Gerald Hofegger,** **Hilde Kreulitsch**	BC Sparkasse St. Pölten ASKÖ Sport-Amann Kl.
Mannschaft	**1. ASKÖ Sport-Amann Klagenfurt** 2. BC Sparkasse St. Pölten 3. ATUS Weiz 4. ASKÖ BSC 70 Linz 5. ATUS Hirtenberg 6. ATSV Traun 7. TI Innsbruck 8. ASKÖ Villach 9. ASKÖ Landskron 10. ASV Preßbaum	

ÖSTERREICHISCHE MEISTER 1978

Senioren I	Herren-Einzel	Hermann Fröhlich	WAT Simmering
	Damen-Einzel	Martha Lichtblau	WAT Hernals
	Herren-Doppel	Hermann Fröhlich, Reinhold Pum	WAT Simmering ASKÖ Mödling
	Mixed-Doppel	Herbert Fischer, Elisabeth Wieltschnig	ASKÖ Landskron ASKÖ Landskron
Senioren II	Herren-Einzel	Peppi Götschl	ATUS Judenburg
Jugend	männl. Einzel	Alfred Pautsch	ASKÖ Mödling
	weibl. Einzel	Herta Obritzhauser	ATV Irdning
	männl. Doppel	Dangl, Dangl	SKV Pottenbrunn
	weibl. Doppel	Obritzhauser, Kren	ATV Irdning, Europajugend Gleisdorf
	Mixed-Doppel	Grasmugg, Obritzhauser	Europajugend Gleisdorf, ATV Irdning
	Mannschaft	ASKÖ Sport-Amann Klagenfurt	

Schüler	männl. Einzel	Klaus Fischer	ASKÖ Landskron
	weibl. Einzel	Andrea Schribertschnig	ASKÖ Sport-Amann Kl.
	Mannschaft	ASKÖ Mödling	

EUROPAMEISTERSCHAFTEN

9.–15. April, Preston (England)	Irland 0 : 5		11. Österreich unter 18 Nationen
	Wales 0 : 5		
	Norwegen 1 : 4		
	Belgien 3 : 2		
Europacup Vereins-Mannschaftsmeister (14 Länder) Finale am 21. Oktober in Göppingen (BRD)	4. ASKÖ Sport-Amann Klagenfurt		

BAHNENGOLF

ÖSTERREICHISCHER BAHNENGOLFVERBAND (ÖBGV), gegründet 1967
Geschäftsstelle: 1150 Wien, Märzstraße 36/15, Telefon 0 22 2 / 95 41 73
Dienstzeit: Dienstag, Donnerstag von 17 bis 23 Uhr

Präsident
Leo Moik, 1150 Wien, Märzstraße 36/15

Sportreferent
Christian Freilach, 2700 Wr. Neustadt, Lederergasse 4

Mitglied des
Internationalen Bahnengolfsportverbandes (IBGSV)
(Federation International de Golf sur Pistes)

Präsident
Dr. Otto Wuthier, Via Luini 18, 6600 Locarno, Schweiz

Österreichs Vertreter im IBGSV ist Präsident Leo Moik.

Das Sportjahr 1978 brachte für den Bahnengolfsport sowohl auf sportlicher als auch auf administrativer Ebene internationale Anerkennung. Sportlicher Höhepunkt waren die Kombinations-Europameisterschaften in Landshut (BRD). Neben einer Bronzemedaille, die die Herrenmannschaft erkämpfte, läßt vor allem der 3. Platz, den die Jugendmannschaft mit sehr knappem Rückstand auf den Sieger belegte, eine weitere sportliche Steigerung erhoffen.
International konnte sich Österreich auch am diesjährigen Verbandstag noch stärker profilieren und zumindest auf Funktionärsebene die führende Stellung untermauern. Das kommt auch dadurch zum Ausdruck, daß 1979 die Europameisterschaften der Fachsparte 1 in Salzburg zur Austragung gelangen. Leider ist bis jetzt der letzte Schritt zur Anerkennung, das heißt die Aufnahme als ordentliches Mitglied in die BSO noch immer nicht gelungen, wobei zu bemerken ist, daß fast alle anderen Nationen die volle Anerkennung in ihren nationalen Sportorganisationen bereits besitzen.

STAATSMEISTER 1978

Kombination	Einzel	Damen	**Christine Toman**	BGC Union Rot-Gold
		Herren	**Erich Knotter**	BGC Laxenburg 73
	Mannschaft	Damen	**ASKÖ-MGC Sierning**	
		Herren	**MGSC Votivpark**	
Fachsparte 1 (Minigolf)	Einzel	Damen	**Christine Toman**	BGC Union Rot-Gold
		Herren	**Gerhard Krämer**	BGC Laxenburg 73
	Mannschaft	Damen	**BGC Union Rot-Gold**	
		Herren	**PSV Steyr**	
Fachsparte 2 (Miniaturgolf)	Einzel	Damen	**Brigitte Weinhofer**	1. BGSV Vösendorf
		Herren	**Erich Knotter**	BGC Laxenburg 73
	Mannschaft	Damen	**1. BGSV Vösendorf**	
		Herren	**MGSC Votivpark**	

ÖSTERREICHISCHE MEISTER 1978

Kombination	Einzel	Juniorinnen	Regina Mayr	ASKÖ-MGC Sierning
		Junioren	Peter Helm	PSV Steyr
	Mannschaft	Jugend	Union-MSC Hard	
Fachsparte 1	Einzel	Schüler	Roman Szedecky	Badener AC
		Juniorinnen	Regina Mayr	ASKÖ-MGC Sierning
		Junioren	Christian Berger	MGV Enns
		Senioren	Leo Peroutka	BGC Wien 1961
	Mannschaft	Jugend	Union-MSC Hard	
Fachsparte 2	Einzel	Schüler	Georg Olschak	WAT Rudolfsheim
		Juniorinnen	Christa Wagner	ASKÖ-MGC Sierning
		Junioren	Bernhard Bauer	1. KMGC Klagenfurt
		Senioren	Friedrich Freilach	1. MGC Wr. Neustadt
	Mannschaft	Jugend	1. KMGC Klagenfurt	

LÄNDERKÄMPFE

26./27. März	Fachsparte 2	Österreich - Schweiz	1 : 0
15./16. Juli	Fachsparte 2	Österreich - Bayern	3 : 0
16./17. September	Kombination	Österreich - CSSR	1 : 0
30. September / 1. Oktober	Fachsparte 1	Österreich - BRD	1 : 2

EUROPAMEISTERSCHAFTEN

24.–26. August,	Herren	Mannschafts-Kombination	3. Österreich
Landshut, BRD		Einzel-Kombination	6. Paul Fiedler
(12 Länder)	Damen	Mannschafts-Kombination	3. Österreich
		Einzel-Kombination	6. Gabriele Dübon
			7. Christine Widmann
	Jugend	Mannschafts-Kombination	3. Österreich
	Junioren	Einzel-Kombination	2. Peter Helm
			5. Johann Polaczek
	Juniorinnen	Einzel-Kombination	4. Regina Mayr

EUROPACUP

15. Juli, Vaduz	Fachsparte 1	Herren-Mannschaft	3. Österreich
(6 Länder)		Damen-Mannschaft	5. Österreich
28. Mai, Mulhouse, Frankreich	Fachsparte 1 IM d. FIMS	Herren-Einzel	1. Herbert Kohlhaupt

BASKETBALL

ÖSTERREICHISCHER BASKETBALLVERBAND (ÖBV), gegründet 1948
1040 Wien, Prinz-Eugen-Straße 12, Telefon 0 22 2 / 65 96 49, Telex 01/3132
Dienstzeit: Montag bis Freitag von 12 bis 13 Uhr,
Montag, Dienstag von 18 bis 19 Uhr

Präsident
Dkfm. August Pitzl, 1160 Wien, Baumeisterg. 72–74/6/6, Tel. 0 22 2 / 46 81 584

Generalsekretär
Franz Krakhofer, 1150 Wien, Minciostraße 4/11, Telefon 0 22 2 / 56 16 85 / 36

Mitglied der
Federation Internationale de Basketball Amateur (FIBA)
Anschrift
Rugendas-Straße 19, D-8 München 71, Telefon 79 60 46
Präsident Dkfm. Pitzl ist Mitglied der Finanzkommission der FIBA.

Für die Herren war 1978 das Jahr des Sammelns neuer Kräfte, da 1979 wieder eine Europameisterschaft auf dem Programm steht. Die männlichen Junioren waren sowohl bei der EM-Qualifikation wie auch bei dem Unter-21-Turnier erfolglos, wobei nur ein Wurf über Sieg und letzten Platz entschied.

1979 ist das Jahr der Jugend: Die Teilnahme an der EM und am Albert-Schweitzer-Turnier in Mannheim beim männlichen Nachwuchs und die Teilnahme bzw. Organisation an der EM-Ausscheidung in Linz bei den Mädchen sind dabei besonders zu erwähnen.

STAATSMEISTER 1978

Herren	**KB NÖ. Versicherung**
Damen	**ABC Donau**

ÖSTERREICHISCHE MEISTER 1978

männliche Junioren	ABC Elan Wien
weibliche Junioren	UBLV Wien
männliche Jugend	ABC Elan Wien
weibliche Jugend	UBBC Salzburg
Schüler	ABC Maximarkt Wels
Schülerinnen	UBLV Wien

Herren-A-Liga	1. BK Niederösterr. Versicherung, NÖ.	20	19	–	1	1.866 : 1.427	58
	2. Union-BSC Shopping-City Süd, Wien	20	17	–	3	1.976 : 1.482	54
	3. ABC Progreß W. Graz, Steiermark	20	9	–	11	1.566 : 1.783	38
	4. ABC Milde Sorte, Wien	20	8	–	12	1.721 : 1.759	36
	5. ABC Maximarkt Wels, OÖ.	20	10	–	10	1.689 : 1.673	40
	6. BK Hypobank Klosterneuburg, NÖ.	20	9	–	11	1.711 : 1.828	38
	7. Post-SV-Landis & Gyr, NÖ.	20	5	–	15	1.701 : 1.958	30
	8. Union Hochl.-Lifte Gmunden, OÖ.	20	3	–	17	1.456 : 1.775	26
Damen-Liga	1. ABC Donau, Wien	20	19	1	–	1.895 : 1.060	59
	2. Union Bundesländervers. 1, Wien	20	16	1	3	1.565 : 1.061	53
	3. Union Bundesländervers. 2, Wien	20	10	–	10	1.105 : 1.172	39
	4. Union Salzburg	20	8	–	12	1.178 : 1.428	36
	5. Post-SV, Wien	20	11	–	9	1.216 : 1.210	42
	6. Union Sauna-Wurth Wels, OÖ.	20	10	–	10	1.082 : 1.198	40
	7. ATV Linz, OÖ.	20	4	–	16	1.031 : 1.491	28
	8. Landis & Gyr, NÖ.	20	1	–	19	990 : 1.442	22

LÄNDERKÄMPFE 1978

15.–16. April, Turnier in Györ	Herren	Österreich - DDR	96 : 79
		Österreich - Ungarn	85 : 91

24.–30. April, Turnier „Grand Prix Sofia“		Österreich - CSSR	66 : 72	
		Österreich - Bulgarien	66 : 71	
		Österreich - DDR	69 : 74	
		Österreich - Ungarn	71 : 69	
		Österreich - Rumänien	75 : 76	
30. Mai, Klosterneuburg		Österreich - Ungarn	64 : 78	
31. Mai, Hollabrunn		Österreich - Ungarn	62 : 58	
13. Juni, Klosterneuburg		Österreich - Polen	56 : 72	
14. Juni, Gmunden		Österreich - Polen	81 : 96	
Shekesfehervar	Damen	Österreich - Polen	73 :103	
Shekesfehervar		Österreich - Ungarn	42 :109	
Klosterneuburg		Österreich - Ungarn	45 : 86	
Wien		Österreich - Ungarn	48 : 95	
EM-QUALIFIKATIONEN Wien	männliche Jugend	Österreich - Schottland	80 : 38	
		Österreich - Polen	42 : 62	
		Österreich - Belgien	73 : 70	
		Österreich - England	64 : 45	
Tirgu Jiu, Rumänien	männliche Junioren	Österreich - Griechenland	40 : 75	4. Platz
		Österreich - Rumänien	61 : 74	
		Österreich - Schweiz	62 : 41	
		Österreich - Israel	50 : 73	
Oradea, Rumänien	weibliche Junioren	Österreich - Rumänien	33 : 90	
		Österreich - Israel	56 : 95	
		Österreich - Schottland	63 : 42	

BILLARD

ÖSTERREICHISCHER AMATEUR-BILLARDVERBAND (ÖABV)
gegründet 1931
1140 Wien, Hadikgasse 62, Telefon 0 22 2 / 82 25 61

Präsident
Komm.-Rat Dipl.-Kfm. Werner Reisinger, 4690 Schwanenstadt, Salzburger Straße 44, Tel. 0 76 30 / 360

Sekretär
Robert Immervoll, 2231 Straßhof, Neusiedler Straße 13, Tel. 0 22 87 / 217

Mitglied der
Confédération Européen de Billard (CEB), gegründet 1923
Anschrift
Rue de Kriekenput 7, 1180 Bruxelles, Telefon 02 / 74 47 74

ÖABV-Präsident Werner Reisinger ist Vizepräsident der CEB.

Das Sportjahr 1978 brachte dem Billardsport eine große Anzahl von guten Plazierungen, wobei vor allem der 3. Platz von Johann Scherz bei der WM-Einband hervorzuheben ist. Das herausragendste sportliche Ereignis des Jahres war auch wie im Jahre 1977 ein Länderkampf mit der Schweiz, der mit 32 : 8 Punkten gewonnen wurde.

Der Verband hat seit einigen Monaten gravierende Änderungen bezüglich der Heranführung der Mittelklassespieler zur internationalen Spitze geplant und auch schon mit der Durchführung begonnen.

STAATSMEISTER 1978

	Freie Partie	**Heinrich Weingartner**	WBA
	Cadre 47/2	**Franz Stenzel**	BSK Monopol
	Cadre 71/2	**Franz Stenzel**	BSK Monopol
	Cadre 47/1	**Franz Stenzel**	BSK Monopol
	Einband	**Johann Scherz**	BSK Union
	Dreiband	**Johann Scherz**	BSK Union
Mannschaft	Dreiband	**Johann Scherz, Lindner, Gerhard Figl, Otto Hitzinger**	BSK Union
Mannschaft	Fünfkampf	**Pollanz, Gerhard Ralis, Heinrich Weingartner, Herbert Lerner, Josef Hafner**	WBA

LÄNDERKÄMPFE

19.–20. Mai, Linz	Österreich - BRD	6 :14
23.–24. Oktober, Wien	Österreich - Schweiz	32 : 8

WELTMEISTERSCHAFT

19.–23. April, Brügge, Belgien	Einband	3. J. Scherz	8 Starter

EUROPAMEISTERSCHAFTEN

9.–12. Februar, Zelzate, Belg.	Einband	5. J. Scherz	8 Starter
21.–26. Februar, Kopenhagen	Dreiband	5. J. Scherz	12 Starter
2.–5. März, Emmelord, NL	Cadre 47/2	4. F. Stenzel	8 Starter
6.–9. April, Rheden, NL	Cadre 47/2	5. F. Stenzel	8 Starter
16.–20. März, Straßburg	Cadre 71/2	6. F. Stenzel	8 Starter

GROSSVERANSTALTUNGEN

Internationales Dreibandturnier Oktober, Kairo	Dreiband	3. J. Scherz

BOB/SKELETON

ÖSTERREICHISCHER BOB- UND SKELETONVERBAND (ÖBSV), gegründet 1922
6020 Innsbruck, Olympia-Eisstadion, Olympiastraße 10

Präsident
Friedrich Dinkhauser, 6020 Innsbruck, Prof.-Ficker-Weg, Tel. 0 52 22 / 76 23 oder 33 5 72

Mitglied der
Federation Internationale de Bobsleigh et de Tobogganing (FIBT), gegründet 1923, 23 Mitgliedsländer
Anschrift
I-20 137 Mailand, Via Piranes 44/B, Telefon 71 97 51, Telex 31161

Der Name wurde bei der Jahreshauptversammlung am 21. 9. 1978 in Österr. Bob- und Skeletonverband abgeändert. Einstimmig wurde auch ein dritter Vizepräsident aufgenommen.

STAATSMEISTER 1978	Zweierbob	**Fritz Sperling, Franz Köfel**	WSG Swarovski
	Viererbob	**Fritz Sperling, Otto Breg, Franz Rednak, Franz Köfel**	WSG Swarovski

EUROPAMEISTERSCHAFTEN 1978

7.–8. Jänner, Igls	Viererbob	1. Österreich	104 Starter aus 9 Ländern

Weitere Siege für österreichische Bobfahrer gab es noch bei den international besetzten Meisterschaften von Tirol und Österreich sowie im Stubai-Cup, die alle auf der Olympiabahn in Innsbruck-Igls ausgetragen wurden.

BOGENSCHÜTZEN

ÖSTERREICHISCHER BOGENSCHÜTZENVERBAND (ÖBSV)
4822 Bad Goisern, Postfach 19, Telefon 0 61 35 / 254

Präsident
Alois Zopf, 4822 Bad Goisern 327, Telefon 0 61 35 / 254

Sekretär
Dr. Alfred Bilowitzky, 4822 Bad Goisern 189, Telefon 0 61 35 / 255

Mitglied der
Federation Internationale de Tir á l'Arc (FITA)
Anschrift
F.I.T.A. B. Boulens 7, Quai des Vernets, CH-1227 Geneve, Suisse

Die Verbandsleitung wurde umstrukturiert, so daß der Verbandsfachwart die Angelegenheiten der Nationalmannschaft wahrnimmt. Der Jugend wird weiter erhöhte Aufmerksamkeit gewidmet. Bei fast allen Turnieren sind Jugendscheiben aufgestellt. Erstmals fanden Schülermeisterschaften statt. Für 1979 ist die Teilnahme einer Herren- und Damenmannschaft an der WM im Scheibenschießen in Berlin geplant.

STAATSMEISTER 1978

Herren	Feldschießen	**Oswald Probst**	Union Wien
Damen	Feldschießen	**Ursula Valenta**	Union Wien
Herren	FITA-Scheibensch.	**Oswald Probst**	Union Wien
Damen	FITA-Scheibensch.	**Elisabeth Hemetsberger**	BSC Steyrermühl

ÖSTERREICHISCHE REKORDE

Damen	FITA-Gesamtrunde	Dietmut Kahofer	BSC Schwaz	1.235	1977 Schwaz
	70 Meter	Ursula Valenta	Union Wien	299	1976 Marburg
	60 Meter	Karin Dworak	BSC Salzkammergut	316	1978 Steyrermühl
	50 Meter	Ursula Valenta	Union Wien	310	Hradec, 1977 Kralove
	30 Meter	Ursula Valenta	Union Wien	333	1978 Bad Goisern
	Doppel FITA-Runde	Elisabeth Hemetsberger	BSC Steyrermühl	2.352	1978 Schwaz
	Doppel 70 Meter	Karin Dworak	BSC Salzkammergut	565	1978 Schwaz
	Doppel 60 Meter	Karin Dworak	BSC Salzkammergut	611	1978 Schwaz
	Doppel 50 Meter	Elisabeth Hemetsberger	BSC Steyrermühl	551	1978 Schwaz
	Doppel 30 Meter	Elisabeth Hemetsberger	BSC Steyrermühl	647	1978 Schwaz
Herren	FITA-Gesamtrunde	Oswald Probst	Union Wien	1.288	1978 Schwaz
	90 Meter	Oswald Probst	Union Wien	301	1978 Schwaz
	70 Meter	Oswald Probst	Union Wien	324	1978 Schwaz
	50 Meter	Oswald Probst	Union Wien	327	1978 Schwaz
	30 Meter	Oswald Probst	Union Wien	351	1978 Bad Goisern
	Doppel FITA-Runde	Oswald Probst	Union Wien	2.535	1978 Schwaz
	Doppel 90 Meter	Oswald Probst	Union Wien	571	1978 Schwaz
	Doppel 70 Meter	Oswald Probst	Union Wien	645	1978 Schwaz
	Doppel 50 Meter	Oswald Probst	Union Wien	629	1978 Schwaz
	Doppel 30 Meter	Oswald Probst	Union Wien	690	1978 Schwaz

LÄNDERKÄMPFE

29. und 30. April, Bad Goisern	Feldschießen	Frankreich	(3.472 : 3.367)	1. Österreich
29. und 30. April, Bad Goisern	Feldschießen	England	(3.472 : 3.249)	1. Österreich

WELTMEISTERSCHAFTEN

Sept., Genf	Damen	Feldschießen	2. Ursula Valenta	38 Damen aus 13 Nat.

EUROPAMEISTERSCHAFTEN

Juli, Stonelight	Herren	FITA-Runde	8. Hubert Geringer 7. Mannschaftsrang	76 Herren aus 21 Nat. 18 Länder
Sept., Genf	Herren	Feldschießen	3. Guido Loacker 10. Gerald Valenta	51 Herren aus 18 Nat.

Bei fünf internationalen Konkurrenzen im Inland gab es insgesamt sieben Siege durch Maja Schulze, Ursula Valenta (zweimal), Oswald Probst (zweimal), Rainer Kahofer und Karin Dworak.

BOXEN

ÖSTERREICHISCHER AMATEURBOXVERBAND (ÖABV), gegründet 1921
1011 Wien, Postfach 387, Telefon 0 22 2 / 75 00/62 49 DW
Dienstzeit: Montag bis Freitag von 9 bis 16 Uhr

Präsident
Dr. Lothar Scheer, 1011 Wien, Postfach 387, Telefon 0 22 2 / 75 00 - 62 49 DW

Sekretär
Erwin Fischer, 1140 Wien, Sebastian-Kelch-Gasse 16

Mitglied der
Association Internationale de Boxe Amateur (AIBA), gegr. 1946, 125 Länder
Anschrift
Ul. Zhdanova 5/7, Moskau 31, UdSSR, Telefon 294 27 92

und der
European Amateur Boxing Association (EABA), gegründet 1970, 29 Länder
Anschrift
Prinses Annalaan 314, Leidschendam 2131, Holland
Dr. Lothar Scheer, Präsident des ÖABV, ist Exekutivmitglied und stellvertr. Vorsitzender der Technischen und Regelkommission der EABA
Dir. Hannes Payrich, Vizepräsident des ÖABV, ist Mitglied der Finanzkommission der EABA

Im Mittelpunkt der Jahresplanung 1979 steht das Bemühen um die Qualifikation für die Teilnahme an den Olympischen Spielen 1980. Dies soll durch die Beschickung der Europameisterschaften in Köln sowie einiger schwerer Auslandsturniere erreicht werden. Für die Junioren steht die erstmals stattfindende Junioren-Weltmeisterschaft in Bukarest vor der Tür.
Daneben wird wieder die Trainerfortbildung im Mittelpunkt der Bestrebungen des Verbandes stehen. In der Person des DDR-Trainers Martin Neef konnte ein Trainer von Weltruf für diese Aufgabe gewonnen werden.

STAATSMEISTER 1978

Bantamgewicht	**Josef Maurer**	BC Steinadler Tyrol
Federgewicht	**Thomas Berghuber**	Polizei-SV Wien
Leichtgewicht	**Manfred Findenig**	BC Schwarz-Weiß Wien
Halbweltergewicht	**Otto Zinöder**	BC Flasch Waidhofen/Y.
Weltergewicht	**Karl Reich**	ASKÖ-BC Wels-Brauerei Eggenberg
Halbmittelgewicht	**Robert Pfitscher**	ESV Innsbruck
Mittelgewicht	**Erwin Pucher**	BC Schwarz-Weiß Wien
Halbschwergewicht	**Erich Knechtl**	Union-BC Heros Graz
Schwergewicht	**Johann Holzmann**	ESV Innsbruck

ÖSTERREICHISCHE MEISTER 1978

Junioren	Federgewicht	Herbert Brunnauer	Union-BC 3 Pagen Hallein
	Leichtgewicht	Helmut Winkler	ESV Innsbruck
	Halbweltergewicht	Josef Lettner	BC Salzburg
	Weltergewicht	Franz Hutter	BC Steinadler Tyrol
	Halbmittelgewicht	Ferdinand Pachler	BC Schwarz-Weiß Wien
	Mittelgewicht	Rudolf Marko	BC Wien
	Halbschwergewicht	Manfred Wirnsberger	SK Goldeck-Spittal/Drau
	Schwergewicht	Derrik Mayr	SK Amateure Steyr

LÄNDERKÄMPFE

2. Dezember, Braunau	Allgemeine Klasse	Südwestdeutscher Amateurboxverband	12 : 8
20. Mai, Innsbruck	Junioren	Württemberg	17 : 3
16. Dezember, Arnsberg, BRD	Junioren	Westfalen	7 : 13

ANDERE VERANSTALTUNGEN

23. Februar bis 3. März, Bangkok	Kings-Cup	Mittelgewicht Halbschwergewicht Halbmittelgewicht	3. Erwin Pucher 3. Erich Knechtl 5. Robert Pfitscher
20. bis 24. April, Nitra, ČSSR	Großer Preis der Slowakei	Federgewicht	3. Thomas Berghuber
5./6. August, Wr. Neustadt	Nationencup	Halbschwergewicht	2. Gerhard Krenn
11. bis 15. Okt., Tampere, Finnland	Tammer-Turnaus	Mittelgewicht	2. Robert Pfitscher

CASTING

ÖSTERREICHISCHER TURNIERSPORT-(CASTING-)VERBAND (ÖCV),
gegründet 1966
2000 Stockerau, Roter Hof 3/2/1/22, Telefon 0 22 66 / 33 0 65

Präsident
Franz Mordax, 2000 Stockerau, Ernst-Körner-Platz 10, Telefon 0 22 66 / 25 11
(Fa. Heid von 7 bis 15 Uhr)

Sekretär
Heinrich Kaller, 2000 Stockerau, Roter Hof 3/2/1/22, Telefon 0 22 66 / 33 0 65
(Arbeitsamt Korneuburg, Telefon 0 22 62 / 27 75, von 8 bis 16 Uhr)

Mitglied der
Föderation Castingsport (FCS)
Anschrift: Ernst-Körner-Platz 10, 2000 Stockerau
Präsident: Franz Mordax

Das Jahr 1978 war überschattet vom Ableben des mehrmaligen Weltmeisters und langjährigen Verbandskapitäns Stefan Mantler und der langjährigen Funktionärin Josefine Rohatsch. Im abgelaufenen Jahr wurden ein Jugendleistungskurs in Linz sowie ein WM-Trainingskurs in Wien-Atzgersdorf abgehalten. 62 Aktive aus acht Nationen waren beim Großen Preis von Österreich in Stockerau am Start. Bei der WM 1978 in Stockholm wurden zwei Bronzemedaillen errungen.

STAATSMEISTER 1978

Fliege Skish	**Friedrich Schenk**	HSV Wels
Fliege Kombination	**Helmut Hochwartner**	CSC Wien
Gewicht Skish	**Helmut Hochwartner**	CSC Wien
Gewicht Ziel	**Helmut Hochwartner**	CSC Wien
Gewicht Weit, 7,5 g	**Erwin Meindl**	Linz Naarn/Donau
Fünfkampf	**Helmut Hochwartner**	CSC Wien
Gewicht Weit, 18 g	**Helmut Hochwartner**	CSC Wien
Fliege Weit	**Erwin Meindl**	Linz Naarn/Donau
Lachsfliege	**Helmut Hochwartner**	CSC Wien
TG Dreikampf	**Helmut Hochwartner**	CSC Wien
Achtkampf	**Helmut Hochwartner**	CSC Wien

ÖSTERREICHISCHE MEISTER 1978

Jugend	Fliege Skish	Josef Rippan	HSV Wels
	Fliege Kombination	Gerhard Pirkelbauer	Linz Naarn/Donau
	Gewicht Skish	Gerhard Pirkelbauer	Linz Naarn/Donau
	Gewicht Ziel	Harald Meindl	Linz Naarn/Donau
	Gewicht Weit, 7,5 g	Harald Meindl	Linz Naarn/Donau
	Fünfkampf	Harald Meindl	Linz Naarn/Donau
	Dreikampf	Günther Ratzesberger	Linz Naarn/Donau

LÄNDERKÄMPFE

27. bis 28. Mai, Stockerau	Holland	1. Österreich
10. bis 11. Juni, Hildesheim	BRD, CH, Holland, Belgien	5. Österreich
5. bis 6. August, Prag	ČSSR, Polen, BRD, DDR, Bulgarien	6. Österreich

WELTMEISTERSCHAFT

18. bis 21. Sept., Stockholm	Nationenwertung:	4. Österreich
17 Länder	Fliege Ziel	8. Wallnstorfer
	Fliege Kombination	12. Meindl
	Gewicht Ziel	5. Mantler
		5. Meindl
		5. Wallnstorfer
	Gewicht Skish	3. Meindl
		5. Mantler
		6. Hochwartner
	Gewicht Weit, 7,5 g	5. Wallnstorfer
	Fliege Weit	7. Meindl
	Lachsfliege	3. Meindl
		10. Hochwartner
	Gewicht Weit, 18 g	7. Mantler
		9. Rohatsch

EISHOCKEY

ÖSTERREICHISCHER EISHOCKEY-VERBAND (ÖEHV), gegründet 1912
1040 Wien, Prinz-Eugen-Straße 12, Telefon 0 22 2 / 65 73 47, Telex 01/3132
Dienstzeit
Montag bis Donnerstag von 9 bis 12.30 Uhr und von 13 bis 18 Uhr,
Freitag von 9 bis 15 Uhr

Präsident
Dr. Hans Dobida, 8010 Graz, Johann-Strauß-Gasse 2, Telefon 0 31 6 / 66 6 74

Geschäftsführer und Sekretär
Hans Kübelbeck, 1030 Wien, Rudolf-von-Alt-Platz 5/9, Telefon 0 22 2 / 72 29 363

Mitglied der
International Ice Hockey Federation (IIHF), gegründet 1912, 31 Länder
Anschrift
Dr. Günther Sabetzki, 4000 Düsseldorf, Herderstr. 18, Tel. 06 / 02 11 / 66 00 84

Sekretariat d. IIHF: 1040 Wien, Prinz-Eugen-Straße 12, Tel. 0 22 2 / 65 98 65
Generalsekretär: Walter Wasservogel

Österreich ist in der IIHF durch seinen Ehrenpräsidenten Walter Wasservogel vertreten.

Die in der Saison 1977/78 begonnene Intensivierung der Nachwuchsarbeit wird sowohl am Spieler- als auch am Funktionärssektor (Trainer, Schiedsrichter) fortgesetzt.
Die erstmals durchgeführte Knabenmeisterschaft ist gut angelaufen und wird im erweiterten Maße fortgesetzt.
Ein großer Hemmschuh für den sich immer weiter ausweitenden Meisterschaftsbetrieb ist der Mangel an Kunsteisbahnen bzw. Hallen. In Wien müssen z. B. zehn Vereine mit allen ihren Mannschaften mit einer außerdem noch unzulänglichen Halle, in welcher nicht nur alle Meisterschaftsspiele, sondern auch alle Trainings durchgeführt werden müssen, das Auslangen finden.
Wenn man dann auch noch weiß, daß in dieser Halle die Kunstläufer und die Eisschützen ständig trainieren und Veranstaltungen durchführen, daß darüber hinaus diese Halle auch noch dem Publikumslauf zur Verfügung steht, kann sich auch der Uneingeweihte vorstellen, welche Situation in der Donauparkhalle gegeben ist.

STAATSMEISTER 1978	**ATSE Long life Graz**

ÖSTERREICHISCHE MEISTER 1978

	Jugend	KAC-Kärntner Sparkasse
	Schüler	Schöps-WAT Stadlau
	Knaben	HC Alpi Salzburg

LÄNDERKÄMPFE

4. März	Männer	Österreich - Italien	5 : 6
5. März		Österreich - Italien	3 : 4
28. November		Österreich - Italien	4 : 2
29. November		Österreich - Italien	5 : 2

Junioren-Sechsländerturnier

26. Dezember 77 — 3. Jänner 78, Bulgarien	2. Österreich

WELT- UND EUROPAMEISTERSCHAFT

10.—19. März, Las Palmas	Gruppe C 8 Nationen	Österreich - Dänemark	7 : 4
		Österreich - Frankreich	9 : 7
		Österreich - Bulgarien	3 : 3
		Österreich - China	9 : 4
		Österreich - Spanien	14 : 4
		Österreich - Belgien	19 : 0
		Österreich - Holland	4 : 8
		2. Österreich und damit Aufstieg in die Gruppe B	

Junioren-Europameisterschaft der Gruppe B

23.—27. März, Belgien	5. Österreich

EISLAUF

ÖSTERREICHISCHER EISLAUFVERBAND (ÖEV)
Haus des Sports, 1040 Wien, Prinz-Eugen-Straße 12, Telefon 0 22 2 / 65 75 35
Sekretariatsstunden: Montag, Mittwoch, Donnerstag, Freitag 15 bis 18 Uhr, Dienstag 16 bis 19 Uhr

Präsident
Med.-Rat Dr. Oskar Madl, 1090 Wien, Widerhofergasse 2

Sekretär
Otto Czap, 1223 Wien, Kaisermühlendamm 1

Die Wintersaison 1977/78 war geprägt von der Abkehr von den Bundestrainern mit Übergang zu Schwerpunkttrainern. Je zwei Schwerpunkttrainer waren für das Kunstlaufen und das Schnellaufen eingesetzt.
Ein Problem stellt immer noch das Training der Eistänzer dar, da es in Österreich noch immer keinen Tanztrainer internationalen Formats gibt. Die Paare sind gezwungen, sehr kostspieliges Training im Ausland zu absolvieren. Langfristig wird es nötig sein, Eistanztrainer heranzubilden, wobei erst Grundlagen für die staatliche Trainerausbildung für das Eistanzen erarbeitet werden müssen.

STAATSMEISTER 1978

Kunstlaufen	Damen			**Claudia Kristofics-Binder**	Wiener Eislauf-Verein
	Herren			**Gerhard Hubmann**	Verein Grazer Kunsteis.
	Paare			**Ingrid u. Walter Fuchs**	EV Wörther See
	Eistanzen			**Susi u. Peter Handschmann**	Wiener Eislauf-Verein
Schnellaufen	Herren	500 m	40,75	**Berend Schabus**	EV Wörther See
		1.500 m	2:05,81	**Berend Schabus**	EV Wörther See
		5.000 m	7:48,11	**Berend Schabus**	EV Wörther See
		10.000 m	16:25,53	**Berend Schabus**	EV Wörther See
	Damen	500 m	47,27	**Carmen Kraßnitzer**	EV Wiener Neustadt
		1.000 m	1:38,69	**Carmen Kraßnitzer**	EV Wiener Neustadt
		1.500 m	2:24,52	**Carmen Kraßnitzer**	EV Wiener Neustadt
		3.000 m	5:16,77	**Carmen Kraßnitzer**	EV Wiener Neustadt

ÖSTERREICHISCHE JUNIORENMEISTER 1978

Kunstlaufen	Damen			Brigitte Zizka	Eissport-Kl. Engelmann
	Herren			Thomas Hlawik	Eislaufverein Cottage
	Paare			Ingrid u. Walter Fuchs	EV Wörther See
	Eistanzen			Angelika Karas, Wolfgang Czerny	Wiener Eislauf-Verein
Schnellaufen	Herren	500 m	40,68	Helmut Waldner	EV Wörther See
		1.500 m	2:08,24	Werner Jäger	UESC Innsbruck
		3.000 m	4:33,91	Werner Jäger	UESC Innsbruck
		5.000 m	7:49,30	Werner Jäger	UESC Innsbruck
	Damen	500 m	52,04	K. Haunold	EV Wiener Neustadt
		1.000 m	1:56,85	K. Haunold	EV Wiener Neustadt
		1.500 m	2:58,96	K. Haunold	EV Wiener Neustadt
		3.000 m	6:22,65	L. Szabo	UEV Lustenau

ÖSTERREICHISCHE REKORDE – EISSCHNELLAUFEN

Herren

7. 2. 71, Davos	500 m	39,60	Otmar Braunecker	EV Wörther See
30. 3. 77, Medeo	1.000 m	1:19,12	Berend Schabus	EV Wörther See
29. 3. 77, Medeo	1.500 m	2:03,30	Berend Schabus	EV Wörther See
28. 3. 77, Medeo	3.000 m	4:23,29	Berend Schabus	EV Wörther See
29. 3. 77, Medeo	5.000 m	7:37,80	Berend Schabus	EV Wörther See
27. 2. 77, Inzell	10.000 m	15:54,85	Berend Schabus	EV Wörther See

Junioren

24. 2. 77, Inzell	500 m	39,98	Berend Schabus	EV Wörther See

Alle anderen Juniorenrekorde sind identisch mit den Seniorenrekorden.

Damen

11. 3. 78, Zürich	500 m	46,40	Carmen Kraßnitzer	EV Wiener Neustadt
4. 4. 78, Medeo	1.000 m	1:33,71	Carmen Kraßnitzer	EV Wiener Neustadt
21. 1. 78, Innsbr.	1.500 m	2:24,52	Carmen Kraßnitzer	EV Wiener Neustadt
22. 1. 78, Innsbr.	3.000 m	5:16,77	Carmen Kraßnitzer	EV Wiener Neustadt

Alle Juniorenrekorde sind identisch mit den Seniorenrekorden.

LÄNDERKAMPF

Junioren-Länderkampf, Inzell	Eisschnellaufen	1. BRD 5. Österreich

WELTMEISTERSCHAFTEN

Ottawa	Kunstlaufen	Damen	14. Claudia Kristofics-Binder
		Tanzen	10. Susi u. Peter Handschmann
Megeve		Junioren – Damen	5. Andrea Rohm
Montreal	Schnellaufen	Junioren – 500 m	18. Berend Schabus
		1.500 m	20. Berend Schabus
			22. Heinz Steinberger

EUROPAMEISTERSCHAFTEN

31. 1.–4. 2., Straßburg	Kunstlaufen	Herren	14. Bruno Watschinger
		Tanzen	10. Susi u. Peter Handschmann
Oslo	Schnellaufen	Herren – 500 m	20. Berend Schabus

Pokal der Stadt Wien

September, Wien	Kunstlaufen	Damen	1. Claudia Kristofics-Binder

Dreibahnentournee (Inzell, Madonna, Innsbruck)

6.–15. Jänner	Schnellaufen	Gesamtwertung	15. Berend Schabus unter 45 Startern

---

Seite 111: Elisabeth Hemetsberger – Österreichische Meisterin 1978
Seite 112 oben: Die Geschwister Handschmann gingen bestens vorbereitet in die Saison (Foto Votava)
Seite 112 unten: Totaler Einsatz! WEV gegen Innsbruck (Foto Sündhofer)
Seite 113 oben: Die Eisschützen haben bereits die Hallen erobert (Foto Votava)
Seite 113 unten: Andrea Prodritschnig wurde über 400-m-Lagen österreichische Meisterin (Foto Sündhofer)
Seite 114 oben: Internationale österreichische Fechtmeisterschaft 1978 – Florettmeister Fellner (links) im Kampf gegen Bejaoui (Tunesien) (Foto Votava)
Seite 114 unten: Lindner (rechts) konnte 1978 den Titel in Degen erringen (Foto Votava)

BAWAG
brief
BAWAG

EISSCHIESSEN

BUND ÖSTERREICHISCHER EISSCHÜTZEN (BÖE), gegründet 1935
Geschäftsstelle 9062 Moosburg, Feldkirchner Straße 4,
besetzt Montag und Donnerstag von 16 bis 18 Uhr, Tel. 0 42 72 / 82 44

Präsident
Dr. Eduard Mader, 8614 St. Jakob b. Mixnitz, Erhardstraße 331,
Telefon Betrieb 0 38 66 / 201, privat 0 38 66 / 237

Geschäftsführender Obmann
Komm.-Rat Josef Dobernig, 9062 Moosburg, Feldkirchner Straße 4,
Tel. privat 0 42 72 / 81 76

Mitglied der
Internationalen Föderation für Eisstockschießen (IFE), gegründet 1950,
14 Länder
Anschrift
Geschäftsstelle der IFE, D-6000 Frankfurt/M., Gartenstraße 137,
Tel. 0611 / 63 63 63

Präsident
Edelbert List, D-6000 Frankfurt/M., Gartenstraße 137, Tel. 0611 / 63 63 63

Schatzmeister
Dr. Eduard Mader, 8614 St. Jakob b. Mixnitz, Erhardstraße 331,
Tel. Betrieb 0 38 66 / 201, privat 0 38 66 / 237

Beim Bund Österreichischer Eisschützen kann keinesfalls von einer Nachwuchssorge gesprochen werden. Probleme liegen in erster Linie bei einer gezielten Jugendausbildung. Ein diesbezüglicher Jugendlehrgang fand mit großem Erfolg statt.

Um das Jugendproblem besser in den Griff zu bekommen, werden bei den Eisschützen bis zum 19. Lebensjahr Jugendmannschaften und bis zur Erreichung des 24. Lebensjahres Juniorenmannschaften geführt, und es finden auch österreichische Meisterschaften in diesen Klassen statt.

STAATSMEISTER 1978

Herren	Mannschaft	**EV Maxglan-Uniflora**	
	Ziel und Stock	**Rudolf Glavan**	ESK Voitsberg
	Weitschießen	**Helmut Aglasinger**	Salzburg
Damen	Mannschaft	**ESV Bregenz**	
	Ziel und Stock	**Ingrid Macher**	Peterstal, Stmk.

ÖSTERREICHISCHE MEISTER 1978

Jugend	Mannschaft	ESV Union Pistorf	
	Ziel und Stock	Erwin Schiraus	Schmidsdorf, NÖ.
	Weitschießen	Albert Göllner	Salzburg
Junioren	Mannschaft	ESV Oberlangkampfen	
	Ziel und Stock	Walter Votter	ESV Thannhausen, Stmk.
Senioren	Mannschaft	EV Maxglan-Uniflora	
	Ziel und Stock	Johann Irrenfried	EV Maxglan-Uniflora

LÄNDERKAMPF

5. März, Zeltweg	Junioren	Österreich : BRD	105 : 91

EUROPAMEISTERSCHAFT

25. Februar, Innsbruck		Damen	Österreich: 4., 5., 6., 9. und 10. Platz
		Jugend	Österreich: 3., 4., 5., 6. und 9. Platz
8./9. April, Rosenheim	Herren	Mannschaft	Österreich: 4., 5., 8. und 10. Platz
		Ziel und Stock	1. Roman Riedl 2. Walter Weber
14./15. Jänner, Burghausen	Herren	Weitschießen	1. Helmut Aglasinger 2. Gerhard Ebster 4. Alois Deutinger

FECHTEN

ÖSTERREICHISCHER FECHTVERBAND (ÖFV), gegründet 1929
1040 Wien, Prinz-Eugen-Straße 12, Telefon 0 22 2 / 65 05 432, Telex 01/3132
Dienstzeit: Montag bis Freitag von 9 bis 12 Uhr

Präsident
Peter Ulrich-Pur, 1040 Wien, Seisgasse 14, Telefon 0 22 2 / 65 06 32 und 73 63 68
Sekretärin
Renate Ruth, 1120 Wien, Graf-Seilern-Gasse 22/4

Mitglied der
Fédération Internationale d'Escrime (FIE), gegründet 1913, 78 Länder,
1,6 Millionen Mitglieder
Anschrift
Paris 2e, 53 rue Vivienne, Telefon Gut 1370

Dkfm. Rainer Mauritz ist Mitglied der Regelkommission.

Dem Zug der Zeit folgend, beginnt man heute auch den Fechtsport in jüngeren Jahren. Der ÖFV hat daher erstmals bundesweit Schülerturniere für die Jahrgänge 1962/63 und 1964/65 und 1966 bzw. jünger veranstaltet, die ein enorm großes Starterfeld brachten und überraschend auch technisch gute Leistungen. Zum Abschluß der Saison wurde der „Schüler-Grand-Prix" mit den besten Jugendlichen aus Deutschland und der Schweiz veranstaltet. Diese Turniere der Jüngsten werden auch 1978/79 fortgesetzt und ausgebaut, und der abschließende Grand Prix der Schülernationalmannschaften wird in Zürich ausgetragen.
Das Training der Spitzenfechter wurde deswegen nicht vernachlässigt, und die Herrenflorettmannschaft ist in den A-Kader für die nächsten olympischen Spiele vorgedrungen, vor allem dank der Tätigkeit des Bundestrainers Jerzy Piatek.

STAATSMEISTER 1978

Einzel	Herrenflorett	**Thomas Fellner**	FU Linz
	Damenflorett	**Gabriele Jahna**	FU Mödling
	Degen	**Herbert Lindner**	HSV Wien
	Säbel	**Walter Marik**	HSV Wr. Neustadt
Mannschaft	Herrenflorett	**FU Linz**	
	Damenflorett	**FU Linz**	
	Degen	**HSV Wien**	
	Säbel	**HSV Wr. Neustadt**	

LÄNDERKÄMPFE

23. September		Schweiz – Großbritannien – Österreich	1. Schweiz 2. Großbritannien 3. Österreich
	Säbel	Österreich – Deutschland	11 : 5 für Österreich

WELTMEISTERSCHAFT

15.–26. Juli, Hamburg		Herrenflorett	10. Österreich
Fechtmeister-WM in Genf		Herrenflorett	2. Birnbaum
		Degen	2. Trost
	Mannschaft	Herrenflorett	2. Österreich
		Degen	3. Österreich

ÖSTERR. AERO-CLUB

A-1040 WIEN, PRINZ-EUGEN-STRASSE 12

WIEN, am

Telefon Nummer 65 11 28/29 — Drahtanschrift: „AEROCLUB WIEN“ — Postsparkassenkonto Nr. 1337.064

FLUGSPORT

ÖSTERREICHISCHER AERO-CLUB (ÖAEC), Wiedergründung 1950
1040 Wien, Prinz-Eugen-Straße 12, Telefon 0 22 2 / 65 11 28 u. 29, Telex 01/3132
Dienstzeit
Montag bis Donnerstag von 7.30 bis 16.30 Uhr, Freitag von 7.30 bis 14 Uhr

Präsident
Dr. Josef Lenz, 1060 Wien, Gumpendorfer Straße 11, Telefon 0 22 2 / 57 71 02

Generalsekretär
Ing. Karl Hoffmann, 1190 Wien, Kammerergasse 10

Mitglied der
Féderation Aéronautique Internationale (FAI), gegründet 1905
Anschrift
F-75782 Paris, Cedex 16, 6 rue Galilée, Telefon 0033-1/7237252

Österreichs Vertreter in der FAI ist der Vizepräsident des ÖAEC,
Hofrat Dr. Josef Gaisbacher

Vertretung in den FAI-Kommissionen
Segelflug: Min.-Rat Dr. Heinrich Geusau
Motorflug: Dipl.-Ing. Kurt Newald
Modellflug: Direktor Edwin Krill, Vizepräsident d. CIAM
Fallschirmspringen: Dipl.-Ing. Dr. Franz Lorber
Hängegleiten: Sepp Himberger
Ballonfahrt: Kapitän Josef Starkbaum
Luftfahrtmedizin: Dr. Helfried Urbantschitsch
Kunstflug: Karl Berger
Luftfahrterziehung: Professor Werner Ledl
Int. Sportcommission: Hofrat Dr. Josef Gaisbacher
Amateurflugzeugbau: Oberst Sepp Stangl

Luftfahrtpublikationen in
Österr. Flugsportzeitung, 3100 St. Pölten, Postfach 398
Fluginformation, 1070 Wien, Neubaugasse 11
Österr. Luftfahrtpressedienst, 1070 Wien, Karl-Schweighofer-Gasse 3

Ist Fliegen Sport? Nein, sagen die einen. Wer sagt ja? Ja müssen alle sagen, die die körperliche Ertüchtigung als Voraussetzung für die gesunde Entwicklung des Menschen als oberste Zielsetzung sehen.
Der Flugsportler muß gesund an Leib und Geist sein, damit er die auf ihn zukommenden Belastungen meistert. Vielseitig sind die Anforderungen, die an den Flieger gestellt werden. Daher ist die medizinische Betreuung Pflicht, und die Tauglichkeit muß von Jahr zu Jahr erneut festgestellt werden.
Die Entwicklung des Flugsports zeigt, daß immer mehr Interesse aus allen Schichten der Bevölkerung bekundet wird und die Bestätigung, je nach Ambition, in einer der Flugsparten ihren Niederschlag findet.
Fliegen ist, unabhängig vom Gerät, immer naturverbunden, und daher muß der mit Flugsport befaßte Mensch stets die Gesetze der Natur und seiner Umwelt beachten. Durch die vom Staat festgelegte Ordnung und den Gemeinschaftsgedanken, den der Flugsport erfordert, ist neben der Persönlichkeitsbildung die freiwillige Einordnung in die für alle Staatsbürger gültigen Regeln des Zusammenlebens notwendig und wird von allen Flugsporttreibenden zur Kenntnis genommen und angestrebt. Ausnahmen bestätigen die Regel.
Selbstverständlich ist in allen Flugsparten die Anhebung der Leistung erwünscht und soll gefördert werden, immer im Rahmen des gesetzlich Möglichen. Es ist daher ein immerwährender Lernprozeß notwendig, der von jedem Flugsportler gefordert wird und der in allen gezeigten Leistungen bei Meisterschaften und Bewerben seinen Niederschlag findet.
Sport, Leistungssport in den dem ÖAEC angehörenden Fluggruppen aller Flugsparten ist daher eindeutig mit Ja zu beantworten.
Der Österreichische Aero-Club hat im Jahre 1978 innerhalb seiner sechs Flugsparten Segelflug, Motorflug, Fallschirmspringen, Ballonfahrt, Hängegleiten und Modellflug eine beachtliche Weiterentwicklung erfahren. 13.046 Flugsporttreibende sind in den Fluggruppen aktiv tätig. Die Veranstaltung von Meisterschaften und Wettbewerben mit ausländischer Beteiligung und die Teilnahme an gleichartigen Veranstaltungen im Ausland haben das hohe Niveau unserer Flugsportler augenscheinlich gemacht. Die gute Zusammenarbeit unserer Behörden mit den Veranstaltern sei besonders betont. Erschwerend für die Ausübung des Flugsports sind die Kostensteigerungen bei Fluggerät und Ausrüstung sowie bei Betriebsstätten und Betriebsmitteln, die von allen Flugsportlern mit Opfermut auf sich genommen werden mußten.

STAATSMEISTER 1978

Motorflug		Klasse II	**Wolfgang Oppelmayer**	SFC Spitzerberg
		Klasse I	**Wolfgang Oppelmayer**	SFC Spitzerberg
Segelflug		Offene Klasse	**Karl Bräuer**	Flugring Austria Wien
		15-m-Klasse	**Andreas Hämmerle**	Union-Sportfliegerclub Wörschach
		Standardklasse	**Jörg Felberbauer**	Luftfahrerclub Bruck/M.
		Clubklasse	**Wilhelm Kaltenegger**	ESV Innsbruck
		Mannschaft Klasse II	**Luftsportverein Zell/See**	
Modellflug	Freiflug	Klasse F 1 A	**Hans Zachhalmel**	ESV St. Pölten
		Klasse F 1 B	**Hans Zachhalmel**	ESV St. Pölten
		Klasse F 1 E	**Clemens Schobel**	UMSC Kolibri
	Radio-Control	Klasse RC III	**Leopold Moser**	SV Eternit
		Klasse F 3 A	**Hanno Prettner**	ÖMV Klagenfurt
		Klasse RC/MS	**Heinz Sekirnjak**	UMFC Graz
Fallschirmspringen		Kombination Ziel- u. Figurenspringen	**Horst Kosch, Zgf**	HSV Klagenfurt
		Einzelzielspringen	**Horst Kosch, Zgf**	HSV Klagenfurt
		Figurenspringen	**Wolfgang Pflegerl, Obstlt**	Landesverband Salzburg
		Gruppenzielspringen	**Mannschaft Bundesheer II:**	
			Wolfgang Pflegerl, Obstlt	Landesverband Salzburg
			Helmut Niederbichler, Zgf	HSV Klagenfurt
			Peter Stampfer, Zgf	HSV Klagenfurt
			Alfred Schlömmer, Zgf	USFC Eisenstadt
Fallschirm-Schi-Springen		Einzel/Kombi	**Manfred Polak, Vzlt**	HSV Klagenfurt
		Relationsspringen	**NÖ. Fallschirmspringerclub**	
		Mannschafts-kombination	Union-FSC Vorarlberg (Dr. Reinhold Flatz, Christian Voller, Peter Memel)	
Hängegleiter		Standardklasse	**Kurt Pirker**	Salzburg
		Klasse 2	**Christian Steinbach**	Tirol
		Klasse 3	**Kurt Schmid**	

ÖSTERREICHISCHE MEISTER 1978

Segelflug	Junioren		Rudolf Göbel	Union-Sportfliegerclub Tulln
Modellflug	Jugend	Freiflug	Ernst Draschbacher jun.	USFC Feldbach
Fallschirmspringen	Junioren	Einzelzielspringen	Peter Stampfer, Zgf	HSV Klagenfurt
		Figurenspringen	Helmut Niederbichler, Zgf	HSV Klagenfurt
		Kombination	Peter Stampfer, Zgf	HSV Klagenfurt

ÖSTERREICHISCHE REKORDE

Fallschirmspringen

Einzel

29. 7. 68, Hohenems	Klasse G 1 a	Höhenrekord	Bodwin Burghard (Vbg. Fallschirmspringerclub Silvretta)	Freifallstrecke: 9.310 m
6.–15. 7. 77, Klagenfurt/Graz	Klasse G 1 b	Zielrekord Herren Tag	Manfred Polak (Heeressportverein Klagenfurt)	Zielentfernung: 16×00,00 m 1×00,04 m
24.–25. 10. 77, Zell am See	Klasse G 1 b	Zielrekord Damen Tag	Ute Kübler (1. ÖFSC Graz)	Zielentfernung: 2×00,00 m 1×01,88 m
23. 6. 78, Trausdorf	Klasse G 1 c	Figurenrekorde Herren	Roland Rettenbacher (Scharlachberg-Salzburger Fallschirmspringerclub)	Figurenzeit: 8,23 min
24. 6. 78, Trausdorf			Helmut Niederbichler (Heeressportverein Klagenfurt)	Figurenzeit: 8,1 min

Mannschaft

26.–27. 6. 78, Fürstenfeld	Klasse G 2 b	Zielrekorde Herren 4er-Gruppe Tag	Gerd Lienhart (1. ÖFSC Graz) Manfred Polak (Heeressportverein Klagenfurt) Horst Kosch (Heeressportverein Klagenfurt) Adolf Bauer (USFC Eisenstadt)	Zielentfernung. 2×00,00 m 1×00,04 m
8.–15. 9. 78, Altenstadt, BRD			Manfred Polak (Heeressportverein Klagenfurt) Gerd Lienhart (1. ÖFSC Graz) Peter Stampfer (Heeressportverein Klagenfurt) Horst Kosch (Heeressportverein Klagenfurt)	Zielentfernung: 3×00,00 m 1×00,02 m
14. 6. 78, Altenstadt, BRD	Klasse G 2 b	Zielrekorde Herren 8er-Gruppe Tag	Bundesheer	Zielentfernung: 1×00,06 m (alter Rek.: 1×00,38 m)
6. 8. 78, Triengen, Schweiz	Klasse G 2 c	Formationsrekorde längste Sequenz Herren Tag	NÖ. Fallschirmspringerclub	Rekordleistung: 6 Formationen (alter Rek.: 5 Form.)
29. 4. 78, Salzburg		Größte Formation Herren Tag	NÖ. Fallschirmspringerclub	Rekordleistung: 15 Personen (kein alter Rekord)

WELTMEISTERSCHAFTEN

Woodvale, GB	Fesselflug	Klasse F 2 C	10. Nitsche, Fischer	44 Starter

EUROPAMEISTERSCHAFTEN

Modellflug

Ansbach, BRD	Freiflug	Klasse F 1 A	1. Gottfried Zach, NÖ. 8. Österreich	36 Starter
		Klasse F 1 B	8. Österreich	33 Starter
		Klasse F 1 C	2. Reinhard Truppe, Ktn.	29 Starter

Hängegleiter

1. Pirker	Salzburg
2. Christandl	Tirol
6. Dagn	Tirol

LÄNDERKÄMPFE

Fallschirm

6.–8. Juni, Klagenfurt	Ungarn - Österreich	Einzelspringen	1. Österreich 2. Ungarn	1,016 1,402
		Kombination	1. Ungarn 2. Österreich	21,638 23,664
11.–17. Juni, Altenstadt, BRD		Figurenspringen	1. BRD 2. Schweiz 3. Österreich	
12.–15. September, Altenstadt, BRD		BRD, Schweiz, Belgien, USA	Gruppenzielspringen 1. Österreich	4er-Gruppe aus acht Sprüngen: 00,09 m

GROSSVERANSTALTUNGEN

Rallye-WM im Motorflug	60 Teilnehmer	9. Alfred Luckerbauer	Motorflug-Union Wien

Siege gab es bei der Salzburg-Rallye, der Grenzland-Rallye und der Vöslauer-Thermen-Rallye.

Modellflug

Siege gab es im Rheinland-Pokalfliegen, im Kratky-Pokalfliegen, beim Fesselflugcup in Kraiwiesen, Salzburg, sowie bei Veranstaltungen in Italien, Belgien, der CSSR, BRD und Großbritannien. Den Europacup der Klasse F 1 E in Herzogenburg gewann Karl Lintner.

Österreichische Segelflugrekorde

Kat. D 1, Einsitzer Herren	78 06 03	Nimbus II	Karl Bräuer	693,447 km
	78 06 02	Nimbus II	Karl Bräuer	654,025 km
	78 06 03	Mini-Nimbus	Andreas Hämmerle	885,836 km
Kat. D 2, Mehrsitzer Herren	78 06 02	Twin Astir	Rudolf Göbel, Ing. Fritz Wech	623,005 km

FUSSBALL

ÖSTERREICHISCHER FUSSBALLBUND (ÖFB), gegründet 1904
1061 Wien, Postfach 161, Mariahilfer Straße 99, Telefon 0 22 2 / 57 15 36 Serie, Telex 01/1919
Dienstzeit
Montag bis Freitag von 8 bis 12 Uhr und von 13 bis 17 Uhr,
Samstag, Sonn- und Feiertag von 9 bis 13.30 Uhr Journaldienst

Präsident
Abg. Karl Sekanina, 1040 Wien, Plößlgasse 15, Telefon 0 22 2 / 65 46 91

Generalsekretär
Otto Demuth, 1160 Wien, Liebhartstalstraße 12, Telefon 0 22 2 / 46 52 84

Mitglied der
Fédération Internationale de Football Association (FIFA), gegründet 1904,
141 Länder, 25 Millionen Spieler
Anschrift
8030 Zürich, Hitzigweg 11, Telefon 05/01 / 53 87 53
und der

Union des Associations Européenes de Football (UEFA)
Anschrift
3000 Bern, 15, Jupiterstraße 33, Postfach 16, Telefon 05 031 / 32 17 35
Telex 33191 uefa

Österreich ist in der FIFA durch Fritz Seipelt, Mitglied der Schiedsrichterkommission, und Dr. Heinz Gerö, Mitglied der Amateurkommission, in der UEFA durch Dr. Heinz Gerö (Mitglied des Exekutivkomitees und Vorsitzender des Amateurkomitees), Fritz Seipelt (Vorsitzender der Schiedsrichterkommission) sowie Otto Demuth (Mitglied der Berufungsinstanz) vertreten.

Prim. Dr. Robert Jelinek ist sportärztlicher Referent der FIFA.

Der ÖFB feiert im Jahre 1979 sein 75jähriges Bestandsjubiläum und veranstaltet aus diesem Anlaß das 32. Internationale Juniorenturnier der UEFA für Junioren-Nationalmannschaften in Österreich (Pfingsten).
Der Erfolg bei der Weltmeisterschaft brachte ungeheures Interesse für Fußball bei der Jugend. Wöchentlich erfolgen seither mehr als 1.000 Neuzugänge von Jugendspielern. Besonderes Augenmerk ist weiterhin dem Nachwuchssport gewidmet: Schaffung der zwölf Jugendleistungszentren, Fußball-Schülerliga.

Weiteres starkes Ansteigen der Trainerausbildung:

1978	500	Nachwuchstrainer
	200	1./2. Semester
	30	3./4. Semester
1979	600	Nachwuchstrainer
	250	1./2. Semester
	80	3./4. Semester

Erstmaliger Vorstoß eines Vereins in ein europäisches Finale (FK Austria-Memphis im Finale des Pokals der Europäischen Pokalsieger).

STAATSMEISTER 1978 — **FK Austria-Memphis Wien**

ÖSTERREICHISCHE MEISTER 1978

Junioren	FK Austria-Memphis Wien
Leistungszentren	LZ Eisenstadt
Jugend	SK Rapid Wien
Schüler	SK Rapid Wien
Knaben	Favoritner AC-Vucem
Schulfußball	HS Güssing

LÄNDERKÄMPFE

Nationalmannschaft

15. Februar, Athen	Österreich - Griechenland (F)	1 : 1
22. März, Charleroi	Österreich - Belgien (F)	0 : 1
4. April, Basel	Österreich - Schweiz (F)	1 : 0
20. Mai, Wien	Österreich - Holland (F)	0 : 1
3. Juni, Buenos Aires	Österreich - Spanien (WM)	2 : 1
7. Juni, Buenos Aires	Österreich - Schweden (WM)	1 : 0

11. Juni, Mar del Plata	Österreich - Brasilien (WM)	0 : 1
14. Juni, Cordoba	Österreich - Holland (WM)	1 : 5
18. Juni, Buenos Aires	Österreich - Italien (WM)	0 : 1
21. Juni, Cordoba	Österreich - BRD (WM)	3 : 2
30. August, Oslo	Österreich - Norwegen (EM)	2 : 0
20. September, Wien	Österreich - Schottland (EM)	3 : 2
15. November, Wien	Österreich - Portugal (EM)	1 : 2

B-Nationalmannschaft

29. August, Raufoss	Österreich - Norwegen (F)	3 : 1
14. November, Linz	Österreich - Portugal (F)	1 : 0

Junioren

29. März, Kishinew	Österreich - UdSSR (Junioren)	0 : 0
2. September, Sinj	Österreich - Polen (F)	4 : 1
3. September, Zrnovnica	Österreich - Ungarn (F)	0 : 4
6. September, Split	Österreich - CSSR (F)	0 : 0
23. September, Weinheim	Österreich - BRD (F)	1 : 2

WELTMEISTERSCHAFTEN

1.–25. Juni, Argentinien	1. Argentinien 7. Österreich

INTERNATIONALE KONKURRENZEN

Pokal der Meistervereine 1977/78

1. März, Innsbruck	Spark.-Swar. Innsbruck - Borussia Mönchengladbach	3 : 1
15. März, Mönchengladbach	Spark.-Swar. Innsbruck - Borussia Mönchengladbach	0 : 2

1978/79

13. September, Shkodra	Austria-Memphis - Vllaznia Shkodra	0 : 2
29. September, Wien	Austria-Memphis - Vllaznia Shkodra	4 : 1
18. Oktober, Wien	Austria-Memphis - Lilleström	4 : 1
1. November, Lilleström	Austria-Memphis - Lilleström	0 : 0

Pokal der Pokalsieger 1977/78

1. März, Wien	Austria-Memphis - Hajduk Split	1 : 1
15. März, Split	Austria-Memphis - Hajduk Split	1 : 1
	Austria-Memphis Sieger nach Elfmeterschießen	
29. März, Tiflis	Austria-Memphis - Dynamo Moskau	1 : 2
12. April, Wien	Austria-Memphis - Dynamo Moskau	2 : 1
	Austria-Memphis Sieger nach Elfmeterschießen	
3. Mai, Paris	Austria-Memphis - Anderlecht	0 : 4

1978/79

13. September, Sosnowiec	Spark.-Swar. Innsbruck - Zaglebie	3 : 2
29. September, Innsbruck	Spark.-Swar. Innsbruck - Zaglebie	1 : 1
18. Oktober, Ipswich	Spark.-Swar. Innsbruck - Ipswich Town	0 : 1
1. November, Innsbruck	Spark.-Swar. Innsbruck - Ipswich Town	1 : 0
	Spark.-Swar. Innsbruck nach Verlängerung	ausgeschieden

UEFA-Pokal 1978/79

13. September, Split	Rapid Wien - Hajduk Split	0 : 2
29. September, Wien	Rapid Wien - Hajduk Split	2 : 1
13. September, Mönchengladbach	Sturm Graz - Borussia Mönchengladbach	1 : 5
29. September, Graz	Sturm Graz - Borussia Mönchengladbach	1 : 2

Seite 123: Austria Wien wurde überlegen Österreichs Fußballmeister und konnte im Europacup bis ins Finale vordringen (Foto Sündhofer)

AUSTRIA MEMPHIS

der
grosse Unterschied liegt in der
Leistung
HÖGL-STIEFEL
HÖGL-SCHUHFABRIK GmbH - Austria - Taufkirchen

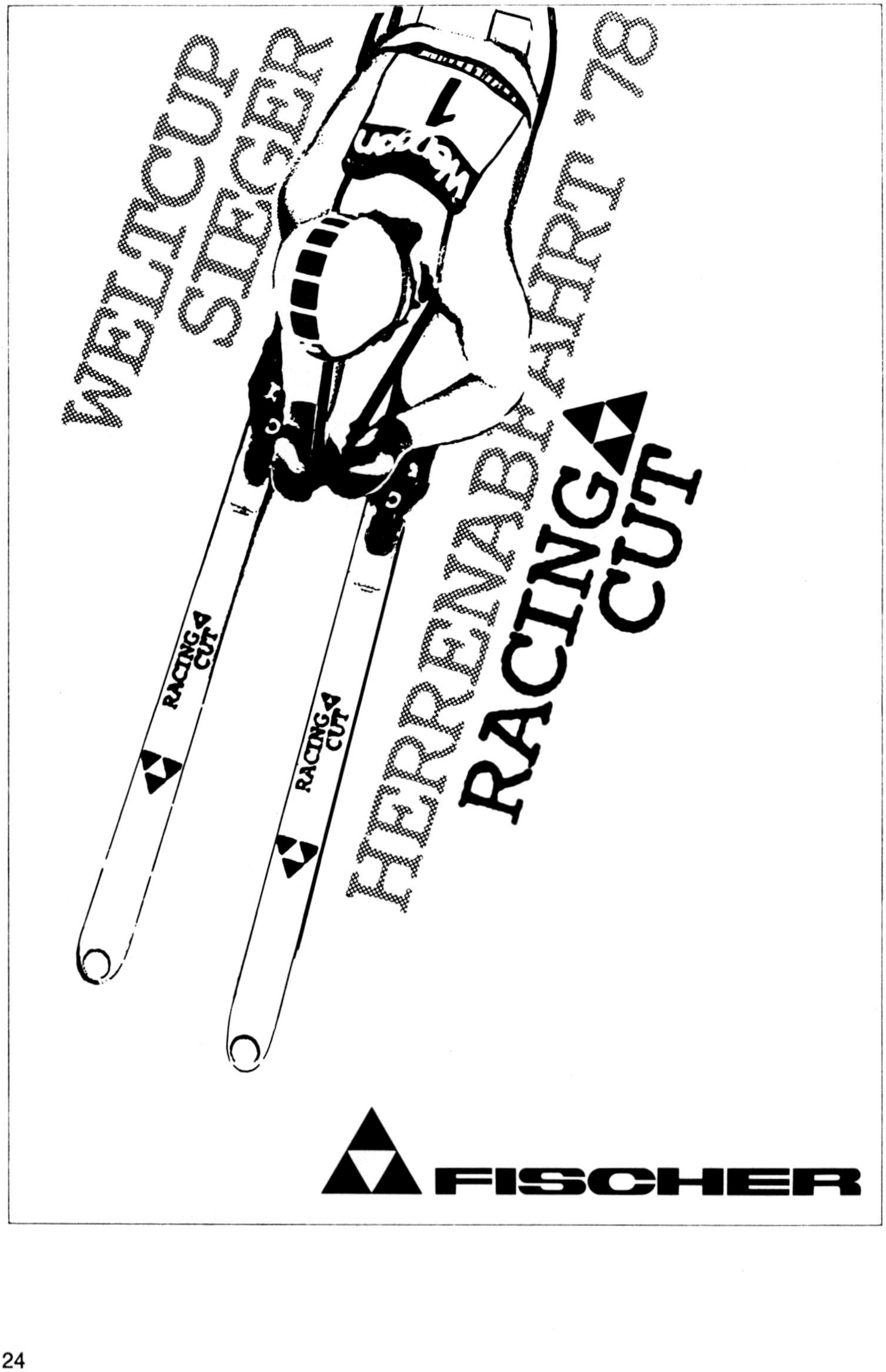
WELTCUP SIEGER
HERRENABFAHRT '78
RACING CUT
RACING CUT
RACING CUT
FISCHER

13
HYPO BANK
HYPO BANK
HYPO BANK

GEWICHTHEBEN

ÖSTERREICHISCHER GEWICHTHEBERVERBAND (ÖGV), gegründet 1891
1172 Wien, Palffygasse 11 (Postfach 4), Telefon 0 22 2 / 42 93 33
Dienstzeit
Montag und Dienstag 7 bis 12 und 13 bis 17 Uhr, Mittwoch 7 bis 12 Uhr,
Donnerstag 7 bis 12 und 13 bis 20 Uhr, Freitag 7 bis 12 Uhr
Parteienverkehr jedoch nur Donnerstag 18 bis 20 Uhr

Präsident
Ferdinand Trzil, 1030 Wien, Grasbergergasse 4/7/17

Geschäftsführender Präsident
Gottfried Schödl, 1172 Wien, Palffygasse 13/8

Mitglied der
International Weightlifting Federation (IWF), gegr. 1920, 107 Mitgliedsländer
Anschrift
1172 Wien, Palffygasse 13/8 (Postfach 28), Telefon 0 22 2 / 43 77 875, oder
Dózsa György út 1–3, 1443 Budapest 70 PF. 116, Ungarn, Telefon 130-411

Der geschäftsführende ÖGV-Präsident Gottfried Schödl ist auch Präsident des Gewichtheber-Weltverbandes.

Offizielle Verbandszeitung
„Der Gewichtheber", monatlich
Chefredakteur: Gottfried Schödl

Am 15. November 1975 wurde Abschied von der Staatsliga genommen. Es war ein Abschied ohne Tränen, denn viel eher war man glücklich, einer Zwickmühle entkommen zu sein. Jahrzehntelang hatte dieser Bewerb zu den Höhepunkten im heimischen Kraftsportgeschehen gezählt. So mancher Klub wurde in dieser Zwickmühle zerrieben. Kaum war jedoch die Staatsliga aufgelöst, begann sie auch schon zu fehlen. Es zeigte sich, daß selbst die interessantesten Kämpfe der acht Landesligen nicht geeignet waren, den verlorengegangenen Werbeeffekt zu ersetzen. Erst mit Verzögerung setzte der Abschiedsschmerz ein.
Nach zweijähriger Unterbrechung wurde daher 1978 die Staatsliga in einer A- und B-Gruppe reaktiviert. Die Meisterschaft lief im ersten Jahr problemlos ab und wurde wieder zum Höhepunkt des Sportbetriebes.

Das allgemeine Leistungsniveau ist gegenüber 1977 angestiegen, wobei vor allem in den Nachwuchsklassen (Jugend und Junioren) bedeutende Verbesserungen erreicht werden konnten. Diese positive Entwicklung ist dem Einsatz des Bundestrainers und einiger Regionaltrainer zu danken, die aufgrund der finanziellen Zuwendungen des BMUK ihre Arbeit fortsetzen konnten. Nicht zuletzt trägt aber auch die verbandsinterne Trainerausbildung die ersten Früchte. Diese Ausbildung ist 1977 angelaufen, wurde 1978 fortgesetzt und in den Landesverbänden Niederösterreich und Wien bereits mit den ersten Prüfungen abgeschlossen. In diesen Landesverbänden stehen derzeit 18 geprüfte Trainer zur Verfügung. Die Ausbildungs- und Schulungstätigkeit wird 1979 erweitert werden und auch die übrigen Landesverbände erfassen.

STAATSMEISTER 1978

Mannschaft	Staatsliga A	1. **Rollfix Bregenz**	6	5	0	1	23-2	10
		2. VOEST	6	5	0	1	15-5	10
		3. Tyrolia	6	2	0	4	5-13	4
		4. Buchkirchen-Lochen	6	0	0	6	0-24	0
	Staatsliga B	1. **Schuh-Ski**	4	4	0	0	15-0	8
		2. Rum	4	1	0	3	5-8	2
		3. KSK Klagenfurt	4	1	0	3	1-13	2
	Staffel	1. **Rollfix Bregenz**						

Einzel	Kategorie 52 kg	Reißen	**Haberl**	Bürmoos-Glasenbach
		Stoßen	**Haberl**	Bürmoos-Glasenbach
		Zweikampf	**Haberl**	Bürmoos-Glasenbach
	Kategorie 56 kg	Reißen	**Sailer**	Rum
		Stoßen	**Kranawendter**	Bürmoos-Glasenbach
		Zweikampf	**Kranawendter**	Bürmoos-Glasenbach

Seite 126: Auch die Handballerinnen konnten sich steigern (Foto Votava)

Kategorie 60 kg	Reißen	**Galuska**	VOEST
	Stoßen	**Anglberger**	Buchkirchen-Lochen
	Zweikampf	**Galuska**	VOEST
Kategorie 67,5 kg	Reißen	**Legel**	Rollfix Bregenz
	Stoßen	**Legel**	Rollfix Bregenz
	Zweikampf	**Legel**	Rollfix Bregenz
Kategorie 75 kg	Reißen	**Seidl**	Buchkirchen-Lochen
	Stoßen	**Seidl**	Buchkirchen-Lochen
	Zweikampf	**Seidl**	Buchkirchen-Lochen
Kategorie 82,5 kg	Reißen	**Krautgartner**	VOEST
	Stoßen	**Pfeifer**	Rollfix Bregenz
	Zweikampf	**Pfeifer**	Rollfix Bregenz
Kategorie 90 kg	Reißen	**Rom**	Rollfix Bregenz
	Stoßen	**Rom**	Rollfix Bregenz
	Zweikampf	**Rom**	Rollfix Bregenz
Kategorie 100 kg	Reißen	**Hill**	Rollfix Bregenz
	Stoßen	**Hill**	Rollfix Bregenz
	Zweikampf	**Hill**	Rollfix Bregenz
Kategorie 110 kg	Reißen	**Hörtnagl**	Tyrolia
	Stoßen	**Hörtnagl**	Tyrolia
	Zweikampf	**Hörtnagl**	Tyrolia
Kategorie über 110 kg	Reißen	**Terdina**	Schuh-Ski
	Stoßen	**Terdina**	Schuh-Ski
	Zweikampf	**Terdina**	Schuh-Ski

ÖSTERREICHISCHE MEISTER 1978

Mannschaft	Jugend		1. Post-SV Wien	252,7 Punkte
			2. Buchkirchen-Lochen	246,1 Punkte
			3. Rollfix Bregenz	232,6 Punkte
	Junioren		1. Buchkirchen-Lochen	267,0 Punkte
			2. Post-SV Wien	225,5 Punkte
			3. Brunn	201,3 Punkte
Einzel	Jugend	52 kg	Rajkovic	Post-SV Wien
		56 kg	Huber	Rum
		60 kg	Karbon	Rum
		67,5 kg	Grafl	Post-SV Wien
		75 kg	H. Klampfer	Buchkirchen-Lochen
		82,5 kg	Seidl	Buchkirchen-Lochen
		90 kg	Pichler	Gaswerk
		100 kg	Gerl	Wien XI
		über 100 kg	Konrad	Feldkirchen
	Junioren	56 kg	Simma	Dornbirn
		60 kg	Dannerbauer	Ranshofen
		67,5 kg	Tauchner	Schuh-Ski
		75 kg	J. Klampfer	Buchkirchen-Lochen
		82,5 kg	Kühn	Argos-Dobias
		90 kg	Eder	Buchkirchen-Lochen
		100 kg	Schwarz	Ranshofen
		über 100 kg	Viththum	Buchkirchen-Lochen
	Unter 23	56 kg	Simma	Dornbirn
		60 kg	Galuska	VOEST
		67,5 kg	Kainz	Buchkirchen-Lochen
		75 kg	Seidl	Buchkirchen-Lochen
		82,5 kg	Saubach	HSV Milon
		90 kg	Krautgartner	VOEST
		100 kg	Hofer	VOEST
		110 kg	Hörantner	Ranshofen
		über 110 kg	Polaschek	Hoffmann-Lohnfuhrw.

Altersklasse I	67,5 kg	Högg	Bürmoos-Glasenbach
	75 kg	Dürhammer	Krems
	82,5 kg	Meyer	Schuh-Ski
	90 kg	Nemeth	Nord-Wien-Lofak
	100 kg	Apfelthaler	Nord-Wien-Lofak
	110 kg	Strobl	Kufstein
	über 110 kg	Nußbaumer	Rollfix Bregenz
Altersklasse II	67,5 kg	Holzner	Kufstein
	75 kg	Huber	Vollkraft-Ursus
	82,5 kg	Duchon	Preisdrücker-Gothia
	90 kg	Märk	Eisenstadt

LÄNDERKÄMPFE	Jugend	Frankreich – Österreich	4 : 4
	Junioren	Österreich – ČSSR	3 : 6

INTERNATIONALE TURNIERE

Donaupokal Junioren, Braunau	Fünfte Etappe:		Gesamtstand:	
	1. Bulgarien	66 Punkte	1. Ungarn	259 Punkte
	2. Ungarn	61 Punkte	2. Bulgarien	257 Punkte
	3. ČSSR	47 Punkte	3. ČSSR	212 Punkte
	4. Österreich	34 Punkte	4. Rumänien	189 Punkte
	5. Rumänien	26 Punkte	5. Österreich	139 Punkte
	6. BRD	0 Punkte	6. BRD	76 Punkte
Donaupokal Allgemeine Klasse, Ljubljana	Vierte Etappe:		Gesamtstand:	
	1. Ungarn	65 Punkte	1. Bulgarien	226 Punkte
	2. Bulgarien	53 Punkte	2. Ungarn	213 Punkte
	3. Rumänien	47 Punkte	3. ČSSR	176 Punkte
	4. ČSSR	46 Punkte	4. Rumänien	145 Punkte
	5. Jugoslawien	28 Punkte	5. Österreich	104 Punkte
	6. Österreich	26 Punkte	6. BRD	93 Punkte
	7. BRD	17 Punkte	7. Jugoslawien	81 Punkte

Tsitsibakos-Memorial in Athen — Kategorie 60 kg: 10. Galuska — Kategorie 110 kg: 2. Hörtnagl

Freundschaftsturnier in Moskau — Kategorie 110 kg: 3. Hörtnagl

JUNIOREN-EUROPAMEISTERSCHAFT
in Athen

Kategorie 67,5 kg	Reißen	7. Tauchner
	Stoßen	6. Tauchner
	Total	6. Tauchner
Kategorie 75 kg	Reißen	6. Seidl
	Stoßen	5. Seidl
	Total	6. Seidl
Kategorie 90 kg	Reißen	11. Gerl
	Stoßen	10. Gerl
	Total	9. Gerl

JUNIOREN-WELTMEISTERSCHAFT
in Athen

Kategorie 67,5 kg	Reißen	11. Tauchner
	Stoßen	9. Tauchner
	Total	9. Tauchner
Kategorie 75 kg	Reißen	9. Seidl
	Stoßen	9. Seidl
	Total	9. Seidl
Kategorie 90 kg	Reißen	17. Gerl
	Stoßen	13. Gerl
	Total	12. Gerl

EUROPAMEISTERSCHAFT der Allgemeinen Klasse
in Havirov

Kategorie 82,5 kg		Rom ausgeschieden durch Totalversager im Stoßen
Kategorie 100 kg	Reißen	8. Hill
	Stoßen	8. Hill
	Total	7. Hill
Kategorie 110 kg	Reißen	4. Hörtnagl
	Stoßen	7. Hörtnagl
	Total	7. Hörtnagl

WELTMEISTERSCHAFT der Allgemeinen Klasse
in Gettysburg

Kategorie 100 kg	Reißen	11. Hill
	Stoßen	8. Hill
	Total	10. Hill
Kategorie 110 kg	Reißen	4. Hörtnagl
	Stoßen	6. Hörtnagl
	Total	6. Hörtnagl

ÖSTERREICHISCHE REKORDE

Gegenüber dem Vorjahr (Veröffentlichung Sportjahrbuch 1977/78) haben sich folgende Veränderungen in der Allgemeinen Klasse ergeben:

Kategorie 82,5 kg	140 kg	Reißen	Albert Rom	4. März 1978
Kategorie 100 kg	150,5 kg	Reißen	Franz Strizik	11. November 1978
	151 kg	Reißen	Franz Strizik	26. November 1978
	151,5 kg	Reißen	Franz Strizik	2. Dezember 1978
	190 kg	Stoßen	Rudolf Hill	29. April 1978
	192,5 kg	Stoßen	Rudolf Hill	29. April 1978
	193 kg	Stoßen	Rudolf Hill	16. September 1978
	340 kg	Zweikampf	Rudolf Hill	16. September 1978
Kategorie 110 kg	165,5 kg	Reißen	Vinzenz Hörtnagl	4. März 1978
	167,5 kg	Reißen	Vinzenz Hörtnagl	8. Juli 1978
	168 kg	Reißen	Vinzenz Hörtnagl	18. September 1978
	170 kg	Reißen	Vinzenz Hörtnagl	9. Dezember 1978
	201 kg	Stoßen	Vinzenz Hörtnagl	10. Dezember 1977
	201,5 kg	Stoßen	Vinzenz Hörtnagl	8. Juli 1978
	202,5 kg	Stoßen	Vinzenz Hörtnagl	19. August 1978
	205 kg	Stoßen	Vinzenz Hörtnagl	19. August 1978
	207,5 kg	Stoßen	Vinzenz Hörtnagl	18. September 1978
	208 kg	Stoßen	Vinzenz Hörtnagl	9. Dezember 1978
	367,5 kg	Zweikampf	Vinzenz Hörtnagl	8. Juli 1978
	370 kg	Zweikampf	Vinzenz Hörtnagl	18. September 1978
	375 kg	Zweikampf	Vinzenz Hörtnagl	18. September 1978
Kat. über 110 kg	377,5 kg	Zweikampf	Vinzenz Hörtnagl	9. Dezember 1978
	170,5 kg	Reißen	Vinzenz Hörtnagl	2. Dezember 1978
	205,5 kg	Stoßen	Vinzenz Hörtnagl	11. November 1978
	210 kg	Stoßen	Vinzenz Hörtnagl	2. Dezember 1978
	380 kg	Zweikampf	Vinzenz Hörtnagl	2. Dezember 1978

GOLF

ÖSTERREICHISCHER GOLFVERBAND (ÖGV), gegründet 1931
1040 Wien, Prinz-Eugen-Straße 12, Telefon 0 22 2 / 65 52 163 oder 65 40 555
Dienstzeit: Montag bis Freitag von 9 bis 13 Uhr

Präsident
Prof. Heinrich Harrer, 6370 Kitzbühel, Telefon 0 53 56 / 40 20

Honorary Secretary
Dkfm. Günther Jung, 1190 Wien, Kaasgrabengasse 18, Tel. 0 22 2 / 32 38 104

Sekretärin
Waltraud Neuwirth, 1050 Wien, Franzensgasse 5/51, Telefon 0 22 2 / 57 48 773

Mitglied des
World Amateur Golf Council, gegründet 1937
Anschrift
Golf House, Far Hills, N. J. 07931, USA

und der
European Golf Association (EGA),
F-75116 Paris, 69 Avenue Victor Hugo

Offizielle Verbandszeitung
„Golf“, Burchardstraße 14, D-2 Hamburg 1
Chefredakteur
Gunther Marks, Telefon (040) 33 966 225

1978 wurde zum 50. Mal die Internationale Herrenmeisterschaft von Österreich durchgeführt, während bei den Damen erst der 45. Titel vergeben wurde.
In der erstmals ausgetragenen nationalen offenen Meisterschaft über 72 Löcher setzte sich der Favorit, Verbandstrainer Ossi Gartenmaier, vor dem Amateurmeister Dr. Klaus Nierlich durch.
Generell ist zu bemerken, daß die nationale Spitze etwas größer und dichter geworden ist.

Der Jugendförderung wird besondere Aufmerksamkeit geschenkt. Durch die erfolgreiche Jugendarbeit ist Österreich erstmals in der Lage, im Jahr 1979, gestützt auf die erfolgreichen Juniorinnen, auch eine Damenmannschaft zu den europäischen Mannschaftsmeisterschaften zu entsenden. Nicht zuletzt auch aufgrund des erfolgreichen Antretens unserer Juniorinnen im Ausland wurde Österreich gebeten, die europäischen Juniorinnenmeisterschaften 1980 zu veranstalten.

STAATSMEISTER 1978	Herren	**Klaus Nierlich**	Wien
	Damen	**Maxi Hueber**	Innsbruck-Igls
	Mannschaft	**Golfclub Kitzbühel**	Rudolf Bodenseer, Johann Lamberg, Max Lamberg, Fritz Porstendorfer, Toni Sailer, Hermann Thurnher
Nationaler Offener Meister 1978		Ossi Gartenmaier	Wien

ÖSTERREICHISCHE MEISTER 1978

Junioren (bis 21 Jahre)	Burschen	Franz Laimer	Bad Ischl
	Mädchen	Doris Derntl	Enzesfeld
	Mannschaft (Burschen)	Golfclub Kitzbühel	
Jugend (bis 18 Jahre)	Burschen	Andreas Reichel	Dellach
	Mädchen	Martina Franz	Wr. Neustadt
Senioren	Herren	Dr. Rudolf Grömmer	Salzburg
(ab 50. bzw. 55. Lebensjahr)	Damen	Maria Sernetz	Salzburg

LÄNDERKÄMPFE

Juniorinnen-EM 19.–23. Juli, Is Molas	Mannschaft	Österreich – Belgien Österreich – Schweiz Österreich – Niederlande	2 : 5 1 : 6 4 : 3
Junioren-EM 26.–30. Juli, Pals/Barcelona	Mannschaft	Österreich – Niederlande Österreich – Deutschland Österreich – Finnland	$5\frac{1}{2} : 1\frac{1}{2}$ $\frac{1}{2} : 6\frac{1}{2}$ 1 : 6

EUROPAMEISTERSCHAFTEN

24.–30. Juli, Pals/Barcelona	Junioren	Mannschaft Einzel	12. Österreich 20. F. Laimer	14 Länder
17.–24. Juli, Is Molas	Juniorinnen	Mannschaft Einzel	9. Österreich 14. M. Franz	11 Länder

WELTMEISTERSCHAFTEN

1. Amateurmannschafts-WM „Eisenhower-Trophy"

18.–21. Oktober, Fidji	Herren	17. Österreich	28 Länder

GROSSVERANSTALTUNGEN

Beim Turnier der Meister in Turin erreichte Österreichs Herrenteam Platz vier (17 Länder), und Klaus Nierlich landete im Einzelklassement auf Rang fünf.

HAND- UND FAUSTBALL

ÖSTERREICHISCHER HANDBALL- UND FAUSTBALL-BUND (ÖHB), gegründet 1925
1050 Wien, Hauslabgasse 24 A, Telefon 0 22 2 / 55 43 79
Dienstzeit
Montag, Dienstag, Mittwoch, Freitag von 9 bis 18 Uhr, Samstag 9 bis 11 Uhr

Präsident
Erwin Lanc, 1050 Wien, Leopold-Rister-Gasse 5/16/92

Generalsekretär
Friedrich Duschka, 1170 Wien, Dornbacher Straße 115, Telefon 0 22 2 / 46 40 823

Mitglied der
Internationalen Handball-Federation (IHF), gegründet 1946, 74 Länder, 2,8 Millionen Mitglieder
Anschrift
CH-4052 Basel, Lange Gasse 10, Telefon 34 14 14

und des

Internationalen Faustballverbandes (IFV), gegründet 1960
Anschrift
D-6 Frankfurt/Main, Otto-Fleck-Schneise, Telefon 63 20 01

Österreichs Vertreter im Internationalen Faustballverband:
Erich Petschnek, Linz, Präsident; Direktor Hermann Türk, Windischgarsten, Vorsitzender der Technischen Kommission; Ferdinand Brindelmayer, Wien, Beisitzer
Generalsekretär Duschka ist Mitglied der Veranstaltungskommission der IHF

Offizielle Verbandszeitung
Handball und Faustball in Österreich, 5mal jährlich, 1.000 Stück
Chefredakteur
Alice Kaufmann, 1120 Wien, Pottendorfer Straße 33, Tel. 0 22 2 / 83 24 34

Das Hauptaugenmerk der Verbandsarbeit lag im Berichtsjahr auf der schrittweisen Entwicklung des 1977 beschlossenen Langzeitprogrammes, sowohl für den Spitzensport als auch in der Breitenarbeit. Das bis 1986 geplante Programm stellt im Handball- und Faustballsport ein Novum dar, zumal viele Bearbeitungsgebiete nur in engem Kontakt mit der BAfL, dem Österreichischen Institut für Sportmedizin, den Schulbehörden und der Erschließung aller modernen wissenschaftlichen Erkenntnisse erfolgversprechend sind.
In der Handballsparte steht an oberster Stelle das Ziel, die Zahl der Aktiven um mindestens ein Drittel zu erhöhen. Die Basisarbeit liegt bei der Jugend, hier insbesondere im Schulsport. Die hohe Anzahl aktiver Handballer im Lehrkörper kommt dieser Zielsetzung sehr entgegen, ebenso die forcierte Ausbildung an Lehrwarten und lizenzierten Trainern. Im ÖHB sind bereits über 90 Trainer mit BAfL-Lizenz tätig, für die Staatsligamannschaften ist die Betreuung durch solche Trainer obligatorisch geworden.

Im Bereich Spitzensport liegt der Schwerpunkt bei den Nationalmannschaften (Männer- und Frauen- sowie Juniorenauswahlen) und der Beschickung der jeweiligen WM-Bewerbe. Die Nationalmannschaft der Männer ist dem Programm bereits um ein Jahr voraus: Im November 1978 wurde bei der C-WM in der Schweiz der Aufstieg in die B-Gruppe erreicht.

Die männlichen und weiblichen Juniorenteams sind 1979 in den WM-Bewerben in Dänemark und Jugoslawien in Aktion.

Der Meisterschaftsmodus in den Staatsligen wurde ab Herbst 1978 geändert. Die drei Staatsligen bestreiten die Punktekämpfe in drei Durchgänge (Play-off), wodurch Hallenhandball zum Ganzjahressport geworden ist. Durch die intensivere Spieltätigkeit soll der Anschluß an die internationale Mittelklasse gefunden werden.

STAATSMEISTER 1978

Handball	Herren	**ASKÖ Linz-SBL**
	Damen	**Hypobank-City St. Pölten**
Faustball	Herren Halle	**ÖTB Leopoldstadt Wien**
	Herren Feld	**WAT Landstraße Wien**
	Damen Feld	**Polizei-SV Wien**

ÖSTERREICHISCHE MEISTER 1978

Handball	Jugend	Union Hollabrunn
	Schüler	ATSV Mistelbach
Faustball	Jugend Halle	TSCH Schwarzach, Vbg.
	Jugend Feld	Union Freistadt
	Schüler Halle	DSG Petrinum Linz
	Schüler Feld	Union Unterwaltersdorf

Tabellen 1977/78

Handball-Staatsliga A Herren	ASKÖ Linz-SBL	18	15	2	1	413 : 312	32
	UHC Krems	18	11	3	4	389 : 317	25
	SC Eggenburg-ITT Austria	18	11	0	7	356 : 350	22
	ATSE Waagner-Biro	18	9	1	8	357 : 382	19
	HC Oberglas Bärnbach	18	9	0	9	331 : 322	18
	Union Westwien-Schuh-Schi	18	7	4	7	360 : 352	18
	Grazer SV	18	8	1	9	372 : 385	17
	UHC Tulln	18	7	1	10	336 : 384	15
	SVVW Klagenfurt	18	3	3	12	322 : 358	9
	UHC Salzburg	18	2	1	15	317 : 391	5
Staatsliga Damen	Hypobank Südstadt	18	18	0	0	404 : 109	36
	Union Admira-Landhaus	18	15	1	2	242 : 137	31
	Brau-AG WAT Atzgersdorf	18	13	1	4	233 : 146	27
	WAT Fünfhaus	18	11	2	5	225 : 194	24
	SV Austria-Tabak	17	6	2	9	136 : 168	14
	UHC Krems	18	6	2	10	168 : 231	14
	HC Weststeiermark	18	6	1	11	182 : 263	13
	HSK Steiermark	17	6	1	10	156 : 226	13
	WAT Ottakring	18	3	0	15	139 : 231	6
	SC Eggenburg-ITT Austria	18	0	0	18	117 : 297	0
Faustball-Staatsliga Halle Männer	ÖTB Leopoldstadt Wien	18	16	0	2	701 : 515	32
	ATSV Freistadt	18	13	0	5	584 : 488	26
	FG Reichsbund Wien	18	11	0	7	611 : 555	22
	TV Leopoldstadt Wien	18	10	0	8	567 : 569	20
	DSG Petrinum Linz	18	8	0	10	558 : 592	16
	TSG Innsbruck	18	7	0	11	555 : 599	14
	ASKÖ Linz-Waldegg-OB	18	7	0	11	515 : 556	14
	ATSV Steyr	18	7	0	11	560 : 641	14
	USV Raika Zwettl	18	6	0	12	569 : 625	12
	WAT Landstraße Wien	18	5	0	13	558 : 638	10
Staatsliga Feld Männer	WAT Landstraße Wien	22	19	0	3	639 : 468	38
	Union Mäser Freistadt	22	18	0	4	646 : 467	36
	ÖTB Leopoldstadt Wien	22	15	0	7	644 : 492	30
	ASKÖ Linz-Waldegg-Oberbank	22	13	0	9	596 : 514	26
	USV Raika Zwettl	22	12	1	9	558 : 564	25
	ATSV Freistadt	22	12	0	10	555 : 575	24
	Union Vöcklabruck	22	9	0	13	574 : 628	18
	Union Graz	22	8	0	14	518 : 633	16
	DSG Petrinum Linz	22	7	0	15	524 : 635	14
	TV Perg	22	6	1	15	537 : 633	13
	TV Leopoldstadt Wien	22	6	0	16	542 : 626	12
	UCA Wels	22	6	0	16	535 : 635	12

WEITERE ÖSTERREICHISCHE BEWERBE

HANDBALL

Österreich-Cup	Männer	UHC Krems
Bundesländer-Juniorenturnier		Oberösterreich

FAUSTBALL

Österreich-Cup		USV Raika Zwettl
Pokal für Landesauswahlen	Männer	Wien
	Junioren	Steiermark
	Jugend	Wien
Donaupokal	Frauen	1. FG Reichsbund Wien

LÄNDERSPIELE 1978

Handball

28. Jänner, Krems	Männer	Österreich - Israel	16 : 15 (9 : 5)
29. Jänner, Eggenburg		Österreich - Israel	15 : 14 (7 : 2)
2. Jänner, Potsdam		DDR - Österreich	26 : 14 (8 : 6)
4. Jänner, Frankfurt		DDR - Österreich	28 : 9 (12 : 5)
14. Jänner, Györ		Ungarn - Österreich	23 : 17 (11 : 8)
15. Jänner, Tata		Ungarn - Österreich	29 : 18 (12 : 11)
24. Juni, Fehring		Österreich - Schweiz	15 : 26 (9 : 9)
25. Juni, Bärnbach		Österreich - Schweiz	16 : 23 (9 : 11)
15. September, Hollabrunn		Österreich - Italien	23 : 16 (11 : 8)
16. September, Wien		Österreich - Holland	23 : 17 (12 : 8)
17. September, Wien		Österreich - DDR	14 : 21 (7 : 10)
14. November, Wien	Frauen	Österreich - Bulgarien	14 : 19 (8 : 9)
15. November, Südstadt		Österreich - Bulgarien	7 : 13 (5 : 8)
21. Oktober, Waldkraiburg	Junioren	Bayern - Österreich	12 : 11 (5 : 5)
22. Oktober, Prien		Bayern - Österreich	16 : 15 (6 : 9)
22. September, Wangen	Juniorinnen	BRD - Österreich	13 : 5 (7 : 4)
23. September, Biberach		Dänemark - Österreich	21 : 5 (13 : 2)
24. September, Friedrichshafen		Frankreich - Österreich	8 : 12 (2 : 6)

Faustball

21. Jänner, Urdorf	Männer	Schweiz - Österreich	Halle	67 : 66
25. Februar, Itzehoe		BRD - Österreich	Halle	80 : 58
25. Februar, Itzehoe	Jugend	BRD - Österreich	Halle	75 : 40
13. Mai, Wien		Österreich - BRD	Feld	62 : 81
13. Mai, Wien	Junioren	Österreich - Schweiz	Feld	63 : 40
14. Mai, Wien		Österreich - BRD	Feld	52 : 63
22. August, Ravensburg	Juniorinnen	BRD - Österreich	Feld	71 : 56
22. August, Ravensburg	weibl. Jugend	BRD - Österreich	Feld	83 : 49

HANDBALL-WELTMEISTERSCHAFT DER GRUPPE C

10.–18. November, Schweiz	1. Schweiz	Österreich - Finnland	27 : 22
	2. Norwegen	Österreich - Israel	11 : 17
	3. Israel	Österreich - Norwegen	16 : 21
	4. Österreich	Österreich - Schweiz	15 : 20
		Österreich - Italien	20 : 16
		Österreich - Portugal	27 : 25

FAUSTBALL-EUROPAMEISTERSCHAFT

23.–24. September,	1. BRD	Österreich - Schweiz	29 : 19
Offenburg, BRD	2. Schweiz	Österreich - BRD	20 : 32
	3. Österreich	Österreich - Italien	42 : 18
	4. Italien	Österreich - Schweiz	32 : 37
		Österreich - Schweiz	51 : 30

HANDBALL-LÄNDERKÄMPFE

11. November, Weinfelden	Männer (C-WM)	Österreich - Finnland	27 : 22
12. November, Bischofszell		Österreich - Israel	11 : 17
14. November, Herisau		Norwegen - Österreich	21 : 16
15. November, Zollikofen		Österreich - Italien	20 : 16
17. November, Bischofszell		Schweiz - Österreich	20 : 15
18. November, Aarau		Portugal - Österreich	25 : 27
14. November, Wien	Frauen	Österreich - Bulgarien	14 : 19
15. November, BSZ Südstadt		Österreich - Bulgarien	7 : 13
21. Oktober, Waldkraiburg	Junioren	Bayern - Österreich	12 : 11
22. Oktober, Prien		Bayern - Österreich	16 : 15
10. November, Villach		Österreich - Slowenien	14 : 17
11. November, Villach		Österreich - Schweiz	19 : 26
12. November, Villach		Österreich - Italien	30 : 23

EUROPACUP DER HANDBALLMEISTER

Vorrunde	Männer	ASKÖ Linz-SBL - Volani HC Rovereto, Italien	36 : 16
		Volani HC Rovereto - ASKÖ Linz-SBL	11 : 10
Hauptrunde		ASKÖ Linz-SBL - TV Großwallstadt, BRD	15 : 14
		TV Großwallstadt - ASKÖ Linz-SBL	14 : 11
Vorrunde	Frauen	Hypobank Südstadt - ZSKA Sname Sofia	11 : 16
		ZSKA Sname Sofia - Hypobank Südstadt	16 : 14

EUROPACUP DER CUPSIEGER

Vorrunde	Männer	Grashoppers Zürich - NÖ. UHK Krems	16 : 17
		NÖ. UHK Krems - Grashoppers Zürich	22 : 18
Hauptrunde		NÖ. UHK Krems - SC MAI Moskau	22 : 29
		SC MAI Moskau - NÖ. UHK Krems	27 : 31
Hauptrunde	Frauen	Union Admira-Landhaus - RK Osijek, Jugoslawien	9 : 20
		RK Osijek - Union Admira-Landhaus	

Mauritius

HEERESSPORT

ÖSTERREICHISCHER HEERESSPORTVERBAND (ÖHSV)
1140 Wien, Hütteldorfer Straße 126, Telefon 0 22 2 / 92 66 51 / 74 25 u. 92 74 555
Dienstzeit
Montag bis Dienstag von 8 bis 16.30 Uhr; Mittwoch bis Donnerstag von 8 bis 16 Uhr; Freitag von 8 bis 15 Uhr

Präsident
ObstdG Rudolf Striedinger
1. und geschäftsführender Vizepräsident
ObstdIntD Dipl.-Vw. Walter Matal

Generalsekretär
AORev Kurt Ahammer

Offizielle Verbandszeitung
Heeressport, 4.000 Stück, 6mal jährlich

Im Jahre 1978 wurde der organisatorische Ausbau innerhalb des Heeressports – auch bedingt durch einen Personalwechsel an der Führungsspitze – besonders am Sektor Leistungs- und Spitzensport fortgeführt. Es wurde eine Konzentration auf Schwerpunkte des Heeressports erreicht, wobei besonders am Nachwuchs- und Jugendsektor Erfolge aufzuweisen sind. Die eingerichteten Jugend-Langlaufzentren (Absam, Linz-Ebelsberg, Ried i. I., Saalfelden, Salzburg und Spittal/D.) haben sich bewährt. Vier Staatsmeistertitel und 15 Landesmeistertitel auf dem nordischen Skisektor sind der zahlenmäßige Erfolgsbeweis.
Der ÖHSV hat auch durch die Ausrichtung von Staatsmeisterschaften und internationalen Veranstaltungen seinen Beitrag zum gesamtösterreichischen Sport geleistet.
Sportliche Höhepunkte 1978 waren u. a. die Verbandsmeisterschaften in acht verschiedenen Disziplinen, die Durchführung des 2. ÖHSV-Adidas-Cup in fünf verschiedenen Disziplinen und der 4. ÖHSV-Eisschützencup.
An sportlichen Leistungen haben die Heeressportler 1978 68 Statsmeistertitel durch 54 HSV-Sportler in verschiedenen Sparten aufzuweisen. Dazu kommen noch 19 WM-, 6 EM-, 14 EC- und 16 CISM-Teilnehmer, wobei hier wieder die herausragenden Leistungen von Oblt Walter Marik mit seinem Militärweltmeistertitel im Säbelfechten, der 2. Platz von Hptm Dieter Aggermann im Schießen bei der Militär-WM mit Dienstpistole, der 7. Platz der Ruderer im Doppelvierer bei der WM, 5. Platz beim Europacup, der 6. Platz von Oblt Hubert Garschall bei der WM der Sportschützen mit der Luftpistole und der 4. Platz der Damen vom HSV Vomp-Schwaz im Europacup der Eisstockschützen und schließlich der 3. Platz von Kurt Rauner in der Mannschaft bei der WM der Sportschützen mit Standardgewehr kniend waren.

HOCHSCHUL-SPORT

ZENTRALER HOCHSCHULSPORTAUSSCHUSS ÖSTERREICHS
1150 Wien, Possingergasse 2, Telefon 0 22 2 / 92 26 61, Klappe 39
Sprechstunden: Montag, Mittwoch, 9.30 bis 11.30 Uhr, Donnerstag 13 bis 15 Uhr

Vorsitzender
Ministerialrat Dr. Rudolf Metz, 1014 Wien, Minoritenplatz 5, Telefon 66 214 291
Sekretär
Gustav Posch, 1150 Wien, Possingergasse 2, Tel. 0 22 2 / 92 26 61, Klappe 39

Mitglied der
Federation Internationale du Sport Universitaire (FISU), 71 Länder
FISU-Sekretariat
11 Av. du Tremblay, 75012 Paris/France

Das größte Problem im studentischen Breitensport war und ist der Mangel an Übungsstätten. Ganz besonders augenscheinlich wurde das Mißverhältnis zwischen Nachfrage und (Platz-)Angebot während der Anmeldezeit für das Wintersemester 1978/79. Fast sämtliche Übungseinheiten waren in kürzester Zeit voll belegt, und viele Studierende – weit mehr als üblich – mußten abgewiesen werden. Da aus diesem Grunde den Universitäts-Sportinstituten quantitativ räumliche Grenzen gesetzt sind, richten sie ihr Hauptaugenmerk auf die Verbesserung der Qualität und der Hebung der Attraktivität des Übungsbetriebes.
Auf dem Sektor des Spitzensports waren 1978 – neben zahlreichen internationalen Beschickungen und Vergleichskämpfen – die Winteruniversiade vom 5. bis 12. Februar in Spindlermühle, CSSR, und die Studenten-Judo-Weltmeisterschaft vom 1. bis 5. November in Rio de Janeiro die wichtigsten Ereignisse. Obwohl in Spindlermühle zahlreiche Weltklasseläufer am Start waren, konnte sich das österreichische Studententeam recht gut schlagen, ganz besonders im Abfahrtslauf der Herren, wo sich alle sechs gestarteten Österreicher unter den ersten neun plazierten.
Bei der Judo-Weltmeisterschaft in Rio de Janeiro, wo, wie erwartet, die Vertreter Japans und der UdSSR am erfolgreichsten waren, konnte Österreich mit Alois Groisböck in der Klasse bis 78 kg den 5. Platz erreichen.

HOCKEY

ÖSTERREICHISCHER HOCKEYVERBAND (ÖHV), gegründet 1913
1020 Wien, Prater-Hauptallee 123a, Telefon 0 22 2 / 24 55 00
Dienstzeit
Montag bis Freitag von 9 bis 12 Uhr und von 13 bis 18 Uhr

Präsident
Dir. Josef Moissl, 1190 Wien, Iglaseegasse 48/3, Telefon 0 22 2 / 63 56 71

Generalsekretär
Kurt Kunz, 1170 Wien, Artariastraße 3/2, Telefon 0 22 2 / 24 55 00

Mitglied der
Federation Internationale de Hockey (FIH), gegründet 1924, 81 Länder, 6,7 Millionen Mitglieder
Anschrift
Boulevard du Regent 5, Bruxelles

Vertreter Österreichs in der FIH
Dr. Wolfgang Klee, Vizepräsident
Ingeborg Grüner, Comité Feminin und Comité de Hockey en Salle
Vertreter Österreichs in der FEH
Dir. Josef Moissl

Offizielle Verbandszeitung
Hockey-Nachrichten, wöchentlich 1.000 Exemplare
Chefredakteur: Kurt Kunz

Jahrelang bemühten sich sowohl der Vorstand bei der öffentlichen Hand als auch die dem ÖHV angeschlossenen Vereine bei den Dachorganisationen um zusätzliche Sportstätten. Auf Grund der Erfolglosigkeit dieser Bemühungen und der berechtigten Forderung der Vereine nach mehr sportgerechten Spielfeldern faßte der Vorstand des ÖHV einen weittragenden Entschluß: 1979 sollen zwei Hockeyplätze vom ÖHV in Wien errichtet und 1980 zwei Großvereinen zur Benützung übergeben werden. 13.000 Quadratmeter Ackergrund wurden hierfür bereits angepachtet. Nachdem vor 25 Jahren mit großen Opfern der Hockeygemeinde vom ÖHV das Hockeystadion erbaut wurde, erwartet die Hockeyspieler durch den Ausbau dieser zweiten Sportstätte eine neuerliche Belastung mit einer einkalkulierten großen Opferbereitschaft aller Mitglieder. Natürlich muß während der Ausbauperiode der sportliche Sektor aus finanziellen Gründen auf das Notwendigste beschränkt werden.

Die sportlichen Erfolge auf internationaler Ebene hielten sich im Berichtsjahr in Grenzen. Einen schönen Erfolg konnte die Herrenmannschaft beim Sechs-Länder-Turnier in der Wiener Stadthalle buchen. Die ÖHV-Mannschaft landete hinter WM-Teilnehmer Polen auf Rang 2. Die Junioren kamen über die Qualifikationsrunde der EM nicht hinaus. Auch die Damen konnten gegen Frankreich und die CSSR nicht den Aufstieg ins WM-Finalturnier erreichen. Dagegen landeten die Juniorinnen beim Finale wieder auf Rang 4, der gleichzeitig auch die Qualifikation für das nächste EM-Finale bedeutete.

Eine besondere Ehrung wurde dem Vizepräsidenten der FIH und Ehrenpräsidenten des ÖHV, Herrn Dr. Wolfgang Klee, bei der letzten Sitzung des Weltverbandes in Brüssel zuteil. Aus der Hand des Präsidenten der FIH, René Frank, erhielt er den erst zwei Persönlichkeiten verliehenen „Ordre de merite“, die höchste Auszeichnung, die der Weltverband zu vergeben hat. Dr. Wolfgang Klee bekam diese Auszeichnung nicht nur für seine 30jährige Mitarbeit in der FIH. Schließlich war er der Initiator für einen Weltcup, dessen Organisation in seinen Händen lag, und außerdem brachte er als Präsident des Hallenkomitees der FIH das Hallenhockey zu einer nie erwarteten Popularität.

ÖSTERREICHS LÄNDERSPIELE DER HERREN (Stand 1. 1. 1979)

Feld

Ägypten		2 Spiele
1955	Warschau	2 : 1
1957	Moskau	2 : 0
2 S	0 U 0 N	4 : 1

Afghanistan		1 Spiel
1936	Wien	3 : 6
0 S	0 U 1 N	3 : 6

Argentinien		1 Spiel
1948	London	1 : 1
0 S 1 U 0 N		1 : 1

Belgien		7 Spiele
1925	Genf	1 : 2
1928	Amsterdam	0 : 4
1935	Brüssel	1 : 3
1951	Brüssel	0 : 3
1959	Rom	1 : 3
1961	Rapallo	0 : 1
1974	Madrid	2 : 3
0 S 0 U 7 N		5 :19

Dänemark		10 Spiele
1928	Amsterdam	1 : 3
1951	Kopenhagen	1 : 2
1954	Brüssel	1 : 2
1965	Posen	1 : 0
1966	Hamburg	3 : 0
1970	Brüssel	1 : 0
1971	Wien	1 : 0
1972	Santander	1 : 1
1974	Madrid	0 : 1
1975	Wien	2 : 0
5 S 1 U 4 N		12 : 9

Deutschland		8 Spiele
1925	Wien	0 : 2
1926	Berlin	1 : 8
1927	Wien	1 : 1
1929	Barcelona	1 : 5
1932	Leipzig	2 :10
1952	Hämeenlina	1 : 2
1962	Schweinfurt	0 : 3
1974	Johannesburg	0 : 4
0 S 1 U 7 N		6 :35

DDR		8 Spiele
1954	Jena	0 : 1
1955	Wien	0 : 1
1955	Warschau	0 : 0
1956	Köthen	0 : 0
1957	Moskau	0 : 0
1965	Posen	0 : 3
1966	Leipzig	0 : 0
1967	Wien	0 : 4
0 S 4 U 4 N		0 : 9

England		3 Spiele
1912	Hamburg	0 : 7
1970	Brüssel	1 : 2
1974	Madrid	0 : 1
0 S 0 U 3 N		1 :10

Frankreich		7 Spiele
1929	Barcelona	2 : 2
1954	Brüssel	3 : 6
1957	Barcelona	4 : 0
1962	Wien	1 : 1
1964	Barcelona	0 : 1
1966	Hamburg	1 : 0
1974	Madrid	1 : 5
2 S 2 U 3 N		12 :15

Finnland		4 Spiele
1957	Moskau	1 : 0
1969	Wien	2 : 1
1974	Madrid	4 : 0
1977	Wien	7 : 0
4 S 0 U 0 N		14 : 1

Großbritannien		1 Spiel
1935	Brüssel	0 : 4
0 S 0 U 1 N		0 : 4

Holland		5 Spiele
1954	Brüssel	0 : 4
1955	Wien	0 : 1
1957	Barcelona	0 : 1
1966	Hamburg	0 : 3
1970	Brüssel	0 : 2
0 S 0 U 5 N		0 :11

Indien		6 Spiele
1928	Amsterdam	0 : 6
1932	Wien	1 : 6
1948	London	0 : 8
1952	Helsinki	0 : 4
1955	Warschau	0 : 1
1966	Hamburg	0 : 1
0 S 0 U 6 N		1 :26

Japan		1 Spiel
1957	Moskau	0 : 2
0 S 0 U 1 N		0 : 2

Jugoslawien		5 Spiele
1951	Wien	1 : 0
1951	Zagreb	6 : 1
1957	Zagreb	1 : 1
1957	Wien	2 : 0
1969	Wien	3 : 1
4 S 1 U 0 N		13 : 3

Kenia		1 Spiel
1966	Hamburg	0 : 2
0 S 0 U 1 N		0 : 2

Malawi		1 Spiel
1974	Johannesburg	5 : 3
1 S 0 U 0 N		5 : 3

Nigeria		1 Spiel
1971	Wien	3 : 0
1 S 0 U 0 N		3 : 0

Polen		7 Spiele
1948	Posen	2 : 0
1955	Warschau	0 : 3
1957	Moskau	0 : 3
1958	Posen	0 : 2
1963	Wien	1 : 4
1965	Posen	1 : 2
1973	Wien	1 : 6
1 S	0 U 6 N	5 :20

Portugal		1 Spiel
1974	Madrid	3 : 0
1 S	0 U 0 N	3 : 0

Rhodesien		3 Spiele
1970	Wien	0 : 1
1974	Salesbury	1 : 5
1975	Wien	1 : 3
0 S	0 U 3 N	2 : 9

Südafrika		3 Spiele
1957	Barcelona	0 : 5
1974	Johannesburg	0 : 4
1975	Wien	0 : 1
0 S	0 U 3 N	0 :10

Spanien		8 Spiele
1929	Barcelona	0 : 3
1935	Brüssel	0 : 2
1948	London	1 : 1
1953	Tarassa	0 : 2
1957	Wien	0 : 2
1963	Wien	0 : 1
1964	Barcelona	0 : 3
1972	Santander	0 : 1
0 S	1 U 7 N	1 :15

Schottland		1 Spiel
1977	Wien	1 : 2
0 S	0 U 1 N	1 : 2

Schweiz		15 Spiele
1925	Genf	5 : 0
1925	Zürich	2 : 1
1928	Amsterdam	0 : 1
1931	Wien	1 : 2
1932	Zürich	1 : 1
1951	Wien	1 : 1
1952	Helsinki	2 : 1
1954	Brüssel	2 : 2
1959	Wettingen	0 : 1
1963	Salzburg	0 : 2
1966	Hamburg	3 : 0
1968	Rom	1 : 2
1968	Luzern	0 : 1
1974	Johannesburg	2 : 0
1978	Wien	3 : 1
6 S	3 U 6 N	23 :16

Tschechoslowakei		13 Spiele
1922	Brünn	3 : 1
1925	Genf	1 : 0
1927	Wien	3 : 0
1927	Prag	2 : 0
1928	Wien	1 : 0
1931	Prag	1 : 0
1947	Prag	1 : 2
1947	Wien	3 : 0
1948	Wien	2 : 1
1955	Warschau	2 : 1
1956	Wien	2 : 2
1963	Prag	0 : 0
1970	Brüssel	0 : 3
9 S	2 U 2 N	21 :10

Irland		4 Spiele
1972	Santander	0 : 1
1974	Johannesburg	0 : 0
1975	Wien	2 : 3
1976	Cork	1 : 5
0 S	1 U 3 N	3 : 9

Italien		12 Spiele
1947	Verona	4 : 1
1949	Meran	2 : 0
1950	Wien	2 : 0
1952	Ferrara	2 : 0
1952	Hämeenlinna	2 : 0
1959	Rom	1 : 0
1961	Rapallo	0 : 1
1964	Barcelona	1 : 1
1968	Rom	0 : 0
1970	Brüssel	1 : 0
1972	Santander	0 : 0
1974	Madrid	0 : 2
7 S	3 U 2 N	15 : 5

Ungarn		14 Spiele
1927	Budapest	3 : 2
1930	Budapest	2 : 1
1931	Wien	2 : 2
1933	Budapest	1 : 1
1934	Wien	2 : 2
1935	Budapest	0 : 1
1936	Wien	3 : 1
1937	Budapest	0 : 1
1947	Wien	0 : 1
1947	Budapest	0 : 1
1964	Budapest	2 : 0
1965	Linz	2 : 0
1967	Budapest	1 : 0
1968	Wien	0 : 0
6 S	4 U 4 N	18 :13

Wales		2 Spiele
1970	Brüssel	2 : 1
1976	Cork	1 : 3
1 S	0 U 1 N	3 : 4

UdSSR		1 Spiel
1970	Brüssel	1 : 1
0 S	1 U 0 N	1 : 1

STAATSMEISTER 1978

Herren	Halle	**SV Arminen Wien**
Damen	Halle	**Wiener Athletiksport-Club**
Herren	Feld	**Akademischer Hockey- und Tennisclub Wien**
Damen	Feld	**SV Arminen Wien**

ÖSTERREICHISCHE MEISTER 1978

männl. Jugend	Halle	Hockey-Club Wien
Mädchen	Halle	Wiener Athletiksport-Club
Schüler A	Halle	Hockey-Club Wien
Schüler B	Halle	Post-SV Wien
Schüler C	Halle	HC Wiener Neudorf-Systemdach
männl. Jugend	Feld	Hockey-Club Wien
Mädchen	Feld	SV Arminen Wien
Schüler A	Feld	Wiener Athletiksport-Club
Schüler B	Feld	Hockey-Club Wien
Senioren	Feld	Hockey-Club Austria

ABSCHLUSSTABELLEN DER HALLENMEISTERSCHAFT 1977/78

Nationalliga A – Herren

1. SV Arminen (1.)	10	9	1	0	94 : 29	19
2. Wr. Neudorf (3.)	10	7	2	1	47 : 36	16
3. Post-SV (4.)	10	5	0	5	39 : 46	10
4. AHTC (2.)	10	3	2	5	40 : 58	8
5. HC Wien (5.)	10	1	2	7	39 : 56	4
6. WAC (A)	10	1	1	8	26 : 60	3

Damen

1. WAC (2.)	7	7	0	0	33 : 3	14
2. Post-SV (1.)	7	6	0	1	49 : 10	12
3. HC Wien (4.)	7	5	0	2	22 : 8	10
4. AHTC (3.)	7	4	0	3	25 : 15	8
5. SV Arminen (5.)	7	3	0	4	19 : 14	6
6. Prater HS (A)	7	1	1	5	12 : 36	3
7. Universitas (6.)	7	1	0	6	5 : 38	2
8. Westend (A)	7	0	1	6	2 : 43	1

ABSCHLUSSTABELLEN DER FELDMEISTERSCHAFT 1978

Nationalliga A – Herren

1. AHTC (1.)	16	14	1	1	45 : 9	29
2. SV Arminen (2.)	16	12	2	2	70 : 8	26
3. Post-SV (4.)	16	9	3	4	32 : 11	21
4. Wr. Neudorf (5.)	16	6	6	4	17 : 15	18
5. HC Wien (3.)	16	4	6	6	27 : 33	14
6. WSC* (7.)	16	4	3	8	15 : 27	11
7. WAC (6.)	16	2	6	8	9 : 26	10
8. Olympia (8.)	16	1	7	8	12 : 46	9
9. ATSV Wels* (9.)	16	1	2	12	7 : 59	4

* WSC - ATSV Wels 0 : 0 und 0 Punkte

Damen

1. SV Arminen (4.)	14	13	0	1	30 : 7	26
2. Post-SV (3.)	14	10	2	2	63 : 9	22
3. WAC (1.)	14	9	2	3	50 : 14	20
4. AHTC (2.)	14	7	2	5	23 : 16	16
5. HC Wien (5.)	14	4	3	7	20 : 29	11
6. Universitas (6.)	14	2	3	9	8 : 46	7
7. Westend (7.)	14	2	1	11	8 : 33	5
8. Prater-HS (A)	14	1	3	10	4 : 52	5

LÄNDERKÄMPFE

Sechs-Nationen-Turnier (Halle) Herren
21./22. Jänner, Wien

Österreich - Polen	3 : 5 (1 : 4)	1. Polen
Österreich - Schweiz	4 : 4 (3 : 2)	2. Österreich
Österreich - Frankreich	7 : 4 (4 : 2)	
Österreich - Wales	6 : 4 (2 : 3)	
Österreich - Belgien	11 : 4 (8 : 2)	

Junioren-EM-Qualifikationsturnier			
9. Juni, Wien	Junioren	Österreich - Polen	1 : 1 (0 : 1)
11. Juni, Wien		Österreich - Belgien	0 : 4 (0 : 2)
Herren-Länderkampf			
17. Juni, Wien	Herren	Österreich - Schweiz	3 : 1 (3 : 0)
Juniorinnen-EM-Finalturnier			
29. Juni, Celle	Juniorinnen	Österreich - BRD	0 : 4 (0 : 2) 1. Nieder-
30. Juni, Celle		Österreich - Frankreich	1 : 0 (1 : 0) lande
1. Juli, Celle		Österreich - Niederlande	0 : 2 (0 : 1) 4. Österreich
1. Juli, Celle		Österreich - Spanien	0 : 1 (0 : 0)
Damen-WM-Qualifikation			
8. Juli, Würzburg	Damen	Österreich - Frankreich	0 : 3 (0 : 2)
		Österreich - CSSR	0 : 3 (0 : 0)

EUROPAMEISTERSCHAFT

29. Juni bis 2. Juli, Celle	Juniorinnen	4. Österreich
	Junioren	Österreich in der Qualifikationsrunde in Wien ausgeschieden.

EUROPACUP

Landesmeister-Qualifikation 16. April, Brüssel	Damen	Edinburg Ladies' Hockey Club gegen WAC	4 : 0 (4 : 0)
16. April, Moskau	Herren	AHTC - Stagelse HC (Dän.)	7 : 0 (2 : 0)
		AHTC - Dynamo Alma Ata	1 : 5 (0 : 4) AHTC ausgeschieden
Sechs-Nationen-Turnier (Halle) 21./22. Jänner, Wien	Herren	2. Österreich	

JAGD- UND WURFTAUBEN-SCHIESSEN

VERBAND DER JAGD- UND WURFTAUBENSCHÜTZEN ÖSTERREICHS (VJWÖ), gegründet 1952
1040 Wien, Prinz-Eugen-Straße 12, Telefon 0 22 2 / 65 05 434, Telex 01/3132
Dienstzeit: jeden Dienstag von 17 bis 18 Uhr

Bundesleistungszentrum für Wurftaubenschießen Haringsee, NÖ., geöffnet jeden Samstag und Sonntag ab 10 Uhr.
Disziplinen: Trap, Skeet, Kipphase, Kleinkaliber und Pistole.

Präsident
Edgar Laber, A-5110 Oberndorf, Salzburg, Telefon 0 62 72 / 484

Mitglied der
Union Internationale de TIR (UIT)
Anschrift
D-62 Wiesbaden, Klarenthal, Telefon 46 42 61

Training und internationale Vorbereitungswettkämpfe für die Weltmeisterschaften 1979 in Österreich hatten Vorrang. Bei den Skeetschützen zeigten sich mit einem 12. Platz von Franz Schitzhofer bei der EM 1978 in Stuhl, DDR, erste Ansätze, um wieder Anschluß an die Weltklasse zu finden. Ebenso gelang es unseren Trapschützen Puser und Holzinger, mit guten Plätzen bei internationalen Bewerben den Anschluß zur Weltspitze zu halten.

Besonders erfreulich ist die gute Leistung unserer Skeetjunioren, wovon besonders Josef Hahnenkamp hervorzuheben ist. Die gesamte Verbandsarbeit war auf die Betreuung und Förderung der Spitzen- und Nachwuchsschützen ausgerichtet.

STAATSMEISTER 1978

Einzel	Skeet	**Franz Schitzhofer**	Steinbrunn, Bgld.
	Trap	**Ludwig Puser**	Steinbrunn, Bgld.
Team	Skeet	**Csokay, Hahnenkamp, Schitzhofer**	Steinbrunn, Bgld.
	Trap	**Eidenberger, Harrer, Schmid**	Ansfelden, OÖ.

ÖSTERREICHISCHE MEISTER 1978

Senioren	Skeet	Dr. Heinrich Vogel	Braunau a. Inn, OÖ.
	Trap	Herbert Lugert	Stmk. WC
Junioren	Skeet	Josef Hahnenkamp	Steinbrunn, Bgld.
	Trap	Hannes Gschier	Stmk. WC

ÖSTERREICHISCHE REKORDE

13. 8. 1978, Hollabrunn	Skeet	Franz Schitzhofer	Steinbrunn, Bgld.	195
23. 4. 1978, Tattendorf	Trap	Franz Holzinger	Herzogenburg, NÖ.	194

GROSSVERANSTALTUNGEN

12.–15. Mai, GP Wien-Skeet	Skeet	7. Franz Schitzhofer
14.–19. Juni, GP v. Polen	Skeet	5. Manfred Hechtl
	Trap	3. Ludwig Puser
Junioren	Skeet	3. Stefan Aufhauser
12.–13. August, Bad Salzuflen 5. Int. 200-Tauben-Skeetmannsch.	Skeet	4. Manfred Hechtl jun.
1.–2. Juli, GP v. Nürnberg	Trap	2. Ludwig Puser
19.–20. August, FP v. Südbaden	Trap	2. Franz Holzinger

JUDO

ÖSTERREICHISCHER JUDOVERBAND (ÖJV), Fachverband für die waffenlose Kunst, gegründet 1949
1040 Wien, Prinz-Eugen-Straße 12, Telefon 0 22 2 / 65 91 77
Dienstzeit
Montag, Dienstag, Mittwoch von 7 bis 15 Uhr,
Donnerstag von 7 bis 18 Uhr, Freitag von 8 bis 12 Uhr

Präsident
Kurt Kucera, 1050 Wien, Stolberggasse 31—33/II/14

Generalsekretär
Kurt J. Binder, 1160 Wien, Johann-Nepomuk-Berger-Platz 10/5

Mitglied der
International Judo Federation (IJF), gegründet 1954, 91 Länder
Anschrift
C. S. Palmer. 70, Brompton Road, Knightsbridge, London, SW 3 - 1 DR

und der
Union Europeene de Judo (EJU)
Anschrift
B. P. 58, Ob. Zollg. 75, CH-3072 Ostermundingen, Berne/Suisse
Kurt Kucera ist zugleich auch Vizepräsident der EJU.

Offizielle Verbandszeitung
Judo-Magazin, viermal pro Jahr, ca. 9.200 Stück
Chefredakteur: Hans Hofstätter, Telefon 0 22 2 / 65 91 77

Im Berichtsjahr konnte der Judoverband seine Erfolgsliste weiter verbessern. Bei den Damen-Europameisterschaften in Köln wurden Edith Hrovat in der Gewichtsklasse bis 52 kg sowie Gerda Winklbauer in der Klasse bis 56 kg Europameisterinnen. Margit Schmutzer belegte wie im Vorjahr den 2. Platz in der Gewichtsklasse über 72 kg. Auch die anderen Mädchen konnten gute Talentproben ablegen, und es ist zu erwarten, daß im nächsten Jahr eine Steigerung möglich ist.
Bei den Männern konnte Jatowtt in der Klasse bis 78 kg einen 3. Platz bei den Europameisterschaften belegen. Bei verschiedenen Vorbereitungsturnieren wurden gute Erfolge erzielt.
Bei einer Länderkonferenz wurden eine bessere Zusammenarbeit zwischen Bund und Ländern sowie die Umgestaltung der Kaderarbeit bei den Männern beschlossen. Die Arbeit des Verbandstrainers war im Berichtsjahr zufriedenstellend; man kann dies auch an den Erfolgen sehen. Von der Arbeit der Schwerpunkttrainer kann man dies nicht in jedem Fall behaupten. Hier wird sich das Dankollegium (techn. Ausschuß) mit einer Umgestaltung beschäftigen. Bei den Herren hielt die Aufwärtsentwicklung des Vorjahres an, und man kann jetzt von drei internationalen Klasseleuten sprechen. Bei den Damen gab es eine weitere Steigerung — eine Goldmedaille mehr als im Vorjahr. Auch hier kann auf Grund der guten Nachwuchsarbeit eine weitere Steigerung erwartet werden.

STAATSMEISTER 1978

	Männer	bis 60 kg	**Josef Reiter**	UJZ Mühlviertel
		65 kg	**Alfred Galler**	PSV Salzburg
		71 kg	**Martin Wöß**	Eudora Wels
		78 kg	**Jurek Jatowtt**	Eudora Wels
		86 kg	**Johann Makula**	UJZ Mühlviertel
		95 kg	**Robert Köstenberger**	Eudora Wels
		über 95 kg	**Reinhold Gangl**	WSGS Wattens
	Frauen	bis 48 kg	**Claudia Ellegast**	U Ulmerfeld
		52 kg	**Edith Hrovat**	PSV Leoben
		56 kg	**Gerda Winklbauer**	JGV Schuh-Ski
		61 kg	**Paula Melmer**	JC Kufstein
		66 kg	**Mag. Theresia Schroth**	ASKÖ Graz
		72 kg	**Susanne Litscher**	PSV Leoben
		über 72 kg	**Margit Schmutzer**	JGV Schuh-Ski
Mannschaft	Männer		**Polizei Salzburg**	

ÖSTERREICHISCHE MEISTER 1978

Junioren	männlich	bis 60 kg	Stefan Wolfmayr	UJZ Mühlviertel
		65 kg	Gerhard Fiala	UJZ Mühlviertel
		71 kg	Manfred Hölzler	Union-JC Dornbirn
		78 kg	Helmut Lindorfer	UJZ Mühlviertel
		86 kg	Ernst Axmann	U Gaspoltshofen
		95 kg	Franz Berger	WSGS Wattens
		über 95 kg	Josef Rinnerthaler	SV Straßwalchen
Jugend	männlich	bis 53 kg	Arthur Niederbacher	WSGS Wattens
		57 kg	Manfred Spieler	ATSV Bregenz
		62 kg	Helmbrecht Angerer	WSGS Wattens
		68 kg	Gerhard Eidenberger	ATSV Linz
		75 kg	Martin Lieb	WSGS Wattens
		83 kg	Thomas Haasmann	Shudokan Austria
		über 83 kg	Helmut Gnaiger	ATSV Bregenz
Schüler	männlich	bis 31 kg	Markus Kainz	ATSV Jenbach
		34 kg	Robert Busnik	SK VOEST Linz
		37 kg	Thomas Reiter	UJZ Mühlviertel
		40 kg	Alois Rainer	JC Nahito Linz
		44 kg	Bernhard Stürmer	U Linz
		48 kg	Johann Meislinger	ASKÖ Mauerkirchen
		55 kg	Fritz Weilbuchner	ASKÖ Mauerkirchen
		über 55 kg	Hermann Boss	ATSV Bregenz
Jugend	weiblich	bis 42 kg	Uschi Stockinger	ZW Braunau
		45 kg	Manuela Kühhas	U Sierning
		49 kg	Claudia Ellegast	JC Ybbstal
		54 kg	Doris Hotter	ATSV Jenbach
		59 kg	Elisabeth Melmer	JC Kufstein
		65 kg	Eveline Mathis	U Hohenems
		über 65 kg	Monika Fischer	U Hohenems

LÄNDERKÄMPFE

2. September, Wien	Männer	Österreich - UdSSR	1 : 1	
Int. Mannschaftsturnier 9. September, Göppingen	Männer	Österreich - Japan	0 : 5	
		Österreich - BRD	1 : 6	
		Österreich - Frankreich	3 : 4	
Int. Mannschaftsturnier 23. September, Wien	Männer	Österreich - Belgien	3 : 3	3. Österreich
		Österreich - Japan	2 : 5	
		Österreich - BRD	4 : 3	
		Österreich - DDR	3 : 4	
		Österreich - Ungarn	4 : 3	

EUROPAMEISTERSCHAFTEN

10./11. November, Köln	Damen	bis 52 kg	1. Edith Hrovat
		bis 56 kg	1. Gerda Winklbauer
		über 72 kg	2. Margit Schmutzer
4.–7. Mai, Helsinki	Männer	bis 78 kg	3. Jurek Jatowtt
5. Oktober, Paris	Männer Mannschaft		5. Platz
17.–19. November, Miskolc	Jugend	bis 62 kg	3. Helmbrecht Angerer
		bis 75 kg	5. Martin Lieb
		bis 83 kg	5. Thomas Haasmann

GROSSVERANSTALTUNGEN

Int. Turnier 18./19. März, Potsdam	Männer	bis 71 kg bis 95 kg	3. Martin Wöß 2. Robert Köstenberger	
Int. Turnier 23. September, Wien	Mannschaft		3. Österreich	12 Nationen
Int. deutsche Meisterschaften 11. Februar, Hemsbach	Damen	bis 52 kg bis 56 kg bis 52 kg	1. Edith Hrovat 1. Gerda Winklbauer 3. Erna Lessacher	
Int. österreichische Meisterschaften 30. September, Wien		bis 52 kg bis 56 kg bis 61 kg bis 66 kg bis 72 kg über 72 kg	1. Edith Hrovat 1. Gerda Winklbauer 2. Herta Reiter 3. Margarete Auzinger 3. M. Theresia Schroth, Mag. 3. Susanne Litscher 3. Margit Schmutzer 3. Renate Eppich	
Int. britische Meisterschaften 21. Oktober, London		bis 56 kg bis 52 kg bis 72 kg	1. Gerda Winklbauer 2. Edith Hrovat 2. Susanne Litscher	
Großer Preis von Bratislava 22. April	allg. Klasse	bis 48 kg bis 52 kg bis 56 kg bis 72 kg bis 61 kg bis 66 kg bis 72 kg über 72 kg bis 61 kg bis 66 kg	1. Claudia Ellegast 1. Edith Hrovat 1. Gerda Winklbauer 1. Renate Eppich 2. Herta Reiter 2. Theresia Schroth 2. Susanne Litscher 2. Margit Schmutzer 3. Edith Simon 3. Eva Winklbauer	5 Nationen
Int. deutsche Jugendmeisterschaft 10. Juni, Bochum	Jugend	über 65 kg bis 65 kg bis 60 kg	1. Renate Eppich 2. Edith Simon 3. Paula Melmer	7 Nationen
Jigoro-Cano-Cup 23.–26. Nov., Japan		bis 78 kg bis 95 kg	3. Jurek Jatowtt 3. Robert Köstenberger	27 Nationen
Int. Turnier Taipei 1./2. Dez., Taiwan		bis 65 kg bis 78 kg bis 78 kg bis 86 kg bis 95 kg	2. Willi Reizelsdorfer 1. Martin Wöss 3. Gerold Jungwirth 2. Jurek Jatowtt 1. Robert Köstenberger	11 Nationen
City-of-Milano-Cup 15./16. Dez., Mailand		bis 65 kg bis 95 kg	2. Masaaki Ueda 1. Robert Köstenberger	9 Nationen

KARATE

ÖSTERREICHISCHER KARATE-BUND (ÖKB), gegründet 1965
1020 Wien, Pazmanitengasse 17, Telefon 0 22 2 / 24 67 213
Dienstzeit: Montag bis Freitag von 19 bis 20.30 Uhr

Präsident: Karl Neveceral

Sekretärin: Sieglinde Nedomlel

Mitglied der
European Amateur Karate Federation (EAKF)
Anschrift: Milano, Via Bezzecca 9
und der
Europäischen Karate-Union (EUK)
Anschrift: Paris 75013, II Rue Primatice

Weltverbände
World Union Karate Organization (WUKO)
International Amateur Karate Federation (IAKF)

Die Sektion Kontakt-Karate wurde neu aufgenommen. Besondere Schwerpunkte waren die Aus- und Fortbildung von Trainern, die Schaffung regionaler Leistungszentren und die Förderung des Nachwuchses. Neu geschaffen wurde die Gewichtsklassenunterteilung (sechs Klassen).

STAATSMEISTER 1978

Kampf		Leicht	**Felix Traintinger**	Shotokan Salzburg
		Welter	**Erwin Topil**	Shotokan Wien
		Mittel	**Willibald Eder**	KC Floridsdorf
		Halbschwer	**Walter Breitner**	Vorarlberg
		Schwer	**Helmut Jarosch**	KC Bregenz
		Allkategorie	**Franz Einfalt**	Shotokan Wien
		Mannschaft	**Shotokan Wien**	
Kata	Herren	Einzel (Shotokan)	**Stefan Stockinger**	ASKÖ Wien
		Einzel (Goju-Ryu)	**Willibald Eder**	KC Floridsdorf
	Damen	Einzel (Shotokan)	**Inge Lex**	KC Kärnten
		Einzel (Goju-Ryu)	**Elvira Wienauer**	KC Floridsdorf
	Herren	Mannschaft (Shotokan)	**Seibukan Linz**	
		Mannschaft (Goju-Ryu)	**KC Floridsdorf**	

ÖSTERREICHISCHE MEISTER 1978

	Junioren	Leicht	Christian Gaidos	Shotokan Wien
		Welter	Franz Pohlmüller	DSG Union Traun
		Mittel	Franz Feichter	Shotokan Feldkirch
		Halbschwer	Willibald Eder	KC Floridsdorf
		Schwer	Alfred Brandstätter	Shotokan Salzburg
		Allkategorie	Alfred Brandstätter	Shotokan Salzburg
Kata		Mannschaft	Shotokan Salzburg	
	Herren	Einzel	Wolfgang Herbert	Shotokan Bregenz
	Damen	Einzel	Jutta Häusle	Shotokan Hohenems
	Herren	Mannschaft	Shotokan Bregenz	

EUROPAMEISTERSCHAFTEN

11./12. März, Leon, Spanien	Junioren	Welter	1. Robert Schöberl	KC Floridsdorf
		Halbschwer	3. Willibald Eder	KC Floridsdorf
		Leicht	5. Gaidos	Shotokan Wien
			6. Bolterauer	HS Steyr
		Schwer	5. Heinz Biebl	Koflach

19.–21. Mai, Genf	Senioren	Leicht Welter Schwer	2. Felix Traintinger 5. Helmut Brandstätter 5. Alfred Brandstätter	Shotokan Salzburg
11./12. November, Düsseldorf	Mannschaft	Kampf Kata	2. Österreich 2. Österreich	15 Nationen
	Kata	Einzel Mannschaft	2. Hans Nagler 2. Österreich	Canoy, Stockinger, Neubauer
	Kata	Einzel	2. Michael Canoy 3. Stefan Stockinger	

EUROPACUP

14. Oktober, Duisburg	Semikontakt	4. Robert Schöberl	KC Floridsdorf

LÄNDERKÄMPFE

24. April, Verona	Österreich – Italien	5 : 6
22. Mai, Genf (bei Europameisterschaft)	Österreich – Norwegen	5 : 4
22. Mai, Genf (bei Europameisterschaft) Junioren	Österreich – Frankreich	2 : 3
	Österreich – Wales	0 : 4

LEIBESERZIEHER

VERBAND DER LEIBESERZIEHER ÖSTERREICHS
1150 Wien, Possingergasse 2, Universitätssportzentrum, Tel. 0 22 2 / 92 26 61-64

Vorsitzender
Mag. phil. Erich Mayerhofer

Sekretärin: Hilde Siebert, Telefon 0 22 2 / 73 75 623

LEICHTATHLETIK

ÖSTERREICHISCHER LEICHTATHLETIKVERBAND (ÖLV), gegründet 1900
1040 Wien, Prinz-Eugen-Straße 12, Telefon 0 22 2 / 65 73 50, Telex 01/31 32
Dienstzeit
Montag, Mittwoch, Donnerstag von 7.30 bis 16 Uhr, Dienstag von 9.30 bis 18 Uhr, Freitag von 7.30 bis 13.30 Uhr

Präsident
Sekt.-Chef Dr. Erich Pultar, 1080 Wien, Lange Gasse 46, Tel. 0 22 2 / 42 47 80

Mitglied der
International Amateur Athletic Federation (IAAF), gegründet 1912, 160 Länder
Anschrift
162, Upper Richmond Road, Putney, London S. W. 15, England, Tel. 01-789 3853

Offizielle Verbandszeitung
„Österreichische Leichtathletik", 8mal jährlich, 3.300 Stück
Verantwortlicher Schriftleiter
Otto Baumgarten, 1040 Wien, Prinz-Eugen-Straße 12, Telefon 0 22 2 / 65 73 50

Österreichischer Cup 1978:

Gesamtwertung: ULC Linz-Oberbank, 49.316 P.
Männer: TI Raiffeisen, 29.499 P.
Frauen: ULC Linz-Oberbank, 24.447 P.

Österreichische Jahresbestleistungen 1978:

Männer: 100 m: Massing (ULC Wildschek), 10,72; 200 m: Mateyka (WAC), 21,52; 400 m: Mateyka, 47,57; 800 m: Nemeth, 1:49,6; 1.000 m: Nemeth, 2:20,3; 1.500 m: Millonig (beide SVS Schwechat), 3:39,0; 3.000 m: Nemeth, 7:59,9; 5.000 m: Wagger (T. Innsbruck), 13:31,2; 10.000 m: Millonig, 29:35,2; 110 m Hürden: Kreiner (ATSV Linz), 14,0; 400 m Hürden: Rümmele (TS Dornbirn), 51,14; 3.000 m Hindernis: Konrad (T. Innsbruck), 8:32,6; Hoch: Prenner (Post-SV Graz), 2,15 m; Weit: Prenner, 7,53 m; Stabhoch: Lechner (SVS Schwechat), 5,10 m; Dreisprung: Libal (SVS Schwechat), 15,53 m; Kugel: Neudolt (ÖTB Penzing), 17,35 m; Diskus: Frank (KLC), 56,50 m; Speer: Pektor (ULC Wildschek), 72,94 m; Hammer: Viertbauer (U. Salzburg), 65,56 m; Zehnkampf: Zeilbauer, 8.135 Punkte; 4×100 m: KLC, 41,82; 4×400 m: T. Innsbruck, 3:17,2

Frauen: 100 m: Käfer (KLC), 11,43; 200 m: Käfer, 23,09; 400 m: Schinzel, 53,00; 800 m: Wildschek (ULC Wildschek), 2:06,2; 1.500 m: Weilharter (T. Innsbruck), 4:24,4; 3.000 m: Klemenjak (DSG Maria Elend), 9:40,9; 100 m Hürden: Prenner (Post-SV Graz), 13,93; 400 m Hürden: Wildschek, 61,12; Hoch: Rohrbacher (IAC Marker), 1,77 m; Weit: Wöckinger (ULC Linz-Oberbank), 5,98 m; Kugel: Spacek (SVS Schwechat), 14,58 m; Diskus: Spacek, 51,58 m; Speer: Janko (ULC Wildschek), 58,24 m; Fünfkampf: Danninger (LAG Ried), 3.984 Punkte; 4×100 m: TS Bregenz, 46,42; 4×400 m: KLC, 3:49,1

STAATSMEISTER 1978

6. Mai, Graz	Männer	10.000 m	**Erwin Wagger**	T. Innsbruck
	Frauen	3.000 m	**Anni Klemenjak**	DSG Maria Elend
25. Mai, Graz	Männer	4×400 m	**T. Innsbruck**	Zettl, Glösl, Widmann, K. Mayramhof
		3×1.000 m	**SVS Schwechat**	Haas, Nemeth, Millonig
	Frauen	4×400 m	**KLC**	Kienberger, Pichler, Petutschnig, Käfer
5./6. August, Wien	Männer	Zehnkampf	**Sepp Zeilbauer**	MLG
		Mannschaft	**LG Montfort**	Berchtold, Aberer, Wolfgang
	Frauen	Fünfkampf	**Margit Danninger**	LAG Ried
18.–20. August, Graz	Männer	100 m	**Gernot Massing**	ULC Wildschek
		200 m	**Peter Mateyka**	WAC
		400 m	**Alex Fortelny**	WAT
		800 m	**Robert Nemeth**	SVS Schwechat
		1.500 m	**Dietmar Millonig**	SVS Schwechat
		5.000 m	**Erwin Wagger**	T. Innsbruck

		110 m Hürden	**Sepp Zeilbauer**	MLG
		400 m Hürden	**Felix Rümmele**	TS Dornbirn
		3.000 m Hindernis	**Wolfgang Konrad**	T. Innsbruck
		Hochsprung	**Wolfgang Tschirk**	BAC
		Weitsprung	**Werner Prenner**	Post-SV Graz
		Stabhochsprung	**Reinhard Lechner**	SVS Schwechat
		Dreisprung	**Heinrich Libal**	SVS Schwechat
		Kugel	**Hermann Neudolt**	ÖTB Penzing
		Diskus	**Hans Matous**	UAB Wien
		Speer	**Wilhelm Malle**	KLC
		Hammer	**Peter Sternad**	KLC
		4×100 m	**KLC**	Rednak, Weinhandl, Writze, Woschitz
		10.000 m Gehen	**Johann Siegele**	SV Reutte
	Frauen	100 m	**Karoline Käfer**	KLC
		200 m	**Karoline Käfer**	KLC
		400 m	**Silvia Schinzel**	SVS Schwechat
		800 m	**Christiane Wildschek**	ULC Wildschek
		1.500 m	**Anni Klemenjak**	DSG Maria Elend
		100 m Hürden	**Petra Prenner**	Post-SV Graz
		400 m Hürden	**Christiane Wildschek**	ULC Wildschek
		Hochsprung	**Isabella Rohrbacher**	IAC
		Weitsprung	**Irmgard Wöckinger**	ULC Linz
		Kugel	**Susanne Spacek**	SVS Schwechat
		Diskus	**Susanne Spacek**	SVS Schwechat
		Speer	**Eva Janko**	ULC Wildschek
		4×100 m	**TS Bregenz**	H. Brüstle, I. Brüstle, Maier, Haest
5. August, Spittal/Drau	Männer	20-km-Straßengehen	**Johann Siegele**	SV Reutte
		25-km-Straßenlauf	**Heinrich Händlhuber**	SK VOEST
9. Sept., Pinkafeld	Mannschaft		**T. Innsbruck**	Knyz, Gaim, Schwarz
30. Sept., Linz	Männer	Marathonlauf	**Martin Köhler**	ULC Wildschek
	Mannschaft		**T. Innsbruck**	Knyz, Urbanovicz, Schwarz
Crosslauf				
5. März, Graz	Männer I	11,8 km	**Dietmar Millonig**	SVS Schwechat
	Mannschaft		**T. Innsbruck**	Konrad, Steiner, Praschberger
	Männer II	4,8 km	**Peter Lindtner**	SK Amateure Steyr
		Mannschaft	**T. Innsbruck**	Altersberger, Wagger, Urbanovics
	Frauen	3,6 km	**Anni Klemenjak**	DSG Maria Elend

ÖSTERREICHISCHE MEISTER 1978

Junioren	4,8 km	Alfred Gaar	ATSE Graz
	Mannschaft	LG Montfort	Gassern, Elsensohn, Stockklausner
männl. Jugend	3,6 km	Klaus Mair	T. Innsbruck
	Mannschaft	T. Innsbruck	Mair, Gasteiger, Gredler
Schüler	2,4 km	Peter Schwarzenpoller	U. St. Pölten
	Mannschaft	SV Elsbethen	Steiner, Bruckner, Geconi
Juniorinnen	2,4 km	Irmgard Reindl	ULC Linz
	Mannschaft	ULC Dornbirn	Anselmi, Licka, Stutz
weibl. Jugend	1,7 km	Evelyn Kienberger	KLC
Schülerinnen	1,3 km	Birk	ULC Dornbirn
	Mannschaft	ULC Dornbirn	Birk, Baurenhas, Hoch

24./25. Juni, Südstadt	Junioren	100 m	Erwin Eggenreich	TV Gleisdorf
		200 m	Heinz Hutter	SVS Schwechat
		400 m	Bernhard Kerbl	ULC Linz
		800 m	Günther Pichler	LC Attnang
		1.500 m	Günther Pichler	LC Attnang
		5.000 m	Gerhard Holzknecht	T. Innsbruck
		110 m Hürden	Markus Gasser	ULC Dornbirn
		400 m Hürden	Markus Gasser	ULC Dornbirn
		2.000 m Hindernis	Alfred Gaar	ATSE Graz
		Hochsprung	Gottfried Wittgruber	SSV Graz
		Weitsprung	Wolfgang Goll	ULC Graz
		Stabhochsprung	Siegfried Palz	SSV Graz
		Dreisprung	Wolfgang Preinsperger	SVS Schwechat
		Kugel	Erwin Weitzl	U. Leibnitz
		Diskus	Erwin Weitzl	U. Leibnitz
		Speer	Herbert Josephu	U. Salzburg
		Hammer	Rudolf Mayer	TS Egg
		4×100 m	ULC Linz	Gerstorfer, Pürerfellner, Lagler, Kerbler
		3×1.000 m	KLC	Dörfler, Gursch, Jochum
		10.000 m Gehen	Martin Toporek	LCC Wien
	Juniorinnen	100 m	Gaby Platzer	SSV Graz
		200 m	Helga Brüstle	TS Bregenz
		400 m	Martina Pichler	KLC
		800 m	Isolde Heim	U. St. Pölten
		1.500 m	Irmgard Reindl	ULC Linz
		100 m Hürden	Andrea Kikl	SSV Graz
		300 m Hürden	Margit Danninger	LAG Ried
		Hochsprung	Anita Zerlauth	TS Hohenems
		Weitsprung	Anita Zerlauth	TS Hohenems
		Kugel	Melitta Aigner	ÖTB Wien
		Diskus	Ursula Weber	Cricket
		Speer	Lisbeth Kucher	KAC
		4×100 m	SSV Graz	Kleindl, Platzer, Benischek, Kikl
		3×800 m	U. St. Pölten	Kaiblinger, König, Heim
24./25. Juni, Innsbruck	Schüler	100 m	Harald Merker	TV Mödling
		200 m	Harald Merker	TV Mödling
		800 m	Peter Schwarzenpoller	U. St. Pölten
		2.000 m	Peter Schwarzenpoller	U. St. Pölten
		110 m Hürden	Michael Koch	SV Reutte
		Hochsprung	Haymo Polzer	ULC Weinland
		Weitsprung	Andreas Steiner	T. Innsbruck
		Stabhochsprung	Gerald Kager	UKS Wien
		Kugel	Alexander Mathis	TS Hohenems
		Diskus	Hans Matous	UAB Wien
		Speer	Rainer Psenicnik	U. Leibnitz
		Hammer	Reinhold Haid	SGS Spittal
		4×100 m	ATSV Linz	Radinger, Grasl, Eckmayr, Lettner
		3×1.000 m	SV Elsbethen	Steiner, Wassermann, Ceconi
		3.000 m Gehen	Gerhard Möstl	MLG
	Schülerinnen	100 m	Helga Tanzer	ATSV Ternitz
		200 m	Gabi Marschall	TS Dornbirn
		800 m	Christine Birk	ULC Dornbirn
		80 m Hürden	Brigitte Emberger	SGS Spittal
		Hochsprung	Gabi Marschall	TS Dornbirn
		Weitsprung	Anna Sumnitsch	KLC
		Kugel	Maria Hynek	ULC Weinland
		Diskus	Maria Hynek	ULC Weinland
		Speer	Ulrike Amann	TS Dornbirn

		4×100 m	ATSV Ternitz	Moser, Schikowitz, Sinabel, Tanzer
		3×800 m	ULC Dornbirn	Schwärzler, Baurenhas, Birk
23./24. Sept., Linz	männl. Jugend	100 m	Roland Jokl	ULC Weinland
		200 m	Roland Jokl	ULC Weinland
		400 m	Herwig Tavernaro	TS Gisingen
		800 m	Klaus Mair	T. Innsbruck
		1.500 m	Klaus Mair	T. Innsbruck
		3.000 m	Martin Sailer	T. Innsbruck
		110 m Hürden	Gottfried Wittgruber	SSV Graz
		300 m Hürden	Herwig Tavernaro	TS Gisingen
		1.500 m Hindernis	Stefan Bachl	TSV St. Georgen
		Hochsprung	Gottfried Wittgruber	SSV Graz
		Weitsprung	Thomas Rainer	ÖTB OÖ.
		Stabhochsprung	Siegfried Palz	SSV Graz
		Dreisprung	Siegfried Palz	SSV Graz
		Kugel	Georg Zechner	ATSE Graz
		Diskus	Christian Nebl	ATSV Linz
		Speer	Günther Pöchmann	TV Fürstenfeld
		Hammer	Ernst Nöbauer	U. Salzburg
		4×100 m	SSV Graz	Palz, Gössler, Reiterer, Wittgruber
		3×1.000 m	MLG	Rischka, Sussnik, Kohout
		5.000 m Gehen	Martin Toporek	LCC Wien
	weibl. Jugend	100 m	Doris Mendel	Cricket
		200 m	Doris Mendel	Cricket
		400 m	Doris Mendel	Cricket
		800 m	Isolde Heim	U. St. Pölten
		100 m Hürden	Ulrike Kleindl	SSV Graz
		Hochsprung	Isabella Rohrbacher	IAC
		Weitsprung	Anita Zerlauth	TS Hohenems
		Kugel	Monika Mair	ATSV Linz
		Diskus	Monika Mair	ATSV Linz
		Speer	Eva Düringer	TS Fussach
		4×100 m	SSV Graz	Gastgeber, Benischek, Kleindl, Kikl
		3×800 m	U. St. Pölten	König, Keiblinger, Heim
Mehrkampf				
15./16. Juli, Bludenz	Junioren	Zehnkampf	Andreas Lagler	ULC Linz
	Schüler	Sechskampf	Haymo Polzer	ULC Weinland
		Mannschaften	ULC Weinland	Polzer, Richard, Weiss
	Juniorinnen	Fünfkampf	Margit Danninger	LAG Ried
		Mannschaften	IAC	Rohrbacher, Frizzi, Eller
	Schülerinnen	Fünfkampf	Gabi Marschall	TS Dornbirn
		Mannschaften	SGS Spittal	Emberger, Samitz, Färber
5./6. August, Wien	männl. Jugend	Zehnkampf	Wolfgang Spann	U. Salzburg
		Mannschaften	SSV Graz	Palz, Wittgruber, Reiterer
	weibl. Jugend		Anita Zerlauth	TS Hohenems
		Mannschaften	ULC Dornbirn	Diem, Anselmi, Stutz

ÖSTERREICHISCHE LEICHTATHLETIKREKORDE
Stand 1. Dezember 1978

Männer

60 m	6,6	Dr. Axel Nepraunik	ULC Wildschek	21. 6. 69	Zlaté Moravce
100 m	10,3	Gert Herunter	ULC Linz	4. 10. 68	Mexico City
	10,3	Dr. Axel Nepraunik	ULC Wildschek	21. 6. 69	Zlaté Moravce
200 m	20,9	Gert Herunter	ULC Linz	5. 10. 68	Südstadt
300 m	33,3	Peter Mateyka	WAC-Elementar	1. 9. 77	Wien
400 m	47,1	Peter Mateyka	WAC-Elementar	3. 10. 75	Wien
500 m	1:03,1	Rupert Blöch	WAC	28. 9. 51	Wien
800 m	1:47,4	Rudolf Klaban	Reichsbund	15. 10. 64	Tokio
1.000 m	2:20,3	Robert Nemeth	SVS Schwechat	13. 9. 78	Schwechat
1.500 m	3:39,0	Dietmar Millonig	SVS Schwechat	20. 5. 78	Wien
1 engl. Meile	4:01,5	Robert Nemeth	SVS Schwechat	23. 9. 78	Südstadt
	4:01,5	Dietmar Millonig	SVS Schwechat	23. 9. 78	Südstadt
2.000 m	5:07,4	Erwin Wagger	TI-Raiffeisen	1. 8. 78	Dormagen
3.000 m	7:56,0	Dietmar Millonig	SVS Schwechat	11. 8. 77	Kopenhagen
5.000 m	13:31,2	Erwin Wagger	TI-Raiffeisen	21. 1. 78	Christchurch
10.000 m	28:45,7	Josef Steiner	TI-Raiffeisen	9. 9. 77	London
15.000 m	46:42,8	Richard Fink	Post-SV Graz	20. 10. 75	Graz
20.000 m	1:02:30,2	Richard Fink	Post-SV Graz	20. 10. 75	Graz
25.000 m	1:22:32,6	Georg Förster	Badener AC	23. 8. 69	Innsbruck
30.000 m	1:45:20,2	Helmut Richter	Reichsbund	17. 6. 69	Wien
1 Stunde	19.193 m	Richard Fink	Post-SV Graz	20. 10. 75	Graz
110 m Hürden	13,9	Armin Vilas	U. Salzburg	16. 8. 75	Innsbruck
200 m Hürden	23,80	Felix Rümmele	TS Dornbirn	8. 10. 78	Dornbirn
400 m Hürden	51,0	Helmut Haid	T. Innsbruck	27. 6. 72	Warschau
	51,14	Felix Rümmele	TS Dornbirn	29. 7. 78	Wien
3.000 m Hindernis	8:32,6	Wolfgang Konrad	TI-Raiffeisen	18. 8. 78	Berlin
Hoch	2,17 m	Wolfgang Tschirk	Badener AC	3. 7. 76	Südstadt
Weit	7,67 m	Gerald Herzig	SK Amateure Steyr	10. 8. 75	Ebensee
Stabhoch	5,10 m	Reinhard Lechner	SVS Schwechat	3. 8. 78	Südstadt
Drei	15,81 m	Heinrich Libal	SVS Schwechat	14. 8. 76	Linz
Kugel	18,62 m	Hannes Schulze-Bauer	ULC Graz	16. 8. 69	Leoben
Diskus	62,86 m	Dr. Heimo Reinitzer	ATG	28. 7. 71	Graz
Speer	82,16 m	Walter Pektor	WAC	28. 7. 68	Mexico City
Hammer	70,90 m	Peter Sternad	KLC	20. 6. 76	Südstadt
Fünfkampf	3.787 P.	Sepp Zeilbauer	MLG Sparkasse	8. 5. 78	Wien
	6,95 - 61,84 - 22,58 - 46,12 - 4:27,1				
Zehnkampf	8.310 P.	Sepp Zeilbauer	MLG Sparkasse	15./16. 5. 76	Götzis
	10,9 - 7,21 - 14,68 - 2,10 - 49,4 - 14,2 - 44,62 - 4,70 - 64,04 - 4:32,6				
4×100 m	39,9	ULC Wildschek	Regner, Dr. Nepraunik, Nöster, Lang	17. 6. 72	Lüdenscheid
4×200 m	1:28,2	ULC Wildschek	Bonesch, Lang Dr. Nepraunik, Nöster	19. 5. 70	Wien
4×400 m	3:12,2	Nationalstaffel	Rümmele, Mateyka, Kerbl, Zettl	18. 6. 78	Sittard
	3:15,04	T. Innsbruck	Hofer, Pribernig, Marsch, Zettl	15. 9. 74	Innsbruck
3×1.000 m	7:16,4	SVS Schwechat	Tschernitz, Nemeth, D. Millonig	3. 9. 77	Wien
4×800 m	7:39,4	SVS Schwechat	Haas, Tschernitz, D. Millonig, Nemeth	27. 9. 78	Schwechat
Schwedenstaffel	1:55,5	Nationalstaffel	Haidegger, Wimmer, Blöch, Würth	7. 8. 52	Wien
	1:57,6	T. Innsbruck	Zangerl, Wöber, Haid, Zwerger	18. 8. 64	Innsbruck
Olympische Staffel	3:25,0	WAC	Cegledi, Molnar, Stocker, Wiedemann	31. 5. 69	Wien
4×1.500 m	15:58,4	SVS Schwechat	Jauk, Nemeth, Tschernitz, D. Millonig	14. 9. 76	Südstadt

Bisher beste Leistung:

25 km Straße	1:17:56,0	Josef Steiner	TI-Raiffeisen	9. 4. 77	Paderborn
Marathonlauf	2:16:51,0	Dkfm. Georg Förster	T. Innsbruck	5. 9. 70	Prag

Oben: „Zusätzliche Hindernisse" — österreichische Meisterschaft im 3.000-m-Hindernislauf (Foto Sündhofer)

Unten: Karoline Käfer konnte bei den Halleneuropameisterschaften in Wien den dritten Platz im 400-m-Bewerb belegen (212 Elder — England, 1. Platz, 41 Kratochvilowa — ČSSR, 2. Platz) (Foto Votava)

Oben: Das Hallenstadion in Wien bewährt sich immer wieder (Foto Votava)

Unten: Helga und Christian Opelt – Staatsmeister in der Kombination Standard/Lateinamerikanische Tänze (Foto Mainz)

Oben: Erich Jagsch wurde bei der Österreich-Rundfahrt Dritter. Der Glockner war den Fahrern nicht gut gesinnt (Foto Sündhofer)

Unten: Beständigkeit brachte für Werner Grissmann gute Ergebnisse (Foto Votava)

Männliche Junioren

100 m	10,4	Georg Regner, 53	ULC Wildschek	27. 6. 72	Warschau
200 m	21,3	Robert Hofer, 54	TS Hörbranz	22. 7. 73	Götzis
400 m	47,7	Alex Fortelny, 56	WAT	16. 8. 77	Innsbruck
800 m	1:50,1	Günther Pichler, 59	LCA Doubrava	18. 6. 78	Sittard
1.000 m	2:22,2	Robert Nemeth, 58	SVS Schwechat	31. 8. 77	München
1.500 m	3:47,0	Günther Pichler, 59	LCA Doubrava	20. 6. 78	Den Haag
3.000 m	8:06,2	Wolfgang Konrad, 58	TI-Raiffeisen	16. 6. 77	Budapest
5.000 m	14:15,0	Dietmar Millonig, 55	SVS Schwechat	10. 8. 74	B. Bystrica
10.000 m	31:06,4	Dietmar Millonig, 55	SVS Schwechat	12. 5. 73	Klagenfurt
110 m Hürden	14,3	Armin Vilas, 55	U. Salzburg	29. 7. 77	Innsbruck
200 m Hürden	24,93	Markus Gasser, 58	ULC Mäser Dornbirn	27. 9. 79	Dornbirn
400 m Hürden	52,20	Felix Rümmele, 58	TS Dornbirn	23. 7. 77	Wien
2.000 m Hindernis	5:37,8	Peter Lindtner, 54	SK Amateure Steyr	18. 7. 73	München
3.000 m Hindernis	8:52,0	Peter Lindtner, 54	SK Amateure Steyr	31. 5. 73	Innsbruck
Hoch	2,15 m	Werner Prenner, 60	Post-SV Graz	6. 9. 78	Ternitz
Weit	7,54 m	Gerald Herzig, 53	SK Amateure Steyr	8. 5. 71	Steyr
Stabhoch	4,90 m	Gerhard Parger, 58	U. Salzburg	24. 7. 77	Wien
Drei	15,37 m	Georg Werthner, 56	ULC Linz-Oberbank	27. 9. 78	Dornbirn
Kugel	16,35 m	Hannes Schulze-Bauer, 46	TV Fürstenfeld	26. 9. 65	Fürstenfeld
Diskus	51,60 m	Erwin Weitzl, 60	U. Leibnitz	17. 7. 77	Innsbruck
Speer	75,88 m	Wilhelm Malle, 56	KLC	4. 5. 75	Graz
Hammer	58,92 m	Gottfried Gassenbauer, 58	ULC Wildschek	17. 7. 77	Innsbruck
Zehnkampf	7.842 P.	Sepp Zeilbauer, 52	MLG	11./12. 8. 71	Helsinki
	11,0 - 7,38 - 13,49 - 2,04 - 48,8 - 15,1 - 39,70 - 4,00 - 58,94 - 4:27,5				

Männliche Jugend

100 m	10,84	Heinz Hutter, 60	SVS Schwechat	2. 7. 77	Südstadt
200 m	21,79	Heinz Hutter, 60	SVS Schwechat	28. 5. 77	Südstadt
400 m	48,50	Wolfgang Kobau, 59	KLC	26. 6. 76	Orléans
800 m	1:51,8	Günther Pichler, 59	LCA Doubrava	15. 8. 76	Linz
1.000 m	2:29,3	Günther Pichler, 59	LCA Doubrava	22. 5. 76	Innsbruck
1.500 m	3:55,3	Dietmar Millonig, 55	ASKÖ Villach	16. 7. 72	Wien
3.000 m	8:44,2	Robert Ernst, 51	UKJ Wien	14. 9. 68	Wien
110 m Hürden	14,6	Armin Vilas, 55	U. Salzburg	1. 7. 72	Linz
300 m Hürden	38,2	Felix Rümmele, 58	TS Dornbirn	22. 6. 75	Linz
400 m Hürden	54,5	Felix Rümmele, 58	TS Dornbirn	5. 7. 75	Bludenz
1.500 m Hindernis	4:16,9	Peter Lindtner, 54	SK Amateure Steyr	4. 6. 71	Linz
Hoch	2,11 m	Werner Prenner, 60	ATSE Longlife Graz	25. 6. 76	Orléans
Weit	7,34 m	Gerald Herzig, 53	SK Amateure Steyr	18. 10. 70	Linz
Stabhoch	4,60 m	Siegfried Palz, 62	SSV Sparkasse Graz	20. 8. 78	Graz
Drei	14,34 m	Sepp Zeilbauer, 52	MLG	29. 6. 69	Klagenfurt
Kugel	16,65 m	Erwin Weitzl, 60	U. Leibnitz	30. 9. 77	Wien
Diskus	53,02 m	Erwin Weitzl, 60	U. Leibnitz	25. 9. 77	Ortmann
Speer	70,98 m	Wilhelm Malle, 56	KLC	7. 7. 73	Klagenfurt
Hammer	58,26 m	Gottfried Gassenbauer, 58	ULC Wien	31. 8. 75	Innsbruck
Zehnkampf	6.737 P.	Wolfgang Spann, 61	U. Salzburg	16./17. 9. 78	Salzburg
	11,54 - 6,27 - 12,38 - 1,78 - 52,05 - 15,32 - 34,24 - 4,10 - 53,38 - 2:58,6				

Männliche Schüler

100 m	11,0	Gerhard Oberreiter, 57	LCA Doubrava	20. 5. 72	Neuhausen
	11,0	Heinz Hutter, 60	SVS Schwechat	30. 8. 75	Schwechat
	11,0	Peter Glösl, 60	TI-Raiffeisen	17. 9. 75	Innsbruck
200 m	22,6	Christian Koppitz, 61	ULC Graz	2. 10. 76	Graz
	22,78	Harald Merker, 64	TV Mödling	4. 6. 78	Südstadt
800 m	1:54,0	Günther Pichler, 59	LCA Doubrava	18. 8. 74	Innsbruck
2.000 m	5:57,2	Klaus Kohout, 62	MLG Sparkasse	10. 9. 77	Graz
110 m Hürden	15,14	Thomas Wörz, 63	U. Salzburg	30. 4. 78	Linz
Hoch	2,01 m	Werner Prenner, 60	ATSE Longlife Graz	20. 9. 75	Südstadt
Weit	6,86 m	Werner Prenner, 60	ATSE Longlife Graz	6. 7. 75	Graz
Stabhoch	4,32 m	Siegfried Palz, 62	SSV Bruckner Graz	1. 10. 77	Graz
Kugel	15,94 m	Alexander Mathis, 63	TS Hohenems	8. 10. 78	Brixlegg

Seite 158: Sitzt der Griff? Bruno Hartmann in Aktion (Foto Votava)

Diskus	45,70 m	Erwin Weitzl, 60	ULC Graz	20. 9. 75	Wien
Speer	59,50 m	Wolfgang Spann, 61	U. Salzburg	9. 10. 76	Salzburg
Hammer	57,20 m	Reinhold Haid, 63	SGS Spittal	26. 10. 78	Spittal/Drau
Sechskampf	4.166 P.	Haymo Polzer, 63	ULC Weinland	17. 9. 78	Hollabrunn
	11,61 - 14,63 - 1,85 - 15,20 - 51,92 - 2:55,0				

Frauen

60 m	7,3	Silvia Schinzel	SVS Schwechat	17. 5. 75	Südstadt
100 m	11,43	Karoline Käfer	KLC	10. 6. 78	Fürth
200 m	23,09	Karoline Käfer	KLC	10. 6. 78	Fürth
400 m	50,62	Karoline Käfer	KLC	18. 6. 77	Klagenfurt
800 m	2:01,5	Maria Sykora	LAC Raiffeisen-Energie	14. 6. 72	Ost-Berlin
1.500 m	4:24,4	Doris Weilharter	TI-Raiffeisen	18. 6. 78	Sittard
3.000 m	9:32,6	Anni Klemenjak	DSG Maria Elend	6. 8. 77	Trinec
100 m Hürden	13,4	Liese Prokop	LAC Raiffeisen-Energie	12. 10. 73	Wien
	13,67	Riki Lechner	SVS Schwechat	20. 8. 77	Sofia
200 m Hürden	27,0	Maria Sykora	U. NÖ.-Energie	7. 9. 69	Linz
400 m Hürden	57,3	Maria Sykora	LAC Raiffeisen-Energie	23. 6. 73	Frankfurt
Hoch	1,93 m	Ilona Gusenbauer	ULC Wildschek	7. 10. 72	Wien
Weit	6,54 m	Hanna Kleinpeter	UKS	7. 6. 76	Basel
Kugel	16,04 m	Liese Prokop	LAC Raiffeisen-Energie	5. 7. 75	Südstadt
Diskus	52,38 m	Susanne Spacek	SVS Schwechat	13. 8. 77	Amstetten
Speer	61,80 m	Eva Janko	LAC Raiffeisen-Energie	27. 7. 73	Innsbruck
Fünfkampf	4.230 P.	Riki Lechner	SVS Schwechat	20. 8. 77	Sofia
	13,67 - 14,08 - 1,70 - 6,10 - 2:35,4				
4×100 m	45,3	Nationalstaffel	Hareter, Prenner, Schinzel, Haest	30. 6. 74	Wien
	45,42	Nationalstaffel	Wildschek, Schinzel, Hareter, Haest	19. 6. 76	Südstadt
	46,42	TS Bregenz-Stadt	H. Brüstle, I. Brüstle, Maier, Haest	20. 8. 78	Graz
4×200 m	1:40,9	LAC Raiffeisen-Energie	Prokop, Neumer, Sykora, Kapfer	25. 9. 71	Südstadt
4×400 m	3:34,42	Nationalstaffel	Schinzel, Burger, Mühlbach, Wildschek	20. 6. 76	Südstadt
	3:45,0	KLC	Kienberg, Jerolitsch, Petutschnig, Käfer	3. 9. 77	Wien
4×800 m	9:33,4	KLC	Termoth, Schrott, Merva, Käfer	31. 8. 71	Klagenfurt
Schwellstaffel	1:00,8	LAC Raiffeisen-Energie	Prokop, Neumer, Sykora, Kapfer	25. 9. 71	Südstadt

Weibliche Junioren

100 m	11,4	Gabi Hareter, 58	ÖTB Wien	29. 5. 75	Innsbruck
200 m	23,2	Silvia Schinzel, 58	SVS Schwechat	16. 5. 76	Bukarest
400 m	52,8	Karoline Käfer, 54	KLC	23. 7. 72	Rijeka
800 m	2:06,4	Angelika Schrott, 57	KLC	19. 7. 75	Cilli
1.500 m	4:31,0	Angelika Schrott, 57	KLC	25. 7. 75	Dornbirn
3.000 m	10:11,4	Angelika Schrott, 57	KLC	16. 8. 75	Innsbruck
100 m Hürden	13,9	Riki Lechner, 57	SVS Schwechat	26. 7. 75	Dornbirn
	13,9	Petra Prenner, 58	ATSE Longlife Graz	2. 8. 75	Dortmund
300 m Hürden	44,4	Margit Danninger, 61	LAG Ried	25. 6. 78	Südstadt
400 m Hürden	62,57	Lore Seidl, 60	ATUS Gratkorn	8. 9. 78	Graz
Hoch	1,78 m	Anita Zerlauth, 62	TS Hohenems	12. 6. 77	Dornbirn
Weit	6,15 m	Riki Lechner, 57	SVS Schwechat	24. 8. 75	Athen
Kugel	14,55 m	Karin Danninger, 58	LAG Ried	23. 10. 76	Linz
Diskus	47,87 m	Iris Malnig, 48	ATG	15. 10. 66	Linz
Speer	49,82 m	Lisbeth Kucher, 60	KAC-Kirchbaumer	25. 6. 77	Linz
Fünfkampf	3.984 P.	Margit Danninger, 61	LAG Ried	6. 8. 78	Wien
	15,12 - 11,77 - 1,72 - 5,52 - 2:19,9				

Weibliche Jugend

100 m	11,5	Gabi Hareter, 58	ÖTB Wien	19. 5. 74	Wien
200 m	23,86	Silvia Schinzel, 58	SVS Schwechat	18. 8. 74	Innsbruck
400 m	54,41	Silvia Schinzel, 58	SVS Schwechat	14. 9. 74	Innsbruck
800 m	2:10,4	Isolde Heim, 62	U. St. Pölten	9. 7. 78	Bozen
1.500 m	4:40,5	Angelika Schrott, 57	KLC	16. 7. 72	Wien
100 m Hürden	14,29	Petra Prenner, 58	ATSE Longlife Graz	22. 6. 74	Innsbruck
Hoch	1,78 m	Anita Zerlauth, 62	TS Hohenems	12. 6. 77	Dornbirn
Weit	6,08 m	Karin Danninger, 58	LAG Ried	19. 5. 74	Ebensee
Kugel	13,49 m	Erika Hofer, 53	ATSV Linz	24. 8. 69	Wien
Diskus	42,58 m	Iris Malnig, 48	ATG	10. 10. 64	Gratkorn
Speer	46,01 m	Astrid Bubla, 54	ATSV Wels	25. 7. 70	Linz
Fünfkampf	3.576 P.	Anita Zerlauth, 62	TS Hohenems	6. 8. 78	Wien
	15,19 - 9,41 - 1,56 - 5,65 - 2:29,3				

Weibliche Schüler

100 m	12,0	Karoline Steringer, 54	KLC	22. 9. 68	Klagenfurt
200 m	25,3	Elisabeth Petutschnig, 60	KLC	9. 6. 74	Graz
800 m	2:14,3	Sabine Gallauer, 63	ATSV Braunau	17. 7. 77	Innsbruck
80 m Hürden	11,95	Andrea Kikl, 63	SSV Bruckner Graz	7. 10. 77	Graz
Hoch	1,70 m	Margit Danninger, 61	LAG Ried	15. 8. 75	Linz
	1,70 m	Anita Zerlauth, 62	TS Hohenems	26. 6. 76	Schwechat
Weit	5,86 m	Karin Danninger, 58	LAG Ried	20. 8. 72	Linz
Kugel	13,58 m	Riki Lechner, 57	SVS Schwechat	26. 9. 71	Baden
Diskus	40,74 m	Sabine Gleich, 63	LCA Umdasch	14. 7. 77	Linz
Speer	44,50 m	Christa Gutschelhofer, 61	MLG-Sparkasse	26. 7. 75	Dornbirn
Fünfkampf	3.405 P.	Gabi Marschall, 64	TS Dornbirn	15./16. 7. 78	Bludenz
	12,55 - 8,79 - 1,64 - 5,05 - 2:36,0				

LÄNDERKÄMPFE

9. Juli, Bozen	Junioren	männlich	1. Württemberg	121 Punkte
			2. Österreich	104 Punkte
			Südtirol	62 Punkte
		weiblich	1. Württemberg	84 Punkte
			2. Österreich	61 Punkte
			Südtirol	38 Punkte
6. September, Ternitz	Junioren	männlich	Österreich – Ungarn	51 : 76
		weiblich	Österreich – Ungarn	45 : 60

EUROPAMEISTERSCHAFTEN

11./12. März, Mailand	Halle	Männer, 3.000 m	10. Dietmar Millonig (7:57,5)	SVS Schwechat
		Frauen, 400 m	3. Karoline Käfer (53,56)	KLC
29. Aug. bis 3. Sept., Prag		Männer, Zehnkampf	4. Sepp Zeilbauer (7.988)	23 Starter

Militär-Weltmeisterschaften

15.–17. August, Mikkeli	5.000 m	1. Millonig	14:09,60
	1.500 m	3. Nemeth	3:40,10
	400 Hürden	4. Rümmele	51,56
	Stabhochsprung	4. Parger	4,80 m
	Kugel	5. Pötsch	15,36 m
	Stabhochsprung	6. Janovics	4,70 m
	Hammer	6. Pötsch	57,34 m
	Speer	7. Malle	65,30 m
	110 m Hürden	8. Rümmele	14,83 / VL 14,74

Westathletik-Cup

17./18. Juni, Sittard	Männer:		Frauen	
	1. Belgien	131 Punkte	1. Belgien	82 Punkte
	2. Spanien	122 Punkte	2. Niederl.	69 Punkte
	3. Schweiz	120 Punkte	3. Schweiz	66 Punkte
	4. Niederlande	113 Punkte	4. Irland	62 Punkte
	5. Österreich	77 Punkte	5. Spanien	56 Punkte
			6. Österreich	50 Punkte

Europacup der Landesmeister

3./4. Juni, Wattenscheid	Männer	7. Turnerschaft Innsbruck	419 Punkte

Milch und Sport

Immer häufiger verlangt der Sporttreibende nach Milch und Milchprodukten, da er die günstige Wirkung dieser Lebensmittel auf Leistung und Ausdauer erkannt hat. Es ist auch begreiflich, daß eine Grundnahrung, die höchstwertiges Eiweiß und Fett, leicht verwertbaren Milchzucker, mineralische Aufbaustoffe wie Kalk und Phosphor in den für den Körper geeignetsten Verhältnissen sowie eine Reihe lebenswichtiger Vitamine und Spurenelemente zuführt, von hoher Bedeutung für Gesundheit und Wohlbefinden ist. Bei erhöhter Atemtätigkeit, wie sie jede Sportleistung erfordert, sind die aus der Nahrung stammenden Überträger von Sauerstoff von größter Wichtigkeit. Von diesen ist das Vitamin B_2 in erster Linie zu nennen, da es die Atmung jeder einzelnen Zelle direkt beeinflußt und somit die Sauerstoffversorgung des ganzen Körpers begünstigt. Es gibt nun kein Nahrungsmittel (außer der Leber und der Nährhefe), das Vitamin B_2 in höheren Mengen enthält als Milch und Käse, woraus sich zum Teil der hohe Ernährungswert dieser Produkte für den Sporttreibenden ergibt.

Andere wichtige Bestandteile der Milch, die zu ihrer Nährkraft beitragen, sind alle übrigen Vitamine, von denen die fettlöslichen A, D, E, F und K sowie der Nervenaufbaustoff Lecithin die Verwertung des Milchfettes begünstigen.

Von besonderem Interesse ist die Feststellung, daß ein Bestandteil des Milchzuckers, als Galaktose bezeichnet, auch die Fettverwertung erleichtert; hiezu kommt der niedrige Schmelzbereich des Butterfettes, so daß es kein leichter verdauliches Fett mit hohem Vitamin- und Lecithingehalt gibt, das auch gleichzeitig so wohlschmeckend ist. Auf diese Weise ist erklärlich, daß eine kleinere Menge Butter einen höheren physiologischen Wirkungsgrad besitzt als größere Mengen anderer Fette.

Zum guten Schwarzbrot passen alle Milcherzeugnisse gleich gut; sie ergänzen sich geschmackvoll und gesundheitlich hervorragend. Hohe Nährwerte ohne Belastung führen die eiweißreichen Milchprodukte Topfen und Käse dem Körper zu. Die milchverarbeitenden Betriebe haben sich ein großes Verdienst dadurch erworben, daß sie immer wieder neue Zubereitungsarten von Milch und Milchprodukten auf den Markt bringen.

Vor einer sportlichen Leistung ist ein Milch-Fruchtgetränk besonders empfehlenswert, zur Erfrischung sind Sauermilchgetränke allgemein beliebt.

Prof. Dr. W. Halden

MODERNER FÜNFKAMPF

ÖSTERREICHISCHER VERBAND MODERNER FÜNFKAMPF
gegründet 1970
1040 Wien, Prinz-Eugen-Straße 12, Telefon 0 22 2 / 65 52 164, Telex 01/3132
Dienstzeit: Montag bis Freitag von 11 bis 14 Uhr

Präsident
Edgar Fried, 1030 Wien, Rechte Bahngasse 18, Telefon 0 22 2 / 73 58 193

Mitglied der
Union Internationale de Pentathlon Moderne et Biathlon (UIPMB)
gegründet 1948, 52 Länder, 40.000 Mitglieder

Das Mehrkampfzentrum Wiener Neustadt wurde nach dem Ausscheiden des bisherigen Leiters neu organisiert. Die Entwicklung war zufriedenstellend, besonders die weibliche Jugend konnte schöne Erfolge erzielen.
Das Biathlon-Training konnte stark ausgebaut werden, und die sportlichen Erfolge hatten ihren Höhepunkt im fünften Platz der Senioren in der 4×7,5-km-Staffel bei den Weltmeisterschaften in Hochfilzen unter 23 Mannschaften. Die österreichische Mannschaft qualifizierte sich damit für die Olympischen Winterspiele 1980.

Die Sparte Biathlon wurde mit 1. Jänner 1979 dem Schiverband angegliedert, so daß dem Modernen Fünfkampf eine noch intensivere Betreuung ermöglicht wird.

STAATSMEISTER 1978

Moderner Fünfkampf	**Anton Liederer**	HSV Wien

ÖSTERREICHISCHE MEISTER 1978

Moderner Fünfkampf	weibliche Jugend	Gudrun Gradischnig	Wr. Neustadt
	männliche Jugend	Wilfried Pruschak	

LÄNDERKÄMPFE

Moderner Fünfkampf

Wr. Neustadt, Alpenpokal	Bayern 14.392	Österreich 14.214	Schweiz 13.997			
Wr. Neustadt, int. österr. Meisterschaft	England 15.154	Berlin 15.033	USA 14.529	Bayern 14.286	Österreich 14.111	USA II 13.602
Oirschot (Holland)	England 15.044	BRD I 15.026	BRD II 14.714	Holland 14.287	Österreich 13.935	Spanien 13.614
Fünfländerkampf, Bern	Südafrika 14.882	Schweiz 14.491	Österreich 13.533	Liechtenst. 13.266	Holland 10.970	

Weltmeisterschaften

Jönköping (Schweden)	Polen 16.053	BRD 15.936	UdSSR 15.852	USA 15.707	Ungarn 15.892	14. Österr. 13.797

MOTORBOOT

MOTORBOOT-SPORTVERBAND FÜR ÖSTERREICH (MSVÖ), gegründet 1956
1150 Wien, Hütteldorfer Straße 2b, Telefon 0 22 2 / 92 56 93

Präsident
Dipl.-Ing. Bruno Gibisch, 1190 Wien, Iglaseegasse 72/21/8, Tel. 0 22 2 / 32 29 094

Generalsekretär
Prof. Wilhelm G. Kaan, 1030 Wien, Ölzeltgasse 3, Telefon 0 22 2 / 73 15 71

Mitglied der
Union Internationale Motonautique (UIM), gegründet 1922, 47 Länder
Anschrift
B-1030 Bruxelles, BP. 21, rue de Brabant, 26

Österreichs guter Name im internationalen Renngeschehen wurde in erster Linie durch die Erfolge seiner Spitzenpiloten begründet und gefestigt. Sie sind auch vorwiegend verantwortlich für die positiven Erwähnungen, die der Motorbootsport in den Medien findet. Der MSVÖ betrachtet es daher auch als seine Aufgabe, für den Ausbau der sportlichen Basis und die Heranbildung des Nachwuchses Voraussetzungen zu schaffen.
Durch das Entgegenkommen des Yacht-Clubs Marina Traismauer wurde es 1978 erstmals möglich, einen Fahrerlehrgang in diesem Bereich abzuhalten. Unter der Leitung von Weltklassefahrern wie Erwin Zimmermann und Dieter Schulze fanden die österreichischen Aktiven in Praxis und Theorie Gelegenheit, ihr Können, besonders, was den Start und die Kurventechnik betrifft, zu verbessern. Darüber hinaus ist an die Einführung einer nationalen Nachwuchsklasse, ähnlich der Formel V im Automobilrennsport, gedacht.

STAATSMEISTER 1978

Klasse OB (bis 350 ccm)	**Karl Bohrer**	1.200 Punkte
Klasse OC (bis 500 ccm)	**Otmar Seebacher**	1.025 Punkte

ÖSTERREICHISCHER REKORD

Außenbord-Rennboote (O)	24. 8. 1976	183,6 km/h	Erwin Zimmermann	BOSCH-Racing-Team Vienna & MYC Nibelungen

WELTMEISTERSCHAFTEN

10. Juni, Berlin	Klasse OD	1. Erwin Zimmermann 2. Wilfried Weiland
28. August, Auronzo, Italien	Klasse ON	1. Erwin Zimmermann

EUROPAMEISTERSCHAFTEN

3. Juni, Berlin	Klasse OD	1. Erwin Zimmermann 6. Wilfried Weiland
17. Juni, Boretto	Klasse OB	1. Erwin Zimmermann 8. Wilfried Weiland
25. Juni, Alphen	Klasse OZ	4. Erwin Zimmermann

Insgesamt erzielte Erwin Zimmermann in der Saison 1978 21 Siege und erreichte sieben zweite Plätze. Neben ihm sind noch Vizeweltmeister Wilfried Weiland, Karl Bohrer und Christian Steineder zu erwähnen, die vier erste, zwei zweite, vier dritte und 13 Plätze bis zum zehnten Rang erreichten, zu erwähnen. Darüber hinaus wurden bei Aschach auf der Donau und in Unterach am Attersee eine Langstrecken-Europameisterschaft bzw. der BOSCH-Grand-Prix organisiert.

ORIENTIERUNGSLAUF

ÖSTERREICHISCHER FACHVERBAND FÜR ORIENTIERUNGSLAUF (ÖFOL),
gegründet 1966
8020 Graz, Hans-Resel-Gasse 6
Präsident: Franz Trampusch

Mitglied der
Internationalen Orientierungslauf-Föderation, gegründet 1961, 24 Länder
Anschrift
Tegnergatan 36 C, 752 27 Uppsala, Schweden

Österreich ist in der internationalen Vereinigung durch folgende Funktionäre vertreten:
Erich Simkovics, Kommission für Ausbildung und Propaganda
Franz Maier, Ski-Orientierungslauf-Kommission
Franz Trampusch, Technische Kommission
Prof. Dr. Raimund Sobotka, Kartenkommission

Offizielle Verbandszeitung
„orientierung", unregelmäßig im Abstand von 2 bis 3 Monaten

In den neu erschlossenen Gebieten der Bundesländer Tirol und Salzburg wurden Meisterschaften durchgeführt.
Ausbau der Jugendarbeit und Durchführung von Jugendleistungslehrgängen sowie Herausgabe eines OL-Nachrichtenblattes waren die wichtigsten Ereignisse des Jahres.
Vorbereitung der 1982 in Österreich stattfindenden Schi-OL-Weltmeisterschaft.

STAATSMEISTER 1978

Einzel	Tag	Männer	**Franz Nagele**	HSV Ried
		Frauen	**Waltraud Köpl**	OLC Wien
	Nacht	Männer	**Franz Hartinger**	LAC Leibnitz
		Frauen	**Sonja Maier**	HSV Pinkafeld
	Langstrecke	Männer	**Franz Hartinger**	LAC Leibnitz
		Frauen	**Waltraud Köpl**	OLC Wien
Staffel		Männer	**Franz Hartinger, Hans Thünauer, Walter Resch**	LAC Leibnitz
		Frauen	**Anneliese Bonek, Helga Kolb**	TVN Wien
Einzel	Schi	Männer	**Kurt Maier**	HSV Klagenfurt
		Frauen	**Waltraud Köpl**	OLC Wien

ÖSTERREICHISCHE MEISTER 1978

Rangliste	Elite	Männer	Franz Hartinger	LAC Leibnitz
Rangliste	Elite	Frauen	Waltraud Köpl	OLC Wien
Schülerinnen D 12		Tag – Einzel	Katja Bonek	TVN Wien
		Nacht	Rita Halwachs	HSV Pinkafeld
			Edith Bernhard	HSV Pinkafeld
		Staffel	Martina Leimberger	TVN Veitsch
			Barbara Flechl	TVN Veitsch
		Schi	Rita Halwachs	HSV Pinkafeld
		Langstrecken	Gertrude Markowitsch	HSV Güssing
		Ranglistensieger	Andrea Unegg	HSV Klagenfurt
Schülerinnen D 14		Tag – Einzel	Gabi Hoch	TVN Veitsch
		Nacht	Andrea Hatzl	OLC Allhau
			Veronika Lehner	OLC Allhau
		Staffel	Monika Lautner	TVN Kindberg
			Sonja Terler	TVN Kindberg
		Langstrecken	Gabriele Markowitsch	HSV Güssing
		Ranglistensieger	Gabi Hoch	TVN Veitsch

weibl. Jugend D 16	Tag – Einzel	Regina Mandl	HSV Klagenfurt
	Nacht – Einzel	Regina Mandl	HSV Klagenfurt
	Staffel	Elke Lammer	TVN Veitsch
		Gabi Hoch	TVN Veitsch
	Schi	Regina Mandl	HSV Klagenfurt
	Langstrecken	Ute Drexler	HSV Pinkafeld
	Ranglistensieger	Regina Mandl	HSV Klagenfurt
weibl. Jugend D 18	Tag – Einzel	Sonja Maier	HSV Pinkafeld
	Nacht – Einzel	Brigitte Angermaier	HSV Ried
	Schi	Sonja Maier	HSV Pinkafeld
	Langstrecken	Renate Hofer	HSV Güssing
	Ranglistensieger	Sonja Maier	HSV Pinkafeld
Frauen D 35	Tag – Einzel	Suse Arbter	TVN Wien
	Ranglistensieger	Anneliese Bonek	TVN Wien
Schüler H 12	Tag – Einzel	Robert Schuh	HSV Pinkafeld
	Nacht	Robert Schuh	HSV Pinkafeld
		Richard Hofer	HSV Pinkafeld
	Staffel	Rainer Feringer	HSV Graz
		Gregor Chudoba	HSV Graz
		Gernot Turek	HSV Graz
	Schi	Robert Schuh	HSV Pinkafeld
	Langstrecken	Robert Schuh	HSV Pinkafeld
	Ranglistensieger	Robert Schuh	HSV Pinkafeld
Schüler H 14	Tag – Einzel	Fritz Reisenhofer	HSV Pinkafeld
	Nacht	Peter Bonek	TVN Wien
		Martin Arbter	TVN Wien
	Staffel	Martin Arbter	TVN Wien
		Peter Loicht	TVN Wien
		Peter Bonek	TVN Wien
	Schi	Fritz Reisenhofer	HSV Pinkafeld
	Langstrecken	Fritz Reisenhofer	HSV Pinkafeld
	Ranglistensieger	Fritz Reisenhofer	HSV Pinkafeld
männl. Jugend H 16	Tag – Einzel	Roland Arbter	TVN Wien
	Nacht – Einzel	Roland Arbter	TVN Wien
	Staffel	Hans Königshofer	HSV Graz
		Wolfgang Kradischnig	HSV Graz
		Dietmar Dörfler	HSV Graz
	Schi	Hans Königshofer	HSV Graz
	Langstrecken	Fritz Königshofer	HSV Graz
	Ranglistensieger	Roland Arbter	TVN Wien
männl. Jugend H 18	Tag – Einzel	Hans Eha	HSV Pinkafeld
	Nacht – Einzel	Hans Eha	HSV Pinkafeld
	Staffel	Günther Kradischnig	HSV Graz
		Herwig Proske	HSV Graz
		Walter Pötsch	HSV Graz
	Schi	Walter Pötsch	HSV Graz
	Langstrecken	Hans Eha	HSV Pinkafeld
	Ranglistensieger	Hans Eha	HSV Pinkafeld
Junioren H 19	Tag – Einzel	Gottfried Spanring	HSV Pinkafeld
	Nacht – Einzel	Gottfried Spanring	HSV Pinkafeld
	Schi	Johannes Mayer	OLC Wien
	Langstrecken	Walter Regel	HSV Ried
	Ranglistensieger	Gottfried Spanring	HSV Pinkafeld
Allgem. Klasse H 21	Langstrecken	Emmerich Weber	HSV Güssing
	Ranglistensieger	Richard Mayerhofer	TVN Kindberg

Senioren H 35	Tag – Einzel	Franz Maier	HSV Pinkafeld
	Nacht – Einzel	Rudolf Kritz	HSV Pinkafeld
	Staffel	Rudolf Kritz	HSV Pinkafeld
		Karl Stögerer	HSV Pinkafeld
		Franz Maier	HSV Pinkafeld
	Schi	Franz Maier	HSV Pinkafeld
	Langstrecken	Max Wagner	TVN Linz
	Ranglistensieger	Rudolf Kritz	HSV Pinkafeld
Senioren H 43	Tag – Einzel	Prof. Dr. Raimund Sobotka	Bund Neuland Wien
	Nacht – Einzel	Prof. Dr. Raimund Sobotka	Bund Neuland Wien
	Ranglistensieger	Prof. Dr. Raimund Sobotka	Bund Neuland Wien

JUGENDLÄNDERKAMPF

30. September und 1. Oktober, Rheinfeld, BRD	Österreich - BRD	58 : 46

PADDELN

ÖSTERREICHISCHER KANU-VERBAND (ÖKV), gegründet 1946
1090 Wien, Berggasse 16, Telefon 0 22 2 / 34 92 03
Dienstzeit: Montag, Mittwoch, Donnerstag von 17 bis 20 Uhr

Präsident
Prim. Dr. Hans Ebner, 1050 Wien, Margaretenhof 4, Telefon 0 22 2 / 55 89 622

Sekretärin
Brigitte Hörmann, 1160 Wien, Fröbelgasse 47, Telefon 0 22 2 / 92 47 194

Mitglied der
International Caneo Federation (ICF)
Anschrift
50143 Firenza, Italien, G. Massaia 59, Telefon 48 40 52

Österreichs Vertreter sind
Leopold Spitz, Rechnungsprüfer und Mitglied des Propaganda- und Informationskomitees, Max Raub, Rennsportkomitee

Offizielle Verbandszeitung
„Österreichs Kanusport", 9mal jährlich
Für den Inhalt verantwortlich: Walter Aumayer, Postfach 36, 5280 Braunau

In der Nachwuchsarbeit hat sich die Durchführung der Donaurallye von Ybbs über Hainburg nach Hrusov, CSSR, bewährt, da bereits Jugendliche ab dem achten Lebensjahr teilnehmen. Die Wildwasserwoche in Obervellach dient der Entwicklung von Lehr- und Tourenwarten und der Schulung von Wildwasseranfängern.
In Kanuslalom und Kanu-Wildwasserregatta haben sich die österreichischen Fahrer in der internationalen Spitze gehalten, wobei Norbert Sattler erstmals den Europacup gewonnen hat. Auch bei den Wettkämpfen in Kanuslalom und Wildwasserregatta in Kanada für die Weltmeisterschaften 1979 haben sich österreichische Fahrer plaziert. Im Kanurennsport hat die österreichische Mannschaft in mehreren Disziplinen das Semifinale erreicht. Problematisch ist der Zeitaufwand, welcher von Wettkämpfern und Funktionären erbracht wird, da die dem Kanusport zur Verfügung stehenden Mittel weder den Zeitaufwand noch die erbrachten Leistungen rechtfertigen.

STAATSMEISTER 1978

Kanuslalom	Herren	K 1		**Edi Wolffhardt**	ÖAV Tulln
	Damen	K 1		**Anita Pfeiffer**	ÖAV Tulln
	Herren	C 1		**Gerhard Fischer**	KC Braunau
	Mannschaft			**Edi Wolffhardt, Andi Wolffhardt, Reinhard Brezina**	ÖAV Tulln
WW-Regatta	Herren	K 1		**Gerhard Peinhaupt**	SC Kastner & Öhler
	Damen	K 1		**Annemie Amslinger**	KC Braunau
	Herren	C 1		**Gerhard Fischer**	KC Braunau
	Herren	C 2		**Steindl, Müllneritsch**	KV Klagenfurt
	Herren Mannschaft	K 1		**Peinhaupt, Haas, Podany**	SC Kastner & Öhler
	Damen Mannschaft	K 1		**Gerda Aumayr, Siglinde Wegscheider, Annemie Amslinger**	KC Braunau
Rennsport	Herren	K 1	1.000 m	**Herbert Havlik**	TVN Korneuburg
		C 1	1.000 m	**Walter Dragosics**	PSV Wien
		K 2	1.000 m	**Mayr, Reisinger**	ATSV Lenzing
		C 2	1.000 m	**Schindler, Blank**	PSV Wien
	Damen	K 2	500 m	**Aumayr, Wegscheider**	KC Braunau
	Herren	K 4	1.000 m	**Havlik, Trippold, Prehsler, Prehsler**	TVN Korneuburg
		K 4	10.000 m	**Schlöglmann, Gruber, Metzger, Gruber**	Donau Linz
		C 1	500 m	**Walter Dragosics**	PSV Wien
		K 1	500 m	**Herbert Havlik**	TVN Korneuburg
		K 2	500 m	**Mayr, Reisinger**	ATSV Lenzing
		C 2	500 m	**Schindler, Blank**	PSV Wien
		K 4	500 m	**Mayr, Reisinger, Tschany, Pumberger**	ATSV Lenzing
	Damen	K 1	500 m	**Siglinde Wegscheider**	KC Braunau
		K 4	500 m	**Aumayr, Wegscheider, Amslinger, Sageder**	KC Braunau
	Herren	K 2	10.000 m	**Metzger, Gruber**	Donau Linz
		K 1	10.000 m	**Dietmar Schlöglmann**	Donau Linz
		C 1	10.000 m	**Konrad Blank**	PSV Wien

ÖSTERREICHISCHE MEISTER 1978

Slalom	männl. Jugend	K 1		Andi Wolffhardt	ÖAV Tulln
WW-Regatta	weibl. Jugend	K 1		Beatrix Wolffhardt	ÖAV Tulln
	Schüler	K 1		Albert Ott	Forelle Steyr
	Schülerinnen	K 1		Brigitte Huber	Forelle Steyr
	Jugend Mannschaft	K 1		Wolfgang Kremslehner, Honzatko, Franz Kremslehner	UKK Wien
	Schüler Mannschaft	K 1		Ott, Kerbl, Schwödiauer	Forelle Steyr
	Jugend Mannschaft	K 1		Kremslehner, Kremslehner, Honzatko	UKK Wien
	Schüler Mannschaft	K 1		Ott, Steinwender, Schwödiauer	Forelle Steyr
	weibl. Jugend	K 1		Siglinde Wegscheider	KC Braunau
	männl. Jugend	K 1		Werner Heuberger	ATSV Steyr
	Schülerinnen	K 1		Romana Zwilling	KC Glanegg
	Schüler	K 1		Kurt Pock	KV Klagenfurt
Rennsport	Herren	K 4	1.000 m	Hartl, Madlmayr, Pollak, Pröll	WSV Ottensheim
		K 1	1.000 m	Werner Rauscher	WAT Wien
		K 2	1.000 m	Hartl, Madlmayr	WSV Ottensheim
		K 4	300 m	Renz, Schuhmayr, Brandl, Brandl	Donau Linz

	weiblich	K 1	300 m	Ursula Grand	SWW Wien
	männlich	K 2	300 m	Dengg, Fürschuß	Forelle Steyr
		K 1	500 m	Werner Rauscher	WAT Wien
	Herren	K 4	500 m	Renz, Salzner, Pötscher, Wohlgemut	Donau Linz
		K 2	500 m	Fragner, Großfurthner	Schnecke Linz
	männlich	K 1	300 m	Robert Dengg	Forelle Steyr
	weiblich	K 2	300 m	Amon, Tschirk	TVN Höflein
	Herren	K 1	5.000 m	Werner Rauscher	WAT Wien

LÄNDERKÄMPFE

2. September, Ober-Ägeri, Schweiz	K 1	500 m	1. Österreich	55 Punkte
	K 2	500 m	2. Bayern	42 Punkte
	K 4	500 m	3. Württemberg	37 Punkte
			4. Schweiz	36 Punkte

Weltmeisterschaft

10.–14. August, Beograd	K 4	10.000 m	5. Havlik, Schlöglmann, Reisinger, Mayr

Europacup

Wildwasser	Slalom	K 1	Herren	1. Norbert Sattler
				4. Edi Wolffhardt
				5. Peter Fauster
	Regatta	K 1	Herren	2. Gerhard Peinhaupt
		C 2	Herren	4. Steindl, Müllneritsch
		K 1	Damen	7. Annemie Amslinger

WM-Test, Kanada

	Slalom	K 1	Herren	1. Norbert Sattler

PFERDESPORT

BUNDESFACHVERBAND FÜR REITEN UND FAHREN (BFV)
1040 Wien, Theresianumgasse 33, Telefon 0 22 2 / 65 83 63
Bürozeit: Montag bis Freitag von 9 bis 15 Uhr

Präsident
Dr. Rudolf Nemetschke, 1030 Wien, Strohgasse 22, Telefon 0 22 2 / 73 44 77

Mitglied der
Federation Equestre Internationale (FEI), gegründet 1921
Anschrift
Rue Hamoir, 38, Bruxelles, Telefon 74 47 34

Im Jahre 1978 wurden die Satzungen und die Geschäftsordnung den heutigen Anforderungen des Reitsports angepaßt. Mit dem Einsatz eines Text- und Datencomputers wurden Organisation und Administration umgestellt und die Landesverbände und Vereine administrativ entlastet. Mit diesem Gerät wird die Erfassung der Mitglieder, Reiterlizenzen und Turnierpferde sowie aller Ergebnisse durchgeführt.
In sportlicher Hinsicht war die erstmalige Beschickung der Weltmeisterschaft im Viererzugfahren und der Europameisterschaft für Ponyreiter besonders bemerkenswert. Beide Equipen schlugen sich ausgezeichnet und konnten Plätze in der ersten Hälfte erreichen. Daneben wurden die Weltmeisterschaften im Spring- und Dressurreiten sowie die Junioren-EM in Dressur, Springen und Vielseitigkeit beschickt.
Auf dem Gebiet der Ausbildung ist es gelungen, eigene Lehrpläne für eine staatliche Ausbildung zum Reitinstruktor, Reittrainer und Reitlehrer auszuarbeiten und dem BMUK vorzulegen. Der erste Lehrgang nach dieser Verordnung begann im Dezember 1978.
Auf internationaler Ebene konnte auf Initiative Österreichs der Donau-Alpenpokal für Zweispänner fixiert werden und das Statut von fünf Ländern angenommen werden. Weitere drei bis fünf Nationen werden sich noch anschließen. Weiters wurde 1978 der FEI-Weltcup für Springreiter eingeführt, bei dem auch Österreich vertreten ist.

STAATSMEISTER 1978	Dressur	**Elisabeth Theurer**	Reitverein „Stall Kürnberg"
	Springen	**Hugo Simon**	URC St. Georg Linz

ÖSTERREICHISCHE MEISTER 1978

Junioren	Dressur Springen Vielseitigkeit	Christa Winkl Alexander Huhsl Marianne Lang	Reitclub Rhetaca Reitclub Klagenfurt Ländl. Reit- u. Fahrverein Podersdorf
Jugendliche	Dressur Springen	Katharina Rüsch Hubert Neumann-Spallert	CRV Dornbirn Reitstall Schloß Karnabrunn
Junioren-Hallenmeister	Springen	Alexander Huhsl	Reitclub Klagenfurt
Bundesländer-Mannschaftscup	Springen	Kärnten	
Bundesmeisterschaft für Haflinger	Einzel	Albert Gesierich	Kärnten
	Mannschaft	Steiermark	Kurt Lessiak, Annibelle Hoffmann, Eva Murko, Peter Liebmann, Karl Paar, Regina Resch
Bundesmeisterschaft der ländl. Reiter in der Vielseitigkeit	Einzel Mannschaft	Andreas Lang Burgenland	Reitverein Podersdorf Susanne Györik, Mathias Dombi, Marianne Lang, Andreas Lang
Bundesmeisterschaft der Noriker	Einzel Mannschaft	A. Auernigg Reitergruppe Wals/Salzburg	Reitergruppe Piesendorf

ÖSTERREICHISCHE REKORDE

Hochsprung	24. 9. 1978	2,18 m	Peter Zobl-Wessely	HSV OÖ., Linz
Hochsprung	24. 9. 1978	2,18 m	Thomas Frühmann	Reitzentrum Kreuttal, Ritzendorf

EUROPAMEISTERSCHAFTEN

10.–13. August, Newcastle	Jun.-Springen	Mannschaft Rahmenbewerbe	6. Österreich 7. Alexander Huhsl
18.–20. August, Amstetten	Jun.-Dressur	Mannschaft Einzel	2. Österreich 2. Regina Moldan 8. Christa Winkel
		Rahmenbewerbe	1. Regina Moldan 3. Sabine Schwarz 4. Regina Moldan 7. Christa Winkel
Wylye	Jun.-Vielseitigkeit	Einzel	9. Richard Funder

WELTMEISTERSCHAFT

24.–27. August, Kesckemet	Fahren	Rahmenbewerbe	3. Ing. Kolouch
16.–20. August, Aachen	Springen	Mannschaft Rahmenbewerbe	10. Österreich 6. Thomas Frühmann 8. Boris Boor
5.–9. Juli, Goodwood	Dressur	Rahmenbewerbe	7. Ines Badewitz 7. E. Theurer

CSIO-TURNIERE

14.–17. Sept., Laxenburg	Springen	Preis der Nationen	5. Österreich
		Großer Preis	2. H. Simon
			3. Th. Frühmann
		Rahmenbewerbe	2. Th. Frühmann
			1. H. Simon
			1. H. Hulzebos
			3. Th. Frühmann
			3. J. Domaingo
			1. G. Beck
	Dressur	Grand Prix Spécial	2. E. Theurer
		Grand Prix	2. E. Theurer
Mai, St. Gallen	Springen	Nationenpreis	3. Österreich
		Großer Preis	5. H. Simon
23.–27. August, Rotterdam	Springen	Großer Preis	4. H. Simon

RADSPORT

ÖSTERREICHISCHER RADSPORTVERBAND (ÖRV), gegründet 1973 (ÖRK 1946)
1040 Wien, Prinz-Eugen-Straße 12, Tel. 0 22 2 / 65 73 39, 65 78 51, Telex 01/3132
Bürozeit: Montag bis Freitag von 8.30 bis 17 Uhr

Präsident
Dr. Anton Schanzer, 1190 Wien, Hungerbergstraße 3–5,
Telefon 0 22 2 / 65 47 51/426 (Büro), 32 28 772 (privat)

Generalsekretär
Alfred Kublik, 1020 Wien, Seb.-Kneipp-Gasse 4/21, Telefon 0 22 2 / 24 09 402

Mitglied der
Federation Internationale Amateur de Cyclisme (FIAC), gegr. 1972
00100 Roma, Viale Tiziano 70, Telefon 38 73

und der
Union Cycliste Internationale (UCI), gegründet 1900, 122 Länder
1205 Geneve, 8., rue Charles-Humbert, Telefon 26 36 11

STAATSMEISTER 1978

Straße	Einzel	**Herbert Spindler**	ARBÖ Peugeot Salzburg
	Berg	**Erich Jagsch**	ARBÖ Jessernigg Stockerau
	Vierer-Mannschaft	**Leo Karner, Manfred Menhart, Rud. Lauscha, Michael Peduzzi**	ARBÖ Vöslauer Heilqu.
	Querfeldein	**Walter Obersberger**	ARBÖ Spark. Ranshofen
Bahn	Sprint	**Reinhard Natter**	ÖAMTC RCA Tyrolia
	Zeitfahren	**Franz Dögl**	ARBÖ Vöslauer Heilqu.
	Einzelverfolgung	**Leo Karner**	ARBÖ Vöslauer Heilqu.
	Punkterennen	**Karl Krenauer**	ARBÖ Sparkasse Neunkirchen
	Americaine	**Erich Jagsch, Wilhelm Lauscha**	ARBÖ Jessernigg Stockerau
	Mannschaftsverfolgung	**Gerhard Jonas, Leo Karner, Rud. Lauscha, Michael Peduzzi**	ARBÖ Vöslauer Heilqu.
	Hinter Motoren	**Franz Varga** **Franz Bachmaier** (Schrittm.)	RC Gänserndorf

Saalsport

		Radball	**Franz Schindelar** **Karl Böhm**	ARBÖ STAW
	Frauen	Einer-Kunstfahren	**Annelies Andujar**	ÖAMTC Gisingen
	Männer	Einer-Kunstfahren	**Reinhard Bechtold**	ÖAMTC Enzian-Sulz
	Frauen	Zweier-Kunstfahren	**Sonja Forti** **Marion Seybal**	ARBÖ Bregenz

ÖSTERREICHISCHE MEISTER 1978

Straße

Einzel		Junioren	Johann Lienhart	Union Raiffeisen-BV
		Jugend	Paul Popp	ÖAMTC RCA Tyrolia
		Schüler	Wolfgang Mraz	ARBÖ Kneuer
		Senioren	Hans Kostron	ÖAMTC hasko Colnago
Berg		Junioren	Harald Maier	Union Raiffeisen-BV
		Jugend	Paul Popp	ÖAMTC RCA Tyrolia
		Schüler	Harald Blümel	ARBÖ Vöslauer Heilqu.
Querfeldein		Junioren	Gerhard Waltenberger	Union Schartner Bombe
		Jugend	Peter Höllbacher	ARBÖ Spark. Ranshofen
		Schüler	Heinz Manzl	Union Hirzi Ried
Vereins-Zweiermannschaft		Junioren	Johann Lienhart	Union Raiffeisen-BV
			Harald Maier	Union Raiffeisen-BV

Bahn

Sprint		Junioren	Manfred Sova	ARBÖ Vöslauer Heilqu.
		Jugend	Alfred Glössner	ARBÖ E-Werk Keli
		Schüler	Michael Berger	ÖAMTC RCA Tyrolia
Zeitfahren	1.000 m	Junioren	Manfred Sova	ARBÖ Vöslauer Heilqu.
	500 m	Jugend	Alfred Glössner	ARBÖ E-Werk Keli
	500 m	Schüler	Michael Berger	ÖAMTC RCA Tyrolia
Einzelverfolgung	3.000 m	Junioren	Reinhard Popp	ÖAMTC RCA Tyrolia
	2.000 m	Jugend	Stefan Gugacs	ARBÖ Vöslauer Heilqu.
	1.000 m	Schüler	Roman Hammerl	ARBÖ Vöslauer Heilqu.
Punktefahren	25 km	Junioren	Manfred Sova	ARBÖ Vöslauer Heilqu.
Vereins-Mannschaftsverfolgung				
	4.000 m	Junioren/Jugend	Reinhard Popp	ÖAMTC RCA Tyrolia
			Paul Popp	ÖAMTC RCA Tyrolia
			Harald Umreich	ÖAMTC RCA Tyrolia
			Christian Majnaric	ÖAMTC RCA Tyrolia

Saalsport

Radball	Jugend	Gerald Schlossar	SVS Schwechat
		Harald Bräuer	SVS Schwechat
	Schüler	Wolfgang Brunner	ÖAMTC Mazda-Höchst
		Andreas Vollmar	ÖAMTC Mazda-Höchst
Einer-Kunstfahren	männl. Jugend	Wolfgang Nicolussi	ÖAMTC Hohenems
	Schüler	Gerd Fleisch	ÖAMTC Enzian-Sulz
	weibl. Jugend	Anita Blum	ÖAMTC Mazda-Höchst
	Schülerinnen	Brigitte Franz	ÖAMTC Meiningen
Zweier-Kunstfahren	männl. Jugend	Gebrüder Lins	ÖAMTC Altenstadt
	weibl. Jugend	Liane Forti	ARBÖ Bregenz
		Heidi Seybal	ARBÖ Bregenz

ÖSTERR. BAHNREKORDE (Wiener Hallenstadion)

Allg. Kl. u. Jun.	200 m Sprint	Manfred Sova	ARBÖ Vösl. Heilquelle	11,48 Sek.	12. 7. 77
Jugend	200 m Sprint	Alfred Glössner	ARBÖ E-Werk-Keli	11,96 Sek.	23. 7. 78
Jugend	200 m Sprint	Alfred Glössner	ARBÖ E-Werk-Keli	11,81 Sek.	24. 10. 78
Schüler	200 m Sprint	Roman Hammerl	ARBÖ Vösl. Heilquelle	12,82 Sek.	23. 7. 78
Allg. Kl. u. Jun.	200 m fliegend	Manfred Sova	ARBÖ Vösl. Heilquelle	11,75 Sek.	11. 3. 78
Jugend	500 m stehend	Alfred Glössner	ARBÖ E-Werk-Keli	35,05 Sek.	24. 10. 78
Schüler	500 m stehend	Michael Berger	ÖAMTC-RCA Tyrolia	37,32 Sek.	24. 7. 78
Schüler	500 m stehend	Michael Berger	ÖAMTC-RCA Tyrolia	37,32 Sek.	25. 10. 78
Allg. Klasse	1.000 m stehend	Franz Dögl	ARBÖ E-Werk-Keli	1:08,05 Min.	23. 2. 78
Junioren	1.000 m stehend	Manfred Sova	ARBÖ Vösl. Heilquelle	1:10,43 Min.	21. 9. 78
Jugend u. Schüler	1.000 m stehend	Paul Popp	ÖAMTC-RCA Tyrolia	1:13,75 Min.	6. 12. 78
Jugend	2.000 m stehend	Paul Popp	ÖAMTC-RCA Tyrolia	2:30,20 Min.	23. 7. 78
Jugend	2.000 m stehend	Stefan Gugac	ARBÖ Vösl. Heilquelle	2:28,70 Min.	25. 10. 78
Junioren	3.000 m stehend	Gerhard Jonas	ARBÖ Vösl. Heilquelle	3:47,52 Min.	13. 8. 77
Allg. Klasse	4.000 m stehend	Leo Karner	ARBÖ Vösl. Heilquelle	4:49,37 Min.	23. 7. 78
Allg. Klasse	4.000 m stehend Mannschaft	Franz Dögl, Rudolf Lauscha, Reinhard Natter, Gerhard North	Österr. Nat.-Mannschaft	4:31,24 Min.	6. 6. 78

WELTREKORDE

1. März 1978, Hallenstad. Wien	Amateur	hinter Motor auf geschl. Bahn in 1 Stunde 72,470 km	Franz Dögl (Schrittmacher Ueli Luginbühl, Schweiz)	ARBÖ E-Werk-Keli
9. November 1978, Hallenstad. Wien	Professional	hinter Motor auf geschl. Bahn in 1 Stunde 74,540 km	Franz Dögl (Schrittmacher Dieter Durst, BRD)	ARBÖ E-Werk-Keli

WELTMEISTERSCHAFTEN

23. August, Köln 29 Länder		Vierer-Mannschaft Straße	Johann Summer, Rudolf Mitteregger, Peter Muckenhuber, Erwin Ritter	10. Österreich
25. Juni, Washington, USA 25 Länder	Junioren	Vierer-Mannschaft Straße	Johann Lienhart, Manfred Horvath, Harald Maier, Manfred Sova	10. Österreich

INTERNATIONALE GROSSVERANSTALTUNGEN

4.–7. Mai, NÖ.-Radrundfahrt	8 Länder, 108 Starter	1. Peter Muckenhuber	ARBÖ Peugeot Salzbg.
		2. Michael Peduzzi	ARBÖ Vösl. Heilquelle
24. Mai bis 3. Juni, 30. Österreich-Rundfahrt	10 Länder, 15 Starter	3. Erich Jagsch	ARBÖ Jessernig Stockerau
6.–9. Juli, OÖ. Junioren-Rundfahrt	12 Länder, 96 Starter	2. Manfred Horvath	ARBÖ UHL Theresienfeld
		3. Helmut Pöll	ARBÖ „Pico" Wels

RINGEN

ÖSTERREICHISCHER AMATEUR-RINGERVERBAND (ÖARV), gegründet 1952
1011 Wien, Postfach 778, Postgasse 7, Telefon: bis 16 Uhr 0 22 2 / 52 37 50,
abends 0 22 2 / 33 64 282
Dienstzeit
Montag bis Freitag 8 bis 16 Uhr, Wien I, Postgasse 7 (Polizei), Tel. 52 37 50

Präsident
Direktor Peter Hrabac, 1020 Wien, Taborstraße 113

Generalsekretär
Emanuel Schön, 1200 Wien, Friedrich-Engels-Platz 21/7/11, Tel. 0 22 2 / 33 64 282

Mitglied der
Federation Internationale de Lutte Amateurs (FILA), gegründet 1925, 86 Länder
Anschrift
CH-Lausanne, av. Ruchonet 3, Tel. 22 84 26

Offizielle Verbandszeitung
„Der Amateurringer", 6mal im Jahr, 1.000 Stück
Chefredakteur
Emanuel Schön, 1200 Wien, Friedrich-Engels-Platz 21/7/11, 0 22 2 / 33 64 282

Die geänderten Satzungen des ÖARV haben sich bestens bewährt. 1978 soll dem Freistil-Ringkampf ein größeres Augenmerk – größere internationale Betätigung – zugewendet werden. Verstärkte Lehrtätigkeit auf dem Schüler-, Jugend- und Juniorensektor. Abschlußlehrgang in der Trainerausbildung (15 Kandidaten).

STAATSMEISTER 1978

Griechisch-römisch	bis 48 kg	**Max Außerleitner**	AC Wals
	52 kg	**Hans Pichler**	Vigaun
	57 kg	**Herbert Nigsch**	KSK Klaus
	62 kg	**Siegfried Roy**	KG Innsbruck
	68 kg	**Reinhard Hartmann**	KSK Klaus
	74 kg	**Bruno Hartmann**	Götzis
	82 kg	**Franz Pitschmann**	KG Innsbruck
	90 kg	**Dietmar Jeglic**	Hörbranz
	100 kg	**Richard Hehenberger**	KG Leonding
	über 100 kg	**Hans Schöpp**	AC Wals
Freistil	bis 48 kg	**Walter Matt**	KSK Klaus
	52 kg	**Siegfried Wallinger**	AC Wals
	57 kg	**Sepp Hohlrieder**	KG Innsbruck
	62 kg	**Andreas Seidl**	AC Wals
	68 kg	**Anton Bauer**	AC Wals
	74 kg	**Erich Postai**	KSK Klaus
	82 kg	**Bartl Brötzner**	AC Wals
	90 kg	**Johann Karlhuber**	AC Wals
	100 kg	**Franz Karlhuber**	AC Wals
	über 100 kg	**Johann Schöpp**	AC Wals

Österreichischer Staats- und Mannschaftsmeister
Griechisch-römisch und Freistil **AC Wals**

ÖSTERREICHISCHE MEISTER 1978

Junioren	Freistil	bis 48 kg	Max Außerleitner	AC Wals
		52 kg	Siegfried Wallinger	AC Wals
		57 kg	Herbert Nigsch	KSK Klaus
		62 kg	Andreas Seidl	AC Wals
		68 kg	Andreas Quehenberger	Vigaun
		74 kg	Peter Danner	Götzis
		82 kg	Günter Busarello	KSK Klaus
		100 kg	Peter Kosmata	KG Leonding
		über 100 kg	Werner Müller	KSK Klaus

	Griechisch-römisch	bis 48 kg	Norbert Ratz	Hörbranz
		52 kg	Dietmar Streitler	KSK Klaus
		57 kg	Herbert Nigsch	KSK Klaus
		62 kg	Daniel Fröschl	Götzis
		68 kg	Dietmar Längle	KSK Klaus
		74 kg	Franz Ransmayer	KG Leonding
		90 kg	Günter Busarello	KSK Klaus
		über 100 kg	Werner Müller	KSK Klaus
Jugend	Freistil	bis 40 kg	Kurt Ratz	Hörbranz
		44 kg	Norbert Ratz	Hörbranz
		48 kg	Walter Matt	KSK Klaus
		52 kg	Max Außerleitner	AC Wals
		56 kg	Siegfried Wallinger	AC Wals
		60 kg	Herbert Nigsch	KSK Klaus
		65 kg	Günter Ofenbeck	Götzis
		70 kg	Andreas Quehenberger	Vigaun
		75 kg	Georg Jeglic	Hörbranz
		über 75 kg	Günter Busarello	KSK Klaus
	Griechisch-römisch	bis 40 kg	Kurt Ratz	Hörbranz
		44 kg	Norbert Ratz	Hörbranz
		48 kg	Walter Matt	KSK Klaus
		52 kg	Max Außerleitner	AC Wals
		56 kg	Dietmar Streitler	KSK Klaus
		60 kg	Herbert Nigsch	KSK Klaus
		65 kg	Günter Troy	Wolfurt
		70 kg	Manfred Rünzler	KSK Klaus
		75 kg	Georg Jeglic	Hörbranz
		über 75 kg	Günter Busarello	KSK Klaus
Schüler	Griechisch-römisch	bis 25 kg	Karl Tusch	Götzis
		27 kg	Franz Farkas	Pol.-SV Wien
		29 kg	Christoph Riedmann	Wolfurt
		31 kg	Markus Pittner	KSK Klaus
		34 kg	Harald Begle	KSK Klaus
		37 kg	Georg Neumaier	AC Wals
		40 kg	Bert Brandauer	Vigaun
		44 kg	Werner Köb	Wolfurt
		48 kg	Helmut Skof	Götzis
		52 kg	Hannes Steinberger	Vigaun
		56 kg	Rupert Brandauer	Vigaun
		über 56 kg	Georg Marchl	AC Wals

WELTMEISTERSCHAFT

3.–10. September, Mexiko	Allgem. Klasse	7. Herbert Nigsch, 57 kg	besiegte Weltmeister und Olympiasieger Ukkola entscheidend

EUROPAMEISTERSCHAFTEN

11.–16. Juli, Oulu, Finnland	Junioren	9. Franz Ransmayer, 74 kg
21.–23. April, Oslo, Norwegen	Allgem. Klasse	12. Georg Brötzner
11.–16. Juli, Oulu, Finnland	Junioren	10. Daniel Fröschl
21.–23. April, Oslo, Norwegen	Allgem. Klasse	11. Reinhard Hartmann

GROSSVERANSTALTUNGEN

EG-Turnier, Arnheim, Holland	Allgem. Klasse	2. Franz Pitschmann
Gr. Preis v. Österr., Klaus, Vbg.	Allgem. Klasse	1. Franz Pitschmann
		2. Günter Busarello
		Karl Kathan
		2. Georg Brötzner
		3. Daniel Fröschl
		2. Reinhard Hartmann
		2. Herbert Nigsch
Intern. Turnier, 2. April, Turin	Allgem. Klasse	1. Franz Pitschmann
		1. Reinhard Hartmann
		4. Herbert Nigsch

RODELN

ÖSTERREICHISCHER RODELVERBAND (ÖRV), gegründet 1945
1010 Wien, Kärntner Straße 51, Telefon 0 22 2 / 52 19 89, 52 19 80, 52 26 21/93
Dienstzeit: Montag bis Freitag von 8.30 bis 17 Uhr

Präsident
Abg. z. NR Mag. Josef Höchtl,
1010 Wien, Kärntner Straße 51, Telefon 0 22 2 / 52 19 89, 52 19 80, 52 26 21/332

Mitglied der
Fédération Internationale de Luge de Course (FIL), gegründet 1957,
24 Länder, 50.000 Mitglieder
Anschrift
8786 Rottenmann 168 a, Österreich, Telefon 0 36 14 / 22 66

Direktor Bert Isatitsch ist Gründer und Vorsitzender des Internationalen Rodelverbandes (FIL), der seinen Sitz in Österreich (Rottenmann) hat.

Offizielle Verbandszeitung
Mitteilungen des ÖRV, Erscheinen bei Notwendigkeit

Neben den vielen Bereichen, die in der kontinuierlichen Arbeit für den österreichischen Rodelsport behandelt worden sind, sollen speziell fünf Impulse erwähnt werden:

1. Forcierung der wissenschaftlichen Forschung durch Zusammenarbeit mit dem Institut für Elektronik der technischen Universität Graz

Kurz zusammengefaßt konnten in der abgelaufenen Saison folgende Schwerpunkte der wissenschaftlichen Forschungsarbeit verwirklicht werden:

a) Ausbau und Weiterentwicklung der Videorecorderanlage,
b) mathematisches Modell zur Abfahrtsmechanik beim Rodeln,
c) Gleitversuche in der Eishalle Liebenau,
d) Bahnvermessung in Imst,
e) Umplanung der Zeitmeßanlage für die WM in Imst,
f) Meßgriffe zur Ermittlung der Startkraft,
g) Bau von Testschlitten,
h) Meßrad für Rodel,
i) Vorbereitungen zur Ausstattung der Bahn in Igls mit vielen Schranken,
j) weitere Messungen zur Ermittlung von Luftwiderstand und Reibung.

2. Weltcup

Durch die unnachgiebige Haltung des ÖRV konnte in der abgelaufenen Saison doch der erste Weltcup in vier Bewerben durchgezogen werden.

3. Rodelpool

Durch die Schaffung des Rodelpools ist es gelungen, die zur Verfügung stehenden Mittel doch um wesentliche Beträge auszuweiten.

4. ÖRV verfügt über die ersten geprüften Lehrwarte

Unter wesentlicher Hilfe von Prof. Filipic stehen nun 21 Lehrwarte zur Verfügung.

5. Konditionsleistungszentren

Die Notwendigkeit der Neustrukturierung der gesamten Konditionstrainingssituation ist ein Anliegen gewesen, das systematisch vorangetrieben worden ist.

STAATSMEISTER 1978

Naturbahn	Damen	**Elfriede Pirkmann**	SC Liezen
	Herren	**Alfred Kogler**	WSV Vomp
	Herren-Doppel	**Werner Prantl, Florian Prantl**	SC Schwaz, Tirol
Kunstbahn	Damen	**Angelika Schafferer**	RV Swarovski-Halltal
	Herren	**Rudolf Schmid**	SC Liezen
	Herren-Doppel	**Günther Lemmerer, Gerhard Sandbichler**	SV Igls, Tirol

ÖSTERREICHISCHE MEISTER 1978

Naturbahn	Senioren	Karl Oberhöller	Innsbruck
	Juniorinnen	Ursula Kofler	Tirol
	Junioren	Gebhard Oberpichler	U. Iselsberg
	Junioren-Doppel	Ernst Marinelli, Roland Trattnig	ASKÖ Goldeck
	Jugend weiblich	Ida Huber	SV Oberperfuß
	Jugend männlich	Hermann Wasser	Steiermark

	Kunstbahn	Senioren	Dietmar Krämer	SV Igls
		Juniorinnen	Christl Brunner	Tirol
		Junioren	Werner Mayregger	SV Igls
		Junioren-Doppel	Werner Mayregger, Otto Mayregger	SV Igls
		Jugend weiblich	Rita Salzgeber	WSV Tschagguns
		Jugend männlich	Günther Spörr	SV Igls

WELTMEISTERSCHAFT

21.–22. Jänner, Imst	Kunstbahn	Damen	3. Angelika Schafferer	63 Einsitzer aus
		Herren	3. Manfred Schmid 7. Georg Fluckinger 8. Rudolf Schmid 9. Reinhold Sulzbacher	15 Nationen am Start
		Herren-Doppel	7. M. Schmid, Schrott 9. Lemmerer, Sandbichler	

EUROPAMEISTERSCHAFTEN

11.–12. Februar, Hammarstrand	Kunstbahn	Damen	10. Evi Acherer	73 Einsitzer aus
		Herren	4. Manfred Schmid 8. Albert Graf	14 Nationen am Start
		Herren-Doppel	7. Lemmerer, Sandbichler	
16.–19. Februar, Aurach	Naturbahn	Damen	1. Elfriede Pirkmann 3. Ruth Oberhöller 4. Annemarie Ebner	62 Einsitzer aus 9 Nationen am Start
		Herren	2. Werner Prantl 3. Alfred Kogler 5. Josef Theuerl	
		Herren-Doppel	1. Mücke, Hutter 3. Oberpichler, Außerdorfer	
18.–22. Februar, Davos, Schweiz	Naturbahn	Juniorinnen	2. Ursula Kofler	
		Junioren	3. Rosi Kalschmid 3. Robert Marinelli 6. Helmut Außerdorfer	
		Junioren-Doppel	2. Oberbichler, Außerdorfer 3. R. Marinelli, A. Marinelli	

WELTCUP	Kunstbahn	Herren	3. Manfred Schmid 6. Reinhold Sulzbacher 9. Rudolf Schmid
		Damen	3. Angelika Schafferer 9. Eva Acherer
		Herren-Doppel	5. Lemmerer, Sandbichler 6. M. Schmid, K. Schrott

GROSSVERANSTALTUNGEN

Pokal der Nationen			
26.–29. Jänner, Igls	Kunstbahn	Damen	5. Angelika Schafferer
		Herren	4. Reinhold Sulzbacher
		Herren-Doppel	3. R. Schmid, Graf
Alpenländerpokal			
4.–5. März, Königssee	Kunstbahn	Damen	3. Angelika Schafferer
		Herren	9. Manfred Schmid
		Herren-Doppel	6. Fluckinger, Sulzbacher
Europapokal			
14.–15. Jänner, Unterammergau	Naturbahn	Damen	2. Elfriede Pirkmann
		Herren	3. Alfred Kogler
		Herren-Doppel	1. Werner Mücke, Helmut Hutter

Großer Preis von Österreich			
28.–29. Jänner, St. Konrad, OÖ.	Naturbahn	Damen	1. Elfriede Pirkmann
		Herren	1. Alfred Kogler
		Herren-Doppel	1. Oberpichler, Außerdorfer
Großer Preis von Innsbruck			
8.–11. Dez. 77, Innsbruck-Igls		Damen	1. Christl Gruber
		Herren	2. Reinhold Sulzbacher
		Herren-Doppel	2. Lemmerer, Sandbichler

ROLLSPORT

ÖSTERREICHISCHER ROLLSPORTVERBAND (ÖRSV)
1020 Wien, Ausstellungsstraße 40

Präsident
Ing. Friedrich Klein, 1100 Wien, Bahnlände 19

Vizepräsident (geschäftsführender Präsident)
Hedwig Sehner, 1020 Wien, Lasallestraße 14/3/17

Vorsitzender der Kunstlaufkommission
Evelyne Wedde, 1190 Wien, Arbesbachgasse 11/9

Vorsitzender der Schnellaufkommission
Franz Röhrl, 1210 Wien, Herchenhahngasse 4/34/8/25

Bei der Hauptversammlung wurden neue Satzungen beschlossen.

In sportlicher Hinsicht ergibt sich die Notwendigkeit, die in mühevoller Arbeit durch Trainer und Lehrwarte erreichte Ausbildung der Jugend nutzbringend anzuwenden und die Abwanderung zu verhindern. Die in manchen Sportnationen durch profihaftes Training erreichte Übermacht mag hier eine große Rolle spielen, doch muß sich ein fairer Sportler mit dem höchsten für ihn erreichten Erfolg bescheiden. Es kann nicht jeder Weltmeister sein; nur einer von vielen erreicht dieses hohe Ziel.

Eine Ausweitung des Rollsports auf das ganze Bundesgebiet wird durch vermehrte Werbetätigkeit, Schaulaufen und Wettkämpfe angestrebt.

Im ÖRSV werden derzeit die Sparten Schnelllauf, Kunstlauf und Rolltanz aktiv betrieben. Rollhockey, das sich international sehr großer Beliebtheit erfreut, ist derzeit wegen der hohen Kosten und Fehlens der zur Ausübung des Spielbetriebes notwendigen Sportanlagen noch nicht aktuell.

STAATSMEISTER 1978

Kunstlauf		Damen	**Christine Fidler**	RSV ASKÖ Wien
		Herren	**Hannes Wolf**	RSV Favorit
Schnellauf	Straße	Damen	**Brigitte Habesohn**	RSG Leopoldstadt
		Herren	**Christian Habesohn**	RSG Leopoldstadt
	Bahn	Damen	**Gertrude Swoboda**	RSG Leopoldstadt
		Herren	**Peter Habesohn**	RSG Leopoldstadt
Rolltanz			**Irene Sehner, Norbert Zuraw**	RSV ASKÖ Wien

ÖSTERREICHISCHE MEISTER 1978

Kunstlauf	Juniorinnen	Damen	Irene Sehner	RSV ASKÖ Wien
	Junioren	Herren	Norbert Zuraw	RSV ASKÖ Wien
Schnellauf	Juniorinnen	Damen	Anita Witurna	RSG Leopoldstadt
	Junioren	Herren	Heinz Drapal	RSG Leopoldstadt
	Jugend A	Mädchen	Manuela Maly	RSK Jugendzentrum
		Knaben	Peter Wawerka	1. ÖRHSC
	Jugend B	Mädchen	Petra Giesl	1. ÖRHSC
		Knaben	Ernst Radler	1. ÖRHSC
Rolltanz	Junioren		Gabriela Kriesch, Gerhard Lotrian	RSV ASKÖ Wien

EUROPAMEISTERSCHAFTEN

28. 8. bis 4. 9., Palma/Mallorca	Kunstlauf	Einzel	10. Hannes Wolf

RUDERN

ÖSTERREICHISCHER RUDERVERBAND (ÖRV), gegründet 1881
1040 Wien, Prinz-Eugen-Straße 12, Telefon 0 22 2 / 65 73 07, Telex 01/3132
Dienstzeit
Montag von 8 bis 12, 13 bis 19 Uhr; Dienstag von 13 bis 16 Uhr; Mittwoch von 13 bis 18 Uhr; Donnerstag von 8 bis 12 Uhr; Freitag von 8 bis 12, 13 bis 16 Uhr

Präsident
Brigadier i. R. Ing. Herbert Müller-Elblein, 1030 Wien, Arsenal 16/21, Telefon 0 22 2 / 65 82 032

Sekretär
Dr. Paul Nechvatal, 1090 Wien, Spitalgasse 27/9

Internationaler Verband
Federation Internationale des Societes d'Aviron (FISA), gegründet 1892
Anschrift
Montreux, case postale 215, CH-1820, Telefon 05/021 / 62 45 50

Offizielle Verbandszeitung
Ruderreport, 8mal jährlich, 2.000 Stück. Eigentümer, Herausgeber und Verleger: Österreichischer Ruderverband. Für den Inhalt verantwortlich: Alfons Breitmeyer als Pressereferent des Österreichischen Ruderverbandes, Telefon 72 16 46/331.

Organisationstätigkeit: Jubiläen, Satzungsänderungen, Regeländerungen, Organisationsumbau, Schwerpunkte (z. B. Jahr der Jugend, Jahr der Vereine). Details über Nachwuchsarbeit, Besonderheiten auf nationaler und internationaler Ebene bzw. allgemeiner, kurzer Verbandsbericht, Verbandserfolge, Probleme, Nöte.

Dem Ruderverband ist es 1978 gelungen, sein Fünfjahres-Sportkonzept „Olympische Spiele 1978" weiterzuführen. Dank der großzügigen Unterstützung durch das Bundesministerium für Unterricht und Kunst war es möglich, einen Schritt weiter in den Bemühungen, zur Weltspitze aufzuschließen, zu machen. Die Erfolge bei den Weltmeisterschaften der Junioren – zwei Plätze in den Finalrunden –, die Erfolge beim Europäischen Seniorenchampionat mit mehreren Plätzen in den Finalrunden und mit zwei Siegen im kleinen Finale bei den Weltmeisterschaften der Männer in Neuseeland zeigen, daß das Ziel voll erreicht wurde.

Die Lehrwarteausbildung wurde forciert. Ein zweiter Höhepunkt des Jahres 1978 war der Zuschlag für die Durchführung der Ruderweltmeisterschaften 1983 in Wien. Diese Weltmeisterschaft wird die größte bisher durchgeführte Ruderveranstaltung werden. Die Ruderwettfahrtbestimmungen wurden dem neuesten Stand angepaßt, und Österreich war führend an der Neufassung der Ruderwettfahrtbestimmungen beteiligt.

Das Rudern der Frauen konnte weiter ausgebaut werden, und bei der heuer erstmals durchgeführten Weltmeisterschaft der Juniorinnen konnten Österreichs Vertreterinnen in drei Bootsklassen beachtliche Erfolge erringen.

1979 ist das wichtigste Jahr im Rahmen des Fünfjahreskonzeptes. Ziel ist die Aufnahme des Doppelvierers, des Doppelzweiers und des Zweiers ohne Steuermann in den Kader für die olympische Ruderregatta 1980. Daneben wird das Nachwuchsprogramm weiter durchgeführt und versucht, im Europäischen Rudercup die Erfolge weiter auszubauen.

STAATSMEISTER 1978

Herren	Einer	**Dipl.-Ing. Raimund Haberl**	1. WRC LIA
	Zweier ohne Steuerm.	**Günther Schramm, Gerald Stumptner**	Linzer RV Ister Spark.
	Vierer mit Steuerm.	**Egon Darnhofer, Gabriel Smolnig, Ewald Schluder, Hermann Schönthaler, Stm. Arno Kienbacher**	RV Albatros
	Doppelzweier	**Bruno Flecker, Rainer Holzhaider**	Linzer RV Ister Spark.
	Zweier m. Steuerm.	**Otto Affenzeller, Norbert Hlobil, Stm. N. Heidrich**	HSV Oberösterreich

	Vierer ohne Steuerm.	**Egon Darnhofer, Gabriel Smolnig, Ewald Schluder, Hermann Schönthaler**	RV Albatros
	Doppelvierer ohne Steuermann	**Ulli Wolf, Wolfgang Stockinger, Hermann Stockinger, Klaus Kaderk**	RGM RV Nautilus/ RV Villach/ RV Alemannia/HSV
	Achter	**Günther Schramm, Gerald Stumptner, Bruno Flecker, Rainer Holzhaider, Rainer Gattinger, Franz Mertelseder, Thomas Linemayr, Wilfried Auerbach, Stm. Christian Masdalier**	Linzer RV Ister Spark.
Frauen	Einer	**Renate Sigl**	WSV Ottensheim
	Doppelvierer mit Steuerfrau	**Inge Niedermayer, Lisbeth Hirt, Gerti Jahoda, Vera Sommerbauer, Stfr. Natalie Löblich**	WRC Pirat
	Doppelzweier	**Renate Sigl, Lisbeth Hirt**	RGM WSV Ottensheim/ WRC Pirat
Leichtgewichte	Zweier ohne Steuerm.	**Helmut Göbl, Horst Bauer**	RGM RV Wiking Linz/ Möve Salzburg
	Einer	**Dipl.-Ing. Raimund Haberl**	1. WRC LIA
	Vierer ohne Steuerm.	**Helmut Göbl, Horst Bauer, Harald Müller, Georg Aschacher**	RGM Möve Salzburg/ Wiking Linz
	Doppelzweier	**Walter Peichl, Gabor Onuska**	RGM RV Friesen/ RV STAW
	Achter	**Walter Peichl, Lennart Zach, Peter Kwapil, Gabor Onuska, Gerhard Klein, Fritz Lohsmann, Josef Schubert, Adolf Löblich, Stm. Edwin Mickler**	RGM d. RV Alemannia/ Donau Wien/Friesen/ LIA/Pirat/STAW

ÖSTERREICHISCHE MEISTER 1978

Junioren männlich	Vierer mit Steuerm.	Hans Tadler, Anton Bernhardt, Gerhard Schwarzer, Robert Kink, Stm. Martin Kink	RV Friesen
	Doppelzweier	Andreas Barnet, Robert Hofmann	STAW Wien
	Zweier mit Steuerm.	Thomas Linemayr, Wilfried Auerbach, Stm. Christian Masdalier	Linzer RV Ister Spark.
	Einer	Raimund Schmidt	WRC Pirat
	Achter	Andreas Geiger, Robert Lippitsch, Manfred Brantegger, Paul Pugliesi, Hans-Peter Fischer, Arnold Pöcher, Josef Weigl, Josef Nageler, Stm. Peter Geiger	RV Villach
	Vierer ohne Steuerm.	Andreas Kral, Helmut Popp, Robert Mosek, Gerhard Hobler	1. WRC LIA
	Zweier ohne Steuerm.	Andreas Haider, Udo Diesenreiter	RV Wiking Linz
	Doppelvierer ohne Steuermann	Hans Tadler, Anton Bernhardt, Gerhard Schwarzl, Robert Kink	RV Friesen
Junioren weiblich	Doppelvierer mit Steuerfrau	Brigitta Hinterstoisser, Ursula Märzendorfer, Monika Reiter, Claudia Aigner, Stfr. Birgit Mühlfellner	Möve Salzburg

	Einer	Hannelore Datlinger	Donau Wien
	Doppelzweier	Hannelore Datlinger, Silvia Mraz	Donau Wien
Schüler männlich	Einer	N. Wollner	1. WRC LIA
	Doppelvierer mit Steuermann	Alexander Holzinger, Norbert Hofmayr, Helmut Obrecht, August Pistelka, Stm. Alfred Ellerböck	RV Wiking Linz
	Doppelzweier	Wolfgang Feiler, Martin Eppel	RV Normannen
Schüler weiblich	Doppelzweier	Judith Salzmann, Ingrid Lampert	RV Wiking Bregenz
	Einer	Judith Salzmann	RV Wiking Bregenz
	Doppelvierer mit Steuerfrau	Helga Krenn, Doris Lackner, Maria Casagrande, Sabine Pötscher, Stfr. Christine Hausknotz	WSV Ottensheim

LÄNDERKÄMPFE

Dreiländerkampf der Elite in Villach, Ossiacher See, am 16./17. September		1. BRD 2. Jugoslawien 3. Österreich	
Sechsländerkampf der Junioren in Bled, Jugoslawien, am 10. Juni		BRD, Italien, Bulgarien, Niederlande, ČSSR, Jugosl.	6. Österreich
Match des Seniors, Hazewinkel, Belgien, 15./16. Juli	Frauen Herren	5. Platz 10. Platz	
Seniorenländerkampf Wien, 9. September		1. Ungarn 2. Österreich 3. Bayern	28 Punkte 23 Punkte 12 Punkte

WELTMEISTERSCHAFTEN

5. November, Karapiro, Neuseeland	Männer und Frauen	7. Doppelvierer 7. Doppelzweier 10. Einer
25.–30. Juli, Belgrad	Junioren	4. Einer 8. Doppelzweier 5. Zweier ohne Steuermann 8. Mädcheneiner 8. Mädchendoppelzweier
3.–6. August, Kopenhagen	Leichtgewichte	4. Einer 8. Doppelzweier 10. Vierer ohne Steuermann

SCHACH

ÖSTERREICHISCHER SCHACHBUND (ÖSB)
8010 Graz, Herrengasse 16, Telefon 831 / 21 69, 22 45

Präsident
Landesrat Prof. Kurt Jungwirth (Vizepräsident der FIDE), 8010 Graz, Landhaus, Herrengasse 16

Vizepräsidenten
Senatspräsident DDr. Wilfried Dorazil, 2380 Perchtoldsdorf, Lindenweg 11
Erich Kriess, 9020 Klagenfurt, Rosentalerstraße 4
Kurt Zelinsky, 1010 Wien, Stubenring 1

Mitglied der
Federation Internationales des Echecs (FIDE)
Anschrift
Amsterdam, Passeerdersgracht 32

STAATSMEISTER 1978

	Damen	**Margit Hennings**	St. Veit/Glan
Bundesländer-Mannschaft	Herren	**Wien I** Franz Stoppel, Adolf Herzog, Dr. Klaus Opl, Prof. Anton Strauß, Lev Kwatschevsky, Ulrich Steiner, Dr. Werner Mikenda, Helmut Waller, Zöbisch	

ÖSTERREICHISCHE MEISTER 1978

	Jugend	Ernst Swoboda	Wien
Bundesländer-Mannschaft	Jugendliche	Steiermark Manfred Pronegg, Peter Kotlesa, Ebner, Stranegger, Reichenpfader, Leo Weiß, Tafeit	

MITROPA-CUP

8.–15. Oktober, Il Ciocco, Italien

1. Jugoslawien
5. Österreich

SCHIBOB

ÖSTERREICHISCHER SKIBOBVERBAND (ÖSBV)
1040 Wien, Prinz-Eugen-Straße 12, Telefon 0 22 2 / 65 23 17, Telex 01/3132
Dienstzeit: Montag bis Freitag von 9 bis 13 Uhr

Präsident
Baumeister Franz Greiner, 1170 Wien, Lascygasse 10, Telefon 0 22 2 / 46 46 24

Vizepräsident und Generalsekretär
Walter Machata, 1050 Wien, Wiedner Hauptstraße 104/2/2/21,
Telefon 0 22 2 / 55 78 072 oder 83 07 384

Sekretärin
Ingrid Hartinger, 1180 Wien, Wallrißstraße 66/3/8, Tel. 0 22 2 / 47 38 725

Mitglied der
Federation Internationale de Skibob (FISB), gegründet 1961, 15 Länder, ca. 10.000 Aktive
Anschrift
1040 Wien, Prinz-Eugen-Straße 12, Haus des Sports

Dem Präsidium der Federation Internationale de Skibob gehören nachstehende ÖSBV-Angehörige an:
Präsident: Hans Thallmaier, Vizepräsident: Ing. Heinz Sedelmayer, Kampfrichterchef: Hubert Pittner, Rennsportdirektor für Europa: Richard Aistleitner, Chef des medizinischen Ressorts: Dr. Georg Fritsch

Österreich ist nach wie vor Skibobnation Nummer eins, was letztlich auch im neugeschaffenen Weltcup zum Ausdruck kommt. Das Hauptaugenmerk liegt bei der gezielten Nachwuchsförderung, um diesen leistungsmäßigen Vorsprung zu halten und womöglich noch auszubauen. Leider ist die Finanzlage nach wie vor das größte Problem bei der Bewältigung aller Vorhaben und Aufgaben.

STAATSMEISTER 1978

Abfahrt	**Hannelore Gigler**	SBC Schiernock, Seeb.
Riesenslalom	**Andrea Dobler**	UBSC Walgau
Kombination	**Angret Ertler**	1. SBC Villach
Abfahrt	**Alexander Irausek**	SBC Bad Hofgastein
Riesenslalom	**Hans Irausek**	SBC Bad Hofgastein
Kombination	**Hans Irausek**	SBC Bad Hofgastein

ÖSTERREICHISCHE MEISTER 1978

Jugend weibl.	Abfahrt	Manuela Schäfauer
	Riesenslalom	Manuela Schäfauer
	Kombination	Manuela Schäfauer
Jugend männl.	Abfahrt	Walter Kroneisl
	Riesenslalom	Heimo Stadler
	Kombination	Walter Kroneisl
Schüler weibl.	Abfahrt	Petra Wlezcek
	Riesenslalom	Petra Wlezcek
	Kombination	Petra Wlezcek
Schüler männl.	Abfahrt	Robert Schuchter
	Riesenslalom	Robert Schuchter
	Kombination	Robert Schuchter
Senioren	Abfahrt	Josef Flath
	Riesenslalom	Hubert Oberschmied
	Kombination	Hubert Oberschmied

EUROPAMEISTERSCHAFT

17.–22. Jänner, Rußbach	Kombination	Damen	1. Hannelore Gigler 2. Angret Ertler 3. Gerhild Schiffkorn 5. Andrea Dobler	5 Länder
	Kombination	Herren	1. Hans Irausek 7. Günther Mausz	
	Slalom	Damen	2. Hannelore Gigler 4. Andrea Dobler 5. Angret Ertler 6. Gerhild Schiffkorn	
		Herren	1. Hans Irausek 8. Franz Schilcher 10. Erich Goriup	
	Riesenslalom	Damen	1. Gerhild Schiffkorn 2. Angret Ertler 3. Hannelore Gigler 4. Andrea Dobler 8. Manuela Schäfauer	
		Herren	1. Hans Irausek 5. Alexander Irausek 9. Franz Schwab	
9.–12. Februar, Piesendorf	Kombination	Jugend weiblich	1. Andrea Dobler 3. Manuela Schäfauer	6 Länder
		Jugend männlich	2. Hans Irausek 3. Rochus Krallinger	
		Schülerinnen	1. Petra Wlezcek 2. Silvia Amberger 3. Astrid Wlezcek	
		Schüler	2. Robert Schuchter 3. Andreas Fritsch	
		Damen II und III	1. Ingrid Ronovsky	
		Senioren I	1. Hubert Oberschmid	
		Senioren II	1. Otto Dollezal	

	Riesenslalom	Jugend weiblich	1. Andrea Dobler 3. Manuela Schäfauer	
		Jugend männlich	1. Hans Irausek 3. Rochus Krallinger	
		Schülerinnen	1. Petra Wlezcek	
		Schüler	2. Jörg Mangold 3. Robert Schuchter	
		Damen II und III	1. Anna Amberger 2. Ingrid Ronovsky	
		Senioren I	1. Josef Flath 2. Hubert Oberschmid	
		Senioren II	1. Otto Dollezal	
	Slalom	Jugend weiblich	1. Andrea Dobler 2. Manuela Schäfauer	
		Jugend männlich	2. Hans Irausek	
		Schülerinnen	1. Petra Wlezcek 2. Silvia Amberger 3. Astrid Wlezcek	
		Schüler	2. Andreas Fritsch 3. Robert Schuchter	
		Damen II und III	1. Ingrid Ronovsky	
		Senioren I	2. Hubert Oberschmid	
		Senioren II	1. Otto Dollezal	
WELTCUP				
27.–29. Jänner, Piesendorf		Damen	2. Hannelore Gigler Andrea Dobler 4. Gerhild Schiffkorn 5. Renate Babka	4 Länder
		Herren	1. Hans Irausek 5. Alexander Irausek	
12. März, Seefeld		Damen	1. Angret Ertler 2. Hannelore Gigler 3. Gerhild Schiffkorn 4. Andrea Dobler	
		Herren	5. Alexander Irausek	

SCHIESSEN

ÖSTERREICHISCHER SCHÜTZENBUND (ÖSB), gegründet 1879,
ältester Sportverband Österreichs
4020 Linz, Telefon 0 73 2 / 61 54 75

Präsident
Prof. Ing. Hermann Nußbaumer, 4020 Linz, Schwarzstraße 37,
Tel. 0 73 2 / 36 2 55

Geschäftsführer
Dir. Karl Fröschl, 4060 Leonding, Telefon 0 72 22 / 61 54 75

Mitglied der
Union Internationale de Tir (UIT), 99 Länder, 25,5 Millionen Mitglieder
Anschrift
D-62 Wiesbaden, Webergasse 7, Tel. 0 61 21 / 37 78 33

Offizielle Verbandszeitung
Österreichische Schützenzeitung, monatlich, 2.000 Stück

Chefredakteur
Prof. Ing. Hermann Nußbaumer, 4020 Linz, Wiener Straße 441

1979 feiert der Schützenbund das hundertjährige Bestehen des Verbandes. Er ist damit ältester Sportverband Österreichs. Eine Festversammlung in Baden, dem Gründungsort des ÖSB, ein großes Bundesschießen und die Durchführung mehrerer internationaler Meisterschaften sollen das Jubiläum feiern.

Die sportlichen Belange wurden darüber nicht vergessen: Jugendförderung und der Aufbau eines Kaders von Spitzenschützen waren Schwerpunkte der Vereinsarbeit.
Für die Welt- und Europameisterschaften 1979 in Österreich stehen bestens vorbereitete Mannschaften zur Verfügung.

STAATSMEISTER 1978

MATCH-ARMBRUST				
	Einzel	Kombination	**Bernhard Hottowy**	Steiermark
		stehend	**Bernhard Hottowy**	Steiermark
		kniend	**Bernhard Hottowy**	Steiermark
	Mannschaft	Kombination	**Steiermark**	Hottowy, Mesaric, Supanic, Fink
		stehend	**Steiermark**	Hottowy, Mesaric, Supanic, Fink
		kniend	**Steiermark**	Hottowy, Mesaric, Supanic, Fink
LUFTGEWEHR				
Herren	Einzel		**Johann Petzl**	Oberösterreich
	Mannschaft		**Tirol**	G. Krimbacher, J. Schroll, G. Margreiter, M. Freisinger
Damen	Einzel		**Brunhilde Kathrein**	Vorarlberg
	Mannschaft		**Vorarlberg**	B. Kathrein, E. Matt, D. Muxel
LUFTPISTOLE				
	Einzel		**Hermann Sturm**	Vorarlberg
	Mannschaft		**Vorarlberg**	Sturm, Tschabrun, Burtscher, Lang
KLEINKALIBER				
Herren	Einzel	English Match	**Dr. Johann Goldner**	Vorarlberg
	Mannschaft		**Vorarlberg**	W. Waibel, W. Beranek, H. Wöflingseder, A. Wouk
Damen	Einzel		**Lotte Marschnigg**	Kärnten

Damen	Einzel	Standardgewehr	**Brunhilde Kathrein**	Vorarlberg
Herren	Einzel		**Lothar Heinrich**	Kärnten
	Mannschaft		**Wien**	F. Putz, W. Schrempf, H. Rainer, G. Männel
Herren	Einzel	40 stehend	**Gerd Männel**	Wien
	Mannschaft		**Wien**	G. Männel, H. Rainer, W. Schrempf, F. Putz
Herren	Einzel	40 kniend	**Albert Deuring**	Vorarlberg
	Mannschaft		**Salzburg**	K. Rauner, J. Trautner, V. Rothschädl, F. Hörtlackner
Herren	Einzel	Dreistellungsmatch	**Bruno Stadler**	Tirol
	Mannschaft		**Wien**	G. Männel, W. Schrempf, H. Rainer, F. Putz
Herren	Einzel	Standardgewehr 300 m	**Bruno Stadler**	Tirol
	Mannschaft		**Tirol**	B. Stadler, H. Krimbacher, K. Waldegger, R. Maldet

LAUFENDER KEILER

	Einzel	Normallauf	**Udo Schneider**	Auerhahn Linz
	Mannschaft			U. Schneider, P. Willnauer, R. Vonwiller, K. Fröschl
	Einzel	gemischter Lauf	**Udo Schneider**	Auerhahn Linz
	Mannschaft			U. Schneider, P. Willnauer, R. Vonwiller, K. Fröschl

PISTOLE

Damen	Einzel	Sportpistole	**Christine Strahalm**	Steiermark
	Mannschaft		**Kärnten**	Telsnig, Freidl, Schrattl
Herren	Einzel	Zentralfeuerpistole	**Felix Gaugg**	Tirol
	Mannschaft		**Tirol**	Sailer, Gaugg, Polberger, Schuster
	Einzel	Schnellfeuerpistole	**Gerhard Petritsch**	Salzburg
	Mannschaft		**Salzburg**	Aggermann, Lackner, Petritsch, Hinterbichler
	Einzel	Freie Pistole	**Horst Krasser**	Steiermark
	Mannschaft		**Oberösterreich**	Handlbauer, Wimmer, Schweighofer, Gruber
	Einzel	Standardpistole	**Dieter Aggermann**	Salzburg
	Mannschaft		**Salzburg**	Aggermann, Petritsch, Schwarz, Hinterbichler

ÖSTERREICHISCHE MEISTER 1978

LUFTGEWEHR	Jungschützen	Einzel	Albert Deuring	Vorarlberg
		Mannschaft	Niederösterreich	E. Trösch, J. Reuter, H. Sacher
	Junioren	Einzel	Peter Landauer	Tirol
		Mannschaft	Vorarlberg	G. Muxel, K. Ellensohn, W. Hagen
	Senioren	Einzel	Fritz Schattleitner	Steiermark
		Mannschaft	Steiermark	F. Schattleitner, H. Stecher, K. Kopeinig
	Altschützen	Einzel	Andreas Krapf	Tirol
		Mannschaft	Tirol	A. Krapf, J. Falch, H. Roubin

LUFTPISTOLE	Damen	Einzel	Irene Woch	Niederösterreich
		Mannschaft	Steiermark	Strahalm, Radlingmayer, Schmidbauer
	Junioren	Einzel	Reinhard Summer	Steiermark
		Mannschaft	Steiermark	Summer, Mayer, Klein
	Senioren	Einzel	Karl Burger	Wien
		Mannschaft	Steiermark	Pummer, Gangoly, Raiminger
	Jungschützen	Einzel	Karl Pavlis	Niederösterreich
	Altschützen	Einzel	Walter Hirschenhauser	Wien

KLEINKALIBER

Junioren	Einzel	English Match	Kurt Rubik	Niederösterreich
	Mannschaft		Niederösterreich	K. Rubik, J. Reuter, E. Trösch
Jungschützen	Einzel		Rudolf Scheiber	Tirol
	Mannschaft		Vorarlberg	G. Hagen, A. Deuring, M. Zeisberger
Junioren	Einzel	Standardgewehr	Peter Landauer	Tirol
	Mannschaft		Vorarlberg	G. Muxel, W. Hagen, K. Ellensohn
Jungschützen	Einzel		Albert Deuring	Vorarlberg
	Mannschaft		Vorarlberg	G. Hagen, A. Deuring, M. Zeisberger
Senioren	Einzel	KK-Gewehr	Josef Wiener	Tirol
	Mannschaft		Steiermark	K. Lechner, H. Stecher, K. Kopeinig
Altschützen	Einzel		Martin Krismer	Tirol

PISTOLE

Senioren	Einzel	Zentralfeuerpistole	Ladislaus Gangoly	Steiermark
	Mannschaft		Steiermark	Pummer, Zöbinger, Gangoly
Junioren	Einzel		Reinhard Summer	Steiermark
Altschützen			Felix Leitner	Wien
Senioren	Einzel	Schnellfeuerpistole	Anton Feuerstein	Vorarlberg
	Mannschaft		Wien	Burger, Slovacek, Gail
	Einzel	Freie Pistole	Erwin Schuster	Tirol
	Mannschaft		Wien	Burger, Slovacek, Mursic
	Einzel	Standardpistole	Karl Burger	Wien
	Mannschaft		Vorarlberg	Mangeng, Feuerstein, Matthä

LÄNDERKÄMPFE

ARMBRUST-DREILÄNDERKAMPF

12.–15. Mai, Bad Homburg, BRD	Kombination	Schweiz, Deutschland, Österreich	3. Österreich
	stehend	Schweiz, Deutschland, Österreich	
	kniend	Schweiz, Deutschland, Österreich	

LAUFENDER KEILER

6./7. Mai, Zell am See		Niedersachsen, Österreich	2. Österreich
20./21. Mai, Linz		Bayrischer Sportschützenverband	1. Österreich
1.–3. Juni, München	Mix	Internationales Schießen (8 Nationen)	5. Österreich
	Normal		6. Österreich

Die „hohen“ Sprünge des Niki Stajkovic (Foto Sündhofer)

Die Welt
des Sports
ist unsere
Welt
PUMA
WINNIPEG
PUMA
DELPHIN
PUMA
PUMA

LUFTGEWEHR

14. Jänner, Innsbruck	Herren	Österreich - Schweiz	1.514 : 1.498
15. Jänner, Innsbruck	Damen	Österreich - Schweiz	1.114 : 1.107
	Herren	Österreich - Schweiz	1.507 : 1.494
	Damen		1.133 : 1.117
	Junioren		1.097 : 1.082
28. Jänner, Kloten	Herren	gegen Schweiz und Bayern	2. Österreich
	Damen		

KLEINKALIBER

27.–30. Juli, Wiesbachen	English Match	Vierländerkampf	3. Österreich
	Standardgewehr Junioren	Vierländerkampf	2. Österreich
20./21. Juli, Linz		gegen USA	2. Österreich

LUFTPISTOLE

14. Jänner, Innsbruck	gegen die Schweiz	Herren	1.518	1. Österreich
		Damen	1.097	3. Österreich
		Junioren	1.114	1. Österreich
15. Jänner, Innsbruck	gegen die Schweiz	Herren	1.512	1. Österreich
		Damen	1.097	2. Österreich
		Junioren	1.097	1. Österreich
28./29. Jänner, Klothen	gegen Schweiz und Bayern	Herren	1.506	2. Österreich
		Herren	1.515	1. Österreich
11. August, Vandans	gegen Schweiz und Bayern	Herren	1.523	1. Österreich
12. August, Vandans	gegen Schweiz und Bayern	Herren	1.539	1. Österreich
30. April bis 1. Mai, Innsbruck	gegen Bayern			1. Österreich
31. Mai bis 4. Juni, München	8-Nationen-Wettkampf			1. Österreich
1.–9. Juli, Wil, Schweiz	6-Nationen-Wettkampf			3. Österreich

WELTMEISTERSCHAFTEN

24. September bis 5. Oktober, Seoul, Korea (71 Nationen)		Zentralfeuer	5. Österreich	
		Schnellfeuer	7. Österreich	3. Petritsch (Einzel)
		Standard	7. Österreich	
	Herren	40 kniend	6. Wolfram Waibel	
		40 kniend Mannschaft	3. Österreich	Kurt Rauner, Gerhard Krimbacher, Bruno Stadler
		Luftgewehr	5. Gerhard Krimbacher	
		English Match	5. Wolfram Waibel	
		Dreistellungsmatch Mannschaft	7. Österreich	Wolfram Waibel, Gerhard Krimbacher, Kurt Rauner, Bruno Stadler
		Luftgewehr Mannschaft	5. Österreich	Krimbacher, Stadler, Rauner, Freisinger
		Einzel	11. G. Krimbacher	

EUROPAMEISTERSCHAFTEN

28. August bis 3. September, Hämeenlinna, Finnland (24 Länder)	Junioren	Standardgewehr Einzel	6. Albert Deuring	
		Mannschaft	7. Österreich	Albert Deuring, Kurt Rubik, Peter Landauer
	Damen	Einzel	5. Monika Freidl	
		Mannschaft	5. Österreich	
22.–25. Februar, Kopenhagen	Herren	Luftgewehr Einzel	5. G. Krimbacher	
		Mannschaft	4. Österreich	Krimbacher, Rauner, Freisinger, Schroll
	Damen	Einzel	5. Brunhilde Kathrein	
		Mannschaft	7. Österreich	Kathrein, Matt, Vallazza
	Junioren	Einzel	11. Peter Landauer	
	Herren	Luftpistole	15. Österreich	

SCHILAUF

ÖSTERREICHISCHER SKIVERBAND (ÖSV), gegründet 1905
6020 Innsbruck, Maria-Theresien-Straße 53, Telefon 0 52 22 / 25 9 46, 33 7 66,
Telex 05 3876 osvasp
Dienstzeit: Montag bis Freitag von 8 bis 12 Uhr und von 15 bis 19 Uhr

Präsident
Arnold Koller, Adresse wie oben

Direktor
Dr. Klaus Leistner, Adresse wie oben

Mitglied des
Internationalen Skiverbandes (FIS), gegründet 1924, 48 Länder
Technisches Büro der FIS:
CH-3000 Bern, Elfenstraße 19, Telefon 05 031 / 44 43 71

Vertreter des ÖSV in den Komitees und Unterausschüssen der FIS:
Prof. Fred Rössner, Mitglied des FIS-Vorstandes
Dr. Karl Heinz Klee, Mitglied im Komitee für Rechtsfragen und Sicherheit
Dr. Sepp Sulzberger, Vorsitzender des Komitees für Klassifizierung alpiner Wettkämpfer, Mitglied im Komitee für Alpinen Skilauf, Komitee für Regeln und Wettkampfkontrolle, Komitee für Rechtsfragen und Sicherheit
Ing. Hubert Spieß, Vorsitzender des Komitees für Alpine Rennstrecken, Mitglied im Komitee für Alpinen Skilauf
HR Dipl.-Ing. Hans Hartwagner, Vorsitzender des Tabellenkomitees
Hilde Schmied-Hofherr, Alpines Komitee Damen
Hans Stattmann, Langlaufkomitee
Ing. Alfred Weiss, Komitee für Städterennläufer
Prof. Udo Albl, Walter Kumhart, Unterausschuß Weltcup
Heinz Pachler, Unterausschuß Europacup
Ing. Hubert Pirchner, Beauftragter für Jugend- und Kinderfragen im Komitee für Alpinen Skilauf und im Europacup-Komitee, Vorsitzender im FIS-Komitee für Jugend- und Kinderfragen
Franz Schöny, Komitee für Skilehrerwesen und Training
Dr. Christian Poley, Qualifikationskomitee
Doz. Dr. Ernst Raas, Medizinisches Komitee
Dr. Fritz Kolneder, Redaktionskomitee
Emmerich Pepeunig, Vorsitzender im Subkomitee Sprungrichter und Sekretär im Sprungrichterkomitee
Doz. Dr. Franz Sigut, Unterausschuß Sprungschanzen

Offizielle Verbandszeitung
„austria ski", 7 Folgen pro Jahr, jeweils von September bis Mai, 130.000 Stück
Chefredakteur
Dr. Fritz Kolneder, 6020 Innsbruck, Peter-Mayr-Straße 27, Tel. 0 52 22 / 27 61 03

STAATSMEISTER 1978

Alpin	Damen	Slalom	**Annemarie Moser**	SC Kleinarl
		Riesenslalom	**Annemarie Moser**	SC Kleinarl
		Abfahrt	**Brigitte Habersatter**	SK Filzmoos
		Alpine Kombination	**Brigitte Habersatter**	SK Filzmoos
	Herren	Slalom	**Hans Enn**	SC Saalbach-Hinterglem
		Riesenslalom	**Hans Enn**	SC Saalbach-Hinterglem
		Abfahrt	**Josef Walcher**	WSV Schladming
		Alpine Kombination	**Hans Enn**	SC Saalbach-Hinterglem
Nordisch	Herren	Langlauf 50 km	**Reinhard Großegger**	SV Villach
		30 km	**Reinhard Großegger**	SV Villach
		15 km	**Reinhard Großegger**	SV Villach
	Damen	10 km	**Monika Kober**	SK Hopfgarten
		5 km	**Gertrud Gasteiger**	SV Radfeld
	Herren	Spezialspringen 70-m-Schanze	**Alois Lipburger**	WSV Andelsbuch
		90-m-Schanze	**Claus Tuchscherer**	SV Natters
		Nordische Kombination	**Fritz Koch**	SV Villach
	Herren	Staffel 3×10 km	**Salzburg**	Bernhard Winter, Walter Mayer, Peter Juric
	Damen	Staffel 3×5 km	**Tirol I**	Barbara Stöckl, Monika Kober, G. Gasteiger

ÖSTERREICHISCHE MEISTER 1978

Nordisch	Junioren	Langlauf 15 km	Peter Juric	SC Radstadt
		Spezialspringen 70 m	Armin Kogler	WSV Vomp
		90 m	Armin Kogler	WSV Vomp
		Nordische Kombination	Horst Ofner	WSV Murau
		3×10 km	Tirol I	Helmut Gleinser, Ernst Auer, Chr. Minatti

ALPINE WELTMEISTERSCHAFTEN

28. Jänner bis 5. Februar, Garmisch-partenkirchen	Herren	Abfahrt	1. Josef Walcher	Österreich
			3. Werner Grißmann	Österreich
			5. Franz Klammer	Österreich
		Riesenslalom	1. Ingemar Stenmark	Schweden
			6. Hans Enn	Österreich
		Slalom	1. Ingemar Stenmark	Schweden
			4. Anton Steiner	Österreich
	Damen	Abfahrt	1. Annemarie Moser	Österreich
			7. Brigitte Habersatter	Österreich
			8. Martina Ellmer	Österreich
			9. Irmgard Lukasser	Österreich
		Riesenslalom	1. Maria Epple	BRD
			3. Annemarie Moser	Österreich
		Slalom	1. Lea Sölkner	Österreich
			3. Monika Kaserer	Österreich
		Kombination	1. Annemarie Moser	Österreich

NORDISCHE WELTMEISTERSCHAFTEN

18.–26. Februar, Lahti	Springen 70 m	1. Mathias Buse	DDR
		4. Karl Schnabl	Österreich
	90 m	1. Tapio Räisänen	Finnland
		2. Alois Lipburger	Österreich

JUNIOREN-EUROPAMEISTERSCHAFTEN

10.–12. März, Murau	Springen	1. Alfred Lengauer	Österreich
		2. Heinz Koch	Österreich
	Langlauf 15 km	4. Peter Juric	
		9. Ernst Auer	
	Staffellauf 3×10 km	4. Österreich	Auer, Minalti, Juric
	Kombination	4. Eduard Roth	
		10. Michael Egger	

Sonstige Veranstaltungen

Alois Lipburger gewann alle Sprungläufe der Dreiländertournee in Tarvis, Planica und Villach und wurde so Gesamtsieger vor Karl Schnabl.

Die beste Plazierung im Rahmen der Vierschanzentournee erzielte Claus Tuchscherer mit einem 5. Platz in Innsbruck.

Bei der Schiflugwoche am Kulm war Alois Lipburger Dritter vor Anton Innauer.

SCHWIMMEN

VERBAND ÖSTERREICHISCHER SCHWIMMVEREINE (VÖS), gegründet 1899
1020 Wien, Obere Donaustraße 97, Telefon 0 22 2 / 26 12 06
Dienstzeit: Montag bis Freitag von 7.30 bis 16 Uhr

Präsident
Hofrat Prof. Anton Weghofer, 1030 Wien, Custozzagasse 8/4, Telefon privat 0 22 2 / 72 60 944

Mitglied der
Federation Internationale de Natation Amateur (FINA)
Anschrift
Präsident Lic. Javier Ostos M., Isabel La Catolica 13-401-402, Mexico, D.F.I. Mexico

Ligue Europeen de Natation (LEN)
Anschrift
Präsident Bertil Sällfors, Jossagatan, 19, Boras, Schweden
VÖS-Präsident Prof. Anton Weghofer ist Büromitglied der LEN.

Durch die Gründung von Leistungszentren in der Wiener Stadthalle, in der Südstadt, in Klagenfurt und in Innsbruck war es möglich, die Leistungen der Schwimmer im Jahr 1978, in welchem mehr als 100 Rekorde erzielt wurden, wesentlich zu verbessern.
In der Sparte Springen konnte – vermutlich durch die Erfolge der drei österreichischen Spitzenspringer Stajkovic, Grove und Worisch – ein großer Zustrom von jugendlichen Springern, besonders in den Bundesländern Wien und Niederösterreich, festgestellt werden. Leider stehen für die Sportler nicht genügend Sprunganlagen zur Verfügung.
Die Erfolge der österreichischen Juniorenwasserballer geben ein deutliches Zeugnis davon, daß der beschrittene Weg der Lehrgangstätigkeit und der gemeinsamen Schulung richtig ist. Nach wie vor leiden jedoch die Wasserballer an Trainingsmangel. Gerade in Wien, wo viele neue Hallenbäder gebaut wurden, ist es nicht möglich, in den Abendstunden Trainingszeiten für die Wasserballer und Springer zu bekommen.

STAATSMEISTER 1978

Schwimmen	Herren	100 m Kraul	**Kurt Dittrich**	SU Wien
		200 m Kraul	**Harald Sinzinger**	SG Wr. Neust.
		400 m Kraul	**Harald Sinzinger**	SG Wr. Neust.
		1.500 m Kraul	**Stefan Köck**	ASV Wien
		4×100 m Kraul	**ASV Wien**	
		4×200 m Kraul	**SV Wörthersee**	
		100 m Rücken	**Herwig Bayer**	SV Wörthersee
		200 m Rücken	**Alexander Pilhatsch**	AT Graz
		100 m Brust	**Gerhard Prohaska**	SC Donau
		200 m Brust	**Steffen Kriechbaum**	TV Friesen
		100 m Delphin	**Kurt Dittrich**	SU Wien
		200 m Delphin	**Kurt Dittrich**	SU Wien
		200 m Lagen	**Kurt Dittrich**	SU Wien
		400 m Lagen	**Rudolf Kastner**	Spitt. SV
		4×100 m Lagen	**SU Wien**	
	Damen	100 m Kraul	**Heidi Koch**	SC Raiff. Ibk.
		200 m Kraul	**Heidi Koch**	SC Raiff. Ibk.
		400 m Kraul	**Andrea Strachota**	ASV Wien
		800 m Kraul	**Andrea Strachota**	ASV Wien
		4×100 m Kraul	**ASV Wien**	
		100 m Rücken	**Marianne Humpelstetter**	SU Neul.
		200 m Rücken	**Marianne Humpelstetter**	SU Neul.
		100 m Brust	**Karin Miklautz**	VST Völk.
		200 m Brust	**Martina Swoboda**	SV Gallneuk.
		100 m Delphin	**Sonja Hausladen**	ASV Wien
		200 m Delphin	**Sonja Hausladen**	ASV Wien
		200 m Lagen	**Heidi Koch**	SC Raiff. Ibk.
		400 m Lagen	**Andrea Podritschnig**	SV Kä. Unterld.
		4×100 m Lagen	**SC Raiff. Ibk.**	
Springen	Herren	Turmspringen	**Niki Stajkovic**	SU Salzb.
		Kunstspringen	**Niki Stajkovic**	SU Salzb.
	Damen	Turmspringen	**Brigitte Duda**	ASV Wien
		Kunstspringen	**Brigitte Duda**	
Wasserball			**ATSE Longlife Graz**	
Kunstschwimmen		Solo	**Alexandra Worisch**	152,41
			Eva Edinger	151,47
			Maria Ankner	122,78
		Duo	**Worisch, Edinger**	153,94
			Allram, Ankner	130,66
			H[illegible]leingradner, Leu	103,22
		Mannschaft	**Schwimm-Union Wien I**	Allram, Ankner, Edinger, Worisch 143,13
			Schwimm-Union Wien II	Hillingradner, Leu, Alice u. Doris Rinesl 104,85

ÖSTERREICHISCHE JUGENDMEISTER 1978

Schwimmen	**männlich**			
	Junioren	100 m Kraul	Werner Cermak	ASV Wien
	Jugend		Herwig Bayer	SV Wörthersee
	Schüler		Christian Schneeberger	Salzb. TV
	Knaben		Gert Wallisch	SU Baden
	Junioren	400 m Kraul	Werner Cermak	ASV Wien
	Jugend		Stefan Köck	ASV Wien
	Schüler		Rainer Marsch	SG Wr. Neust.
	Knaben		Gert Wallisch	SU Baden
	Junioren	1.500 m Kraul	Werner Cermak	ASV Wien
	Jugend		Stefan Köck	ASV Wien
	Schüler		Peter Pitschko	SV Kä. Unterld.
	Jugend	4×100 m Kraul	AT Graz	
	Junioren	100 m Rücken	Helmut Grillenberger	ATSV Steyr-Hödlmayr
	Jugend		Herwig Bayer	SV Wörthersee
	Schüler		Christian Schneeberger	Salzb. TV
	Knaben		Christian Neuhold	USC Graz
	Junioren	200 m Rücken	Helmut Grillenberger	ATSV Steyr-Hödlmayr
	Jugend		Herwig Bayer	SV Wörthersee
	Schüler		Walter Schreiner	AT Graz
	Junioren	100 m Brust	Gerhard Legat	SC Diana
	Jugend		Alexander Pilhatsch	AT Graz
	Schüler		Markus Graber	SU Spark. Hall
	Knaben		Albert Fahrngruber	Linzer SK
	Junioren	200 m Brust	Hermann Nießl	Wolfsb. SV
	Jugend		Gerald Maier	Wolfsb. SV
	Schüler		Markus Graber	SU Spark. H.
	Junioren	100 m Delphin	Gerhard Legat	SC Diana
	Jugend		Dimo Simitis	USC Graz
	Schüler		Christian Schneeberger	Salzb. TV
	Knaben		Gert Wallisch	SU Baden
	Junioren	200 m Delphin	Bernhard Waldhof	Tiroler WV
	Jugend		Martin Uetz	SU Mödling
	Schüler		Klaus Mayer	SU Salzb.
	Junioren	200 m Lagen	Helmut Grillenberger	ATSV Steyr-Hödlmayr
	Jugend		Herwig Bayer	SV Wörthersee
	Schüler		Christian Schneeberger	Salzb. TV
	Knaben		Gert Wallisch	SU Baden
	Jugend	4×100 m Lagen	AT Graz	
	weiblich			
	Junioren	100 m Kraul	Andrea Strachota	ASV Wien
	Jugend		Heidi Koch	SC Raiff. Ibk.
	Schülerinnen		Jutta Behounek	ASV Wien
	Mädchen		Brigitte Wanderer	SC Diana
	Junioren	400 m Kraul	Andrea Strachota	ASV Wien
	Jugend		Sonja Hausladen	ASV Wien
	Schülerinnen		Andrea Podritschnig	SV Kä. Unterld.
	Mädchen		Brigitte Wanderer	SC Diana
	Junioren	800 m Kraul	Andrea Strachota	ASV Wien
	Jugend		Sonja Hausladen	ASV Wien
	Schülerinnen		Andrea Podritschnig	SV Kä. Unterld.
		4×100 m Kraul	SC Raiff. Innsbruck	
	Junioren	100 m Rücken	Inge Panholzer	SV Wörthersee
	Jugend		Heidi Koch	SC Raiff. Ibk.
	Schülerinnen		Marianne Humpelstetter	SU Neulengbach
	Mädchen		Claudia Seebacher	SV Wörthersee
	Junioren	200 m Rücken	Inge Panholzer	SV Wörthersee
	Jugend		Heidi Koch	SC Raiff. Ibk.
	Schülerinnen		Marianne Humpelstetter	SU Neulengbach

	Junioren	100 m Brust	Hildegard Kögl	TS Wörgl
	Jugend		Karin Miklautz	VST Völk.
	Schülerinnen		Martina Swoboda	SV Gallneukirchen
	Mädchen		Ulli Bauer	SU Wien
	Junioren	200 m Brust	Brigitte Danksagmüller	SC Diana
	Jugend		Karin Wakolbinger	ASV Linz
	Schülerinnen		Martina Swoboda	SV Gallneukirchen
	Junioren	100 m Delphin	Inge Panholzer	SV Wörthersee
	Jugend		Sonja Hausladen	ASV Wien
	Schülerinnen		Andrea Podritschnig	SV Kä. Unterld.
	Mädchen		Angela Matula	SU Wien
	Junioren	200 m Delphin	Sabine Köck	ASV Wien
	Jugend		Sonja Hausladen	ASV Wien
	Schülerinnen		Sylvia Berger	SV Krems
	Junioren	200 m Lagen	Inge Panholzer	SV Wörthersee
	Jugend		Heidi Koch	SC Raiff. Ibk.
	Schülerinnen		Andrea Podritschnig	SV Kä. Unterld.
	Mädchen		Angela Matula	SU Wien
	Jugend	4×100 m Lagen	SU Neulengbach	
Springen	männl. Jugend	Turmspringen	Günther Neumeister	Grazer AK
		Kunstspringen	Günther Neumeister	Grazer AK
	weibl. Jugend	Turmspringen	Brigitte Duda	ASV Wien
		Kunstspringen	Brigitte Duda	ASV Wien
	Schüler	Turmspringen	Andreas Felzmann	SU Wien
		Kunstspringen	Andreas Felzmann	SU Wien
	Schülerinnen	Turmspringen	Nicole Kreil	SU Wien
		Kunstspringen	Nicole Kreil	SU Wien
	Knaben	Turmspringen	Jörg Rainer	Spitt. SV
		Kunstspringen	Gert Steinwender	SU Wien
	Mädchen	Turmspringen	Barbara Gasser	Spitt. SV
		Kunstspringen	Barbara Gasser	Spitt. SV
Wasserball		Junioren	ATSE Longlife Graz	
		Jugend	noch nicht beendet	
		Schüler	SC Donau	

ÖSTERREICHISCHE REKORDE FÜR 50-m-BAHNEN

Herren	100 m Kraul	0:54,78	Armin Fitzka	Sbg. TV	18. 6. 77	Wien
	200 m Kraul	1:58,15	Armin Fitzka	Sbg. TV	19. 6. 77	Wien
	400 m Kraul	4:16,27	Harald Sinzinger	SG Wr. Neust.	4. 8. **78**	Linz
	800 m Kraul	9:03,73	Stefan Köck	ASV Wien	30. 7. **78**	Florenz
	1.500 m Kraul	17:01,80	Stefan Köck	ASV Wien	30. 7. **78**	Florenz
	4×100 m Kraul	3:45,85	Cermak, Biedermann, Krupicka, Köck	ASV Wien	5. 8. **78**	Linz
	4×200 m Kraul	8:17,88	Brandauer, Eritscher, H. Bayer, R. Bayer	SV Wörth.	4. 8. **78**	Linz
	100 m Rücken	1:01,19	Helmut Podolan	Kapf. SV	7. 4. 73	Hamburg
	200 m Rücken	2:13,63	Helmut Podolan	Kapf. SV	2. 9. 72	München
	100 m Brust	1:07,85	Steffen Kriechbaum	Friesen	20. 8. 74	Wien
	200 m Brust	2:25,73	Steffen Kriechbaum	Friesen	24. 7. 76	Montreal
	100 m Delphin	0:58,50	Kurt Dittrich	SU Wien	4. 8. **78**	Linz
	200 m Delphin	2:10,41	Kurt Dittrich	SU Wien	5. 8. **78**	Linz
	200 m Lagen	2:14,37	Kurt Dittrich	SU Wien	24. 8. **78**	Berlin
	400 m Lagen	4:57,14	Rudolf Kastner	Spittal	3. 8. **78**	Linz
	4×100 m Lagen	4:14,69	Lohr, Weigang, Dittrich, Weiß	SU Wien	6. 8. **78**	Linz

National-staffeln	4×100 m Kraul	3:43,99	Fitzka, Biedermann, Cermak, Dittrich		22. 5. 77	Mühlhausen
	4×200 m Kraul	8:24,93	Hoffmann, Lohr, Reichetseder, Biedermann		17. 8. 75	Athen
	4×100 m Lagen	4:05,58	Podolan, Kriechbaum, Maurer, Hoffmann		25. 8. 74	Wien
männl. Jugend	100 m Kraul	0:55,01	Herwig Bayer	SV Wörth.	6. 8. **78**	Linz
	200 m Kraul	2:03,62	Werner Cermak	ASV Wien	7. 8. 76	Wien
	400 m Kraul	4:16,63	Stefan Köck	ASV Wien	4. 8. **78**	Linz
	800 m Kraul	9:03,73	Stefan Köck	ASV Wien	30. 7. **78**	Florenz
	1.500 m Kraul	17:01,80	Stefan Köck	ASV Wien	30. 7. **78**	Florenz
	4×100 m Kraul	4:00,2	Brandauer, Falkensammer, R. Bayer, H. Bayer	SV Wörth.	29. 7. 77	Spittal
	100 m Rücken	1:03,0	Herwig Bayer	SV Wörth.	5. 8. **78**	Linz
	200 m Rücken	2:18,35	Herwig Bayer	SV Wörth.	4. 8. **78**	Linz
	100 m Brust	1:10,6	Thomas Zartl	SU Baden	22. 6. 77	Bratislava
	200 m Brust	2:37,0	Thomas Zartl	SU Baden	23. 6. 77	Bratislava
	100 m Delphin	1:01,90	Bernhard Waldhof	Tir. WV	6. 8. 76	Wien
	200 m Delphin	2:14,28	Bernhard Waldhof	Tir. WV	7. 8. 76	Wien
	200 m Lagen	2:20,70	Herwig Bayer	SV Wörth.	7. 8. 77	Innsbruck
	400 m Lagen	5:00,67	Gerald Maier	Wolfsbg.	5. 8. 77	Innsbruck
	4×100 m Lagen	4:31,8	Schreiner, Pilhatsch, Bernat, Hilbert	AT Graz	22. 7. **78**	Neulengbau
Junioren	17 Jahre	3.249 Punkte	Helmut Grillenberger	ATSV Steyr	31. 7. 77	Spittal
	18 Jahre	3.051 Punkte	Hubert Eritscher	SV Wörth.	13. 8. **78**	Spittal
Damen	100 m Kraul	0:59,55	Heidi Koch	SCR Innsbr.	6. 8. **78**	Linz
	200 m Kraul	2:08,15	Andrea Strachota	ASV Wien	22. 8. **78**	Berlin
	400 m Kraul	4:25,58	Andrea Strachota	ASV Wien	24. 8. **78**	Berlin
	800 m Kraul	9:17,7	Andrea Strachota	ASV Wien	23. 7. **78**	Neulengbach
	4×100 m Kraul	4:11,17	Hausladen, Köck, Behounek, Strachota	ASV Wien	5. 8. **78**	Linz
	100 m Rücken	1:08,79	Marianne Humpelstätter	SU Neulengb.	17. 7. **78**	Südstadt
	200 m Rücken	2:28,58	Marianne Humpelstätter	SU Neulengb.	4. 8. **78**	Linz
	100 m Brust	1:18,0	Christl Filippovits	SC Donau	2. 8. 68	Wien
	200 m Brust	2:47,7	Christl Filippovits	SC Donau	30. 6. 68	Innsbruck
	100 m Delphin	1:06,64	Sonja Hausladen	ASV Wien	4. 8. **78**	Linz
	200 m Delphin	2:23,44	Sonja Hausladen	ASV Wien	5. 8. **78**	Linz
	200 m Lagen	2:27,75	Heidi Koch	SCR Innsbr.	6. 8. **78**	Linz
	400 m Lagen	5:12,22	Andrea Podritschnig	Kärntn. Unt.	3. 8. **78**	Linz
	4×100 m Lagen	4:45,93	Streller, T. Koch, Huber, H. Koch	SCR Innsbr.	6. 8. **78**	Linz
National-staffeln	4×100 m Kraul	4:04,09	Koch, Strachota, Panholzer, Hausladen		17. 7. **78**	Südstadt
	4×100 m Lagen	4:42,10	Humpelstätter, Wakolbinger, Huber, Hausladen		9. 3. **78**	Budapest
weibl. Jugend	100 m Kraul	0:59,55	Heidi Koch	SC Innsbr.	6. 8. **78**	Linz
	200 m Kraul	2:08,34	Heidi Koch	SC Innsbr.	5. 8. **78**	Linz
	400 m Kraul	4:32,1	Sonja Hausladen	ASV Wien	21. 7. **78**	Neulengbach
	800 m Kraul	9:23,9	Sonja Hausladen	ASV Wien	23. 7. **78**	Neulengbach
	4×100 m Kraul	4:20,91	Hausladen, Köck, Behounek, Strachota	ASV Wien	29. 6. 77	Wien
	100 m Rücken	1:08,79	Marianne Humpelstätter	SU Neulengb.	17. 7. **78**	Südstadt
	200 m Rücken	2:28,58	Marianne Humpelstätter	SU Neulengb.	4. 8. **78**	Linz
	100 m Brust	1:18,15	Karin Miklautz	Völkerm. TV	17. 6. **78**	Linz
	200 m Brust	2:47,73	Martina Swoboda	Gallneuk.	5. 8. **78**	Linz
	100 m Delphin	1:06,64	Sonja Hausladen	ASV Wien	4. 8. **78**	Linz
	200 m Delphin	2:23,44	Sonja Hausladen	ASV Wien	5. 8. **78**	Linz
	200 m Lagen	2:27,75	Heidi Koch	SC Innsbr.	6. 8. **78**	Linz
	400 m Lagen	5:12,22	Andrea Podritschnig	SV Kä. Unt.	3. 8. **78**	Linz
	4×100 m Lagen	4:45,93	Streller, T. Koch, Huber, H. Koch	SC Innsbr.	6. 8. **78**	Linz
Junioren	17 Jahre	3.729 Punkte	Inge Panholzer	SV Wörth.	31. 7. 77	Spittal
	18 Jahre	3.585 Punkte	Christa Weigang	SU Wien	31. 7. 77	Spittal

ÖSTERREICHISCHE KURZBAHNREKORDE

Herren	100 m Kraul	0:52,78	Kurt Dittrich	SU Wien	2. 4. **78**	Innsbruck
	200 m Kraul	1:55,32	Armin Fitzka	Sbg. TV	12. 3. 77	Gallneuk.
	400 m Kraul	4:06,45	Harald Sinzinger	SG Wr. Neust.	31. 3. **78**	Innsbruck
	800 m Kraul	8:58,37	Harald Sinzinger	SG Wr. Neust.	2. 4. **78**	Innsbruck
	1.500 m Kraul	16:41,74	Harald Sinzinger	SG Wr. Neust.	2. 4. **78**	Innsbruck
	4×100 m Kraul	3:38,94	Lohr, Weiß, Weigang, Dittrich	SU Wien	1. 4. **78**	Innsbruck
	4×200 m Kraul	8:02,58	Lohr, Weiß, Weigang, Dittrich	SU Wien	31. 3. **78**	Innsbruck
	100 m Rücken	0:59,97	Helmut Podolan	Kapf. SV	23. 3. 75	Bremen
	200 m Rücken	2:13,63	Helmut Podolan	Kapf. SV	2. 9. 72	München
	100 m Brust	1:05,81	Steffen Kriechbaum	Friesen	16. 4. 77	Leoben
	200 m Brust	2:22,39	Steffen Kriechbaum	Friesen	5. 3. 77	Bremen
	100 m Delphin	0:57,04	Kurt Dittrich	SU Wien	31. 3. **78**	Innsbruck
	200 m Delphin	2:05,87	Kurt Dittrich	SU Wien	1. 4. **78**	Innsbruck
	200 m Lagen	2:10,61	Kurt Dittrich	SU Wien	2. 4. **78**	Innsbruck
	400 m Lagen	4:45,42	Gerald Maier	Wolfsbg.	30. 3. **78**	Innsbruck
	4×100 m Lagen	4:05,76	Lohr, Weigang, Dittrich, Weiß	SU Wien	2. 4. **78**	Innsbruck
National-staffeln	4×100 m Kraul	3:43,99	Fitzka, Biedermann, Cermak, Dittrich		22. 5. 77	Mühlhausen
	4×100 m Lagen	4:05,58	Podolan, Kriechbaum, Maurer, Fitzka		25. 8. 74	Wien
	Mannschaft	13.177 Punkte	SU Wien		1977	
Damen	100 m Kraul	0:58,88	Heidi Koch	SCR Innsbr.	2. 4. **78**	Innsbruck
	200 m Kraul	2:06,91	Heidi Koch	SCR Innsbr.	1. 4. **78**	Innsbruck
	400 m Kraul	4:25,58	Andrea Strachota	ASV Wien	24. 8. **78**	Berlin
	800 m Kraul	9:17,7	Andrea Strachota	ASV Wien	23. 7. **78**	Neulengbach
	4×100 m Kraul	4:09,92	Hausladen, Behounek, Köck, Strachota	ASV Wien	1. 4. **78**	Innsbruck
	100 m Rücken	1:08,79	Marianne Humpelstätter	SU Neulengb.	17. 7. **78**	Südstadt
	200 m Rücken	2:27,62	Marianne Humpelstätter	SU Neulengb.	31. 3. **78**	Innsbruck
	100 m Brust	1:16,13	Karin Miklautz	Völkerm. TV	31. 3. **78**	Innsbruck
	200 m Brust	2:46,69	Karin Wakolbinger	ASV Linz	1. 4. **78**	Innsbruck
	100 m Delphin	1:06,64	Sonja Hausladen	ASV Wien	4. 8. **78**	Linz
	200 m Delphin	2:23,44	Sonja Hausladen	ASV Wien	5. 8. **78**	Linz
	200 m Lagen	2:27,75	Heidi Koch	SCR Innsbr.	6. 8. **78**	Linz
	400 m Lagen	5:12,22	Andrea Podritschnig	SV Kä. Unt.	3. 8. **78**	Linz
	4×100 m Lagen	4:44,19	T. Koch, Eberhard, Huber, H. Koch	SCR Innsbr.	2. 4. **78**	Innsbruck
National-staffeln	4×100 m Kraul	4:04,09	Koch, Strachota, Panholzer, Hausladen		17. 7. **78**	Südstadt
	4×100 m Lagen	4:42,10	Humpelstätter, Wakolbinger, Huber, Hausladen		9. 3. **78**	Budapest
	Mannschaft	13.124 Punkte	ASV Wien		1977	

LÄNDERKÄMPFE

13.–16. Mai, Basel	Schwimmen	Jugend-Dreiländerkampf	1. Österreich 2. Schweiz 3. Bayern	350 Punkte 245 Punkte 147 Punkte
7.–9. Juli, Linz	Springen		1. Österreich 2. Ungarn	
18.–21. Mai, Innsbruck			1. Österreich 2. Schweiz 3. Bayern	75 Punkte 28 Punkte 25 Punkte
18.–21. Mai, Innsbruck	Wasserball	Dreiländerkampf	Bayern, Schweiz, Österreich	2. Österreich
7.–9. Juli, Horgen, Schweiz		Fünfländerkampf	Schweiz, Belgien, Schottland, Dänemark, Österreich	4. Österreich
3.–6. August, Aarhus		Sechsländerturnier	Schweden, Frankreich, Schweiz, Belgien, Dänemark, Österreich	4. Österreich
8.–11. Juni, Buchs	Kunstschwimmen	Fünfnationenturnier	Deutschland, Holland, Frankreich, Schweiz, Österreich	5. Österreich

WELTMEISTERSCHAFT

17.–29. August, Berlin	Schwimmen	200 m Kraul 400 m Kraul 200 m Brust	16. Andrea Strachota 13. Andrea Strachota 14. Steffen Kriechbaum	41 Starterinnen 36 Starterinnen 31 Starter
	Springen	Turm	9. Niki Stajkovic 12. Ken Grove	27 Springer 27 Springer

EUROPAMEISTERSCHAFT

21.–30. Juli, Florenz	Schwimmen	Junioren	8. Herwig Bayer 5. Herwig Bayer	25 Starter 33 Starter
	Wasserball		12. Österreich	17 Länder

GROSSVERANSTALTUNGEN

Universiade

Sofia	Springen	Turm	4. Niki Stajkovic

Europacup

Paris		Kunstspringen	7. Michael Worisch

Stajkovic gewann noch ein Turmspringen in Linz unter 27 Teilnehmern

Turnier der Nationen

17./18. Juni, Linz	Schwimmen	3. Sonja Hausladen 2. und 3. Steffen Kriechbaum 2. und 3. Heidi Koch 4. Andrea Strachota
	4×100 m Kraul (Damen)	2. Österreich

SEGELN

ÖSTERREICHISCHER SEGELVERBAND (ÖSV), gegründet 1946
1040 Wien, Prinz-Eugen-Straße 12, Telefon 0 22 2 / 65 84 95, Telex 01/3132
Sprech- und Besuchszeit
Montag bis Freitag von 11 bis 13 Uhr, Samstag von 11 bis 12 Uhr und nachmittags gegen Vereinbarung

Präsident
Dipl.-Ing. Carl Auteried, 1130 Wien, La-Roche-Gasse 15, Tel. 0 22 2 / 82 16 80

Sekretärinnen
Dagmar Sammern-Frankenegg, 1010 Wien, Singerstr. 20, Tel. 0 22 2 / 52 08 633
Ingrid Kanoun, 1080 Wien, Lederergasse 22/16, Tel. 0 22 2 / 42 70 712

Verbandstrainer
Dipl.-Ing. Andreas Gosztonyi, 1120 Wien, Schönbrunner Straße 249—251/I/5, Telefon 0 22 2 / 83 18 395

Referat für Fahrten- und Seesegeln (Referent Herr Gruner)
1030 Wien, Engelsberggasse 4, Tel. 0 22 2 / 73 65 04 / 24 DW
Sprech- und Besuchszeit: Montag bis Freitag von 8 bis 16 Uhr

Sekretärin
Renate Urbaschek, 2232 Deutsch-Wagram, Kleistgasse 428

Mitglied der
International Yacht Racing Union (IYRU), gegründet 1907, 70 Länder
Anschrift
60 Knightsbridge, London SW1X 7JX, England, Tel. 01-235 6221/2,
Telex 85554 Yachting Woking

Offizielle Verbandszeitung
Yachtrevue, 12mal jährlich, 15.000 Stück
Verantwortlicher Redakteur
Werner Meisinger im Verlag Orac, 1010 Wien, Graben 17, Tel. 0 22 2 / 52 85 52

Die Satzungen wurden 1978 geändert, um die Möglichkeit der Aufnahme von Segelsurf-Clubs zu schaffen.
Intensive Jugendausbildung und -betreuung, Jugend-Trainingslager im In- und Ausland. Konditionstraining für Spitzensportler und für den Jugendkader. Betreuung der Mannschaften bei den maßgebenden internationalen Begegnungen im Ausland.
Durchführung der Europameisterschaft in der Tornado-Klasse auf dem Neusiedler See (Breitenbrunn).
Förderung des Leistungssportes mit Zielsetzung Bildung der Olympiakader, in diesem Zusammenhang Teilnahme an vorolympischen Regatten auf dem Revier der olympischen Segelbewerbe 1980 vor Tallinn in allen sechs olympischen Klassen.
Schaffung eines eigenen Sekretariates für das Referat Fahrten- und Seesegeln, um eine intensivere Betreuung zu ermöglichen — wegen Platzmangels mußte dieses Sekretariat vom ÖSV-Sekretariat im Haus des Sports getrennt werden.

STAATSMEISTER 1978

Soling-Klasse	**Mr. Ulrich Strohschneider, Hannes Blaschke, Harald Mitterdorfer**	UYC Wolfgangsee
Star-Klasse	**Josef Urban, Jochen Peters**	UYC Traunsee
Tornado-Klasse	**Karl Holzner, Rudi Höller**	Salzburger YC
Flying-Dutchman-Kl.	**Ernst Seidl, Hans Eisl**	Seehamer SC, UYC Wolfgangsee
470-Klasse	**Wolfgang Schmalzl, Walter Schlagbauer**	Kärntner YC Ossiacher See
Finn-Klasse	**Wolfgang Mayrhofer**	UYC Neusiedler See
Drachen-Klasse	**Dr. Harald Fereberger, Ing. Franz Eisl, Herbert Spitzbart**	UYC Traunsee
Yngling-Klasse	**Dr. Helmut Winkler, Dr. Walter Spängler**	UYC Attersee

	Tempest-Klasse	**Oskar Billik, Josef Essl**	SC Schwarzindien
	Pirat-Klasse	**Gerhard Reimitz, Robert Schmid**	UYC Mattsee
	420-Klasse	**Peter Grögl, Michael Steiber**	UYC Stammverein
	Laser-Klasse	**Hans-Jörg Moser**	Seehamer SC

ÖSTERREICHISCHE MEISTER 1978

Jugend	420-Klasse	Christian Karner, Wolfgang Wegl	SC Handels-ministerium-YC

WELTMEISTERSCHAFTEN

1.–12. September, Porto Ercole, Italien	Min-Ton-Klasse	1. Hubert Raudaschl, Dkfm. Aldo Neuscheller, Peter Prokes	38 Starter
9.–16. September, Weymouth, England	Tornado-Klasse	5. Dr. Hans Prack, Gottlieb Peer	75 Starter
20. Nov. bis 3. Dez., Rio de Jan.	2-Ton-Klasse	1. Ing. Wolfgang Denzel	42 Starter

EUROPAMEISTERSCHAFTEN

21.–29. Juli, Medemblik, Holland	Star-Klasse	1. Hubert Raudaschl, Karl Ferstl	68 Starter
27. April bis 6. Mai, Breitenbrunn/Neusiedler See	Tornado-Klasse	9. Dr. Hans Prack, Gottlieb Peer	59 Starter
14.–22. Juli, Cascais, Portugal	470-Klasse	8. Karl Molnar, Thomas Brückner	61 Starter
24. Juni bis 1. Juli, Kiel, BRD	Tempest-Klasse	2. Oskar Billik, Josef Essl 4. Udo Webersinke, Max Reichert	22 Starter
24.–30. Juli, Huntingdon, England	Korsar-Klasse	10. Helmut Rossmeier, Ing. W. Eichinger	58 Starter
22.–30. September, Nessebar, Bulgarien	Finn-Klasse Junioren	4. Wolfgang Mayrhofer	39 Starter

SONSTIGE GROSSVERANSTALTUNGEN

Kieler Woche

24. Juni bis 1. Juli, Kiel, BRD	Tornado-Klasse	1. Dr. Hans Prack, Gottlieb Peer
	FD-Klasse	7. Ernst Seidl, Hans Eisl

Preolympic-Baltic-Regatta

10.–19. August, Tallinn, UdSSR	Star-Klasse	2. Hubert Raudaschl, Karl Ferstl
	Tornado-Klasse	7. Dr. Hans Prack, Gottlieb Peer

SPORTKEGELN

ÖSTERREICHISCHER SPORTKEGLERBUND (ÖSKB), gegründet 1935
1150 Wien, Huglgasse 13–15/2/2/10, Telefon 0 22 2 / 92 07 402
Dienstzeit
Dienstag und Donnerstag von 17 bis 19 Uhr

Präsident
Josef Schillein. 1200 Wien, Kluckygasse 1/27

Generalsekretär
Otto Seidl, 1100 Wien, Eisenstadtplatz 8/14, Telefon 0 22 2 / 64 73 692

Mitglied der
Federation Internationale de Quilleurs (FIQ), gegründet 1928, 44 Länder, 10 Millionen Mitglieder
Anschrift
FIQ-Präsident Frank Baker, American Bowling Congress,
5301 South 76 Street, Greendale, Wisconsin 53129 – USA

FIQ-Generalsekretär
George Sarahete, Poutuntie 3 A 14, 00400 Helsinki 40, Finnland

Österreich ist vertreten durch Josef Schillein, Präsident der FIQ-Sektion Asphalt, Alexander Hofmann, Sekretär der FIQ-Sektion Asphalt, Walter Groiss, Mitglied der Technischen Kommission der FIQ-Sektion Asphalt, Alfred Thiele, Mitglied des Kampfrichterausschusses der FIQ-Sektion Asphalt

Offizielle Verbandszeitung
„Der Österreichische Sportkegler", monatlich 2.500 Stück
Chefredakteur
Karl Boldrino, 1170 Wien, Laczygasse 24/2/1/4, Telefon 0 22 2 / 46 61 923

Der ÖSKB wird 1980 sein 45jähriges Bestandsjubiläum feiern. Dem ÖSKB wurde die Ausrichtung und Durchführung der VII. Junioren-Europameisterschaften im Sportkegeln zugesprochen. Diese Europameisterschaften werden 1981 in Österreich ausgetragen.

Das größte Problem des ÖSKB ist der Umbau der Sportkegelanlage im Bundessportzentrum Südstadt zu einem Leistungszentrum für das Sportkegeln sowie das Fehlen von Sportkegelanlagen in den einzelnen Landeshauptstädten.

STAATSMEISTER 1978

Asphalt	Damen	Einzel	**Eva-Maria Skolnik**	Ostbahn XI LV Wien
	Herren	Einzel	**Kurt Kiener**	WSG Swarovski Wattens LV Tirol
	Damen	Paare	**Miladinka Teodorovic** **Midi Kirchberger**	KC Schwarzach LV Salzburg
	Herren	Paare	**Werner Belec** **Engelbert Tauderer**	SKC Mont. Hochschule Leoben LV Steiermark
	Damen	Mannschaft	**BBSV Wien**	LV Wien
	Herren	Mannschaft	**SV Chemie Linz II**	LV Oberösterreich
Bowling	Herren	Einzel	**Labode**	Etoile
	Damen	Einzel	**Kürfner**	Etoile
	Herren	Doppel	**Irzl, Apostol**	WBC
	Damen	Doppel	**Drucker, Irzl**	Strike & Spare
		Mixdoppel	**Kürfner, Rubicko**	Etoile
	Damen	Vierermannschaft	**Strike & Spare**	
	Herren	Fünfermannschaft	**Etoile**	

ÖSTERREICHISCHE MEISTER 1978

Asphalt	Damen	Junioren	Elfriede Beer	Sportcasino Linz
		Seniorinnen	Maria Schmoranzer	Siemens Wien
	Herren	Schüler	Franz Graml	SV Hallwang II Salzburg
		Jugend	Markus Profunser	SV Innsbruck
		Junioren	Reinhard Babinsky	KSK Stadtlagerh. Wien
		Senioren	Walter Tröstl	Glanzstoff St. Pölten
Bowling	Juniorinnen	Einzel	Schwarz	Heidelberger
	Senioren	Einzel	Bauer	ABC
	Junioren	Einzel	Brdicka	ABC

LÄNDERKÄMPFE

25. Februar, Augsburg, BRD	Damen	Österreich – BRD	2.264 : 2.334
	Herren	Österreich – BRD	5.281 : 5.323
1. Mai, Graz	Damen	Österreich – Jugoslawien	2.471 : 2.479
	Herren	Österreich – Jugoslawien	5.290 : 5.547
21. Oktober, Graz	Damen	Österreich – Ungarn	2.450 : 2.515
	Herren	Österreich – Ungarn	5.172 : 5.391
22. Oktober	Damen	Österreich – Ungarn	2.463 : 2.444
	Herren	Österreich – Ungarn	5.275 : 5.393

WELTMEISTERSCHAFTEN

20.–26. Mai, Luzern, Schweiz	Sportkegeln	Mannschaft Damen	5. Österreich	10 Länder
		Mannschaft Herren	5. Österreich	
		Paarbewerb Damen	9. Österreich	
		Paarbewerb Herren	5. Österreich	

EUROPACUP

18./19. November, Maribor, Jugosl.	Asphalt	Damen	5. BBSV Wien
Berlin	Bowling	Herren	9. Österreich

SPORTLEHRER

ÖSTERREICHISCHER SPORTLEHRERVERBAND
Fuhrmanngasse 18a, 1080 Wien, Telefon 0 22 2 / 42 28 302
Dienstzeit: Mittwoch von 8.30 bis 10 Uhr

Präsident: Karl Kramess, Mühlgasse 17, 1040 Wien

Vizepräsident: Prof. Hannelore Pils-Samek, Maria Enzersdorf, Ottensteinstraße 124

TANZEN

ÖSTERREICHISCHER TANZSPORT-VERBAND (ÖTSV)
SR Dr. Karlheinz Demel, Bundesministerium für Wissenschaft und Forschung, Minoritenplatz 5, 1014 Wien

Präsident
Sektionsrat Dr. Karlheinz Demel, Bundesministerium für Wissenschaft und Forschung, Minoritenplatz 5, 1014 Wien, Telefon 0 22 2 / 66 21 - 42 22

Mitglied des
International Council of Amateur Dancers (ICAD)
Anschrift
D-28 Bremen, A. d. Schleifmühle 39/43

Schwerpunkte waren die Organisation von internationalen Großveranstaltungen, Turnierserien mit ausländischen Spitzenpaaren, die Durchführung von internationalen und nationalen Turnieren, Länderkämpfen, Teamkämpfen, Städtevergleichskämpfen.

STAATSMEISTER 1978

Standardtänze	**Peter und Ruth Pfluger**	Schwarz-Weiß Wien
Lateinamerikanische Tänze	**Wolfgang Wieland, Sylvia Wachet**	Schwarz-Weiß Wien
Kombination	**Christian und Helga Opelt**	Blau-Gelb Linz

ÖSTERREICHISCHE MEISTER 1978

Standardtänze (English-Waltz, Tango, Wiener Walzer, Slowfox, Quickstep)	Klasse D	Karl Kostner, Joan Klee	Gold-Weiß Innsbruck
	Klasse C	Wolfgang Linert, Margit Pollak	Schwarz-Weiß Wien
	Klasse B	Fritz Schlosser, Christa Summer	Casino Graz
	Klasse A	Peter Hödl, Roswitha Abel	Casino Graz
Lateinamerikanische Tänze (Samba, Cha-Cha, Rumba, Pasodoble, Jive)	Klasse D	Christian Köll, Christine Gschösser	Gold-Weiß Innsbruck
	Klasse C	Hubert Valazza, Helga Schmid	Gold-Weiß Innsbruck
	Klasse B	Petros Bojas, Andrea Baumeister	Schwarz-Weiß Wien
	Klasse A	Karl Kostner, Joan Klee	Gold-Weiß Innsbruck

LÄNDERKÄMPFE

22. April, Cleethorpes, England	Standard- und Lateinamerik. Tänze	2. Österreich	

EUROPAMEISTERSCHAFTEN

18. März, Wien	Standardtänze	7. Peter und Ruth Pfluger	25 Paare, 16 Länder

WELTMEISTERSCHAFTEN

7. Oktober, Oslo, Norw.	Allgemeine Klasse	Lateinamerik. Tänze	11. Dipl.-Ing. Wolfgang Wieland, Sylvia Wachet	20 Länder

Mitteleuropameisterschaften

21. Oktober, Linz	Lateinamerik. Tänze	5. Dipl.-Ing. Wolfgang Wieland, Sylvia Wachet	11 Länder
		10. Christian und Helga Opelt	

Großer Preis der Kontinente

14. Oktober, Graz	ü. 10 Tänze	6. Peter und Ruth Pfluger	16 Länder
		10. Christian und Helga Opelt	

TAUCHEN

TAUCHSPORTVERBAND ÖSTERREICHS (TSVÖ), gegründet 1967
9020 Klagenfurt, Wiener Gasse 10, Telefon 0 42 22 / 84 2 70
Dienstzeit: jeden Dienstag, 18 bis 20 Uhr

Präsident
Johann Dworak, 1150 Wien, Gablenzgasse 41/10/9, Tel. 0 22 2 / 92 91 113

Sekretär
Erwin Seebacher, 9020 Klagenfurt, Orsinigasse 9, Tel. 32 06 74

Mitglied der
Confederation Mondiale des Activites Subaquatiques (CMAS), gegründet 1959, 57 Länder
Anschrift
75 Paris 8, 34, rue du Colisee, Telefon 359 22 15
Ing. Franz Medlitsch ist als Sekretär der Commission Technique im Comite Sportif de CMAS tätig.

Offizielle Verbandszeitung
„Tauchen", monatlich, ca. 10.000 Stück, Jahr-Verlag KG

Schwerpunkt und zugleich Höhepunkt im Jahr 1978 war für den TSVÖ die Durchführung der Europameisterschaft im Orientierungstauchen vom 11. bis 16. September in Ossiach. An der Veranstaltung nahmen fast 200 Aktive aus 15 Nationen teil. Neben der ausgezeichneten Organisation buchte der TSVÖ aber auch sportlich große Erfolge: So konnte Österreich eine Goldmedaille im Monkbewerb, eine Silbermedaille im Mannschaftsbewerb und eine Bronzemedaille im Sternbewerb erringen. Damit war Österreich in der Medaillenwertung hinter der UdSSR die erfolgreichste Nation.

Im Europacup, zu dem im abgelaufenen Jahr fünf große internationale Bewerbe zählten, konnte die aus dem STC Graz bestehende Nationalmannschaft den ersten Platz in der Nationenwertung und in der Clubwertung erreichen.

STAATSMEISTER 1978

Flossenschwimmen Allgemeine Klasse	100 m	**Kurt Schmidt**	STC Graz
	200 m	**Jörg Schmidt**	STC Graz
	400 m	**Horst Kaufmann**	HSV Wien
	800 m	**Walter Purrer**	STC Graz
	1.500 m	**Horst Kaufmann**	HSV Wien
	4×100 m	**Kurt Schmidt, Johann Polland, Walter Purrer, Jörg Schmidt**	STC Graz
	4×200 m	**Jörg Schmidt, Robert Röhrer, Kurt Schmidt, Walter Purrer**	STC Graz
Streckentauchen Allgemeine Klasse	100 m	**Kurt Schmidt**	STC Graz
	400 m	**Kurt Schmidt**	STC Graz
	800 m	**Walter Purrer**	STC Graz
	50 m	**Kurt Schmidt**	STC Graz
Orientierungstauchen	Mannschaftsbewerb	**Josef Hanak, Josef Huainig, Alfred Erdetschnig, Walter Erdetschnig**	EKUS Klagenfurt
	5-Punkte-Kurs	**Kurt Schmidt**	STC Graz
	M-Kurs	**Kurt Schmidt**	STC Graz
	Sternbewerb	**Walter Purrer**	STC Graz
	Monk-Bewerb	**Felix Weichberger, Hans Egartner**	HSV Wien

EUROPAMEISTERSCHAFT

11.–16. Sept., Ossiach	Orientierungstauchen	Sternbewerb	3. Walter Purrer	STC Graz
		Mannschaftsbewerb	2. Walter Purrer, Johann Polland, Robert Röhrer, Kurt Schmidt	
		Monk-Bewerb	1. Johann Polland, Robert Röhrer	STC Graz

EUROPACUP

1. STC Graz	24 Mannschaften
4. HSV Wien	

Bei der EM in Ossiach konnten Purrer, Schmidt, Röhrer und Polland (v. l. n. r.) im Mannschaftsbewerb den 2. Platz erringen

Die Welt des Sports ist unsere Welt.

Aller guten Dinge sind drei Streifen.

Die adidas-Technik nimmt alle Hürden.

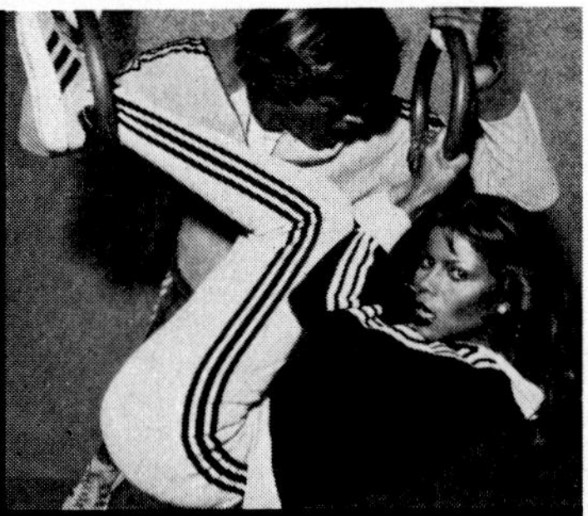

Trimm mal wieder, trag drei Streifen!

Olympiade Innsbruck: 14 x Langlauf-Gold, 12 x Silber, 10 x Bronze.

Montreal 76:
97 x Gold, 36 x Silber, 45 x Bronze.

Das bekannteste Trainer-Paar der Welt.

Der 3-Streifen-Crack: Ilie Nastase.

Die meistgetragene Sportschuhmarke der Welt. Nicht nur im Fußball.

adidas in Fußball – action.

adidas® ®

Aller guten Dinge sind 3 Streifen

adidas

TENNIS

ÖSTERREICHISCHER TENNISVERBAND (ÖTV), gegründet 1902
1030 Wien, Hainburger Straße 36/4, Telefon 0 22 2 / 75 33 45
Dienstzeit
Montag bis Freitag von 8.30 bis 18 Uhr

Präsident
Dr. Theodor Zeh, 1020 Wien, Ausstellungsstraße 3, Tel. 0 22 2 / 63 66 91, Kl. 338

Generalsekretär: Walter Föger

Mitglied der
International Tennis Federation (ITF), gegründet 1880
Anschrift
Barons Court, West Kensington, London W 14, 9 EG, Telefon 01-385 8441

und der

Europäischen Tennis-Association (ETA)
Anschrift
Dornacherstraße 250, CH-4018 Basel

Offizielle Verbandszeitung
AUSTRIATENNIS, 2.000 Stück, 10mal jährlich
Verlag: Dr. A. Schendl, 1041 Wien, Karlsgasse 15

Im Zuge der Realisierung des Sportprogramms für die Jahre 1977 bis 1980 stand das Bundesleistungszentrum in der Südstadt im Mittelpunkt. In Vorarlberg, Tirol, Salzburg, der Steiermark und Wien entstanden weitere regionale Leistungszentren, die eine permanente Trainingsarbeit in der Wintersaison ermöglichen. Mit Ausnahme des Burgenlandes hat der ÖTV daher für jedes Bundesland derzeit ein regionales Winterleistungszentrum.

Größte Erfolge unserer Mannschaften: 4. Platz Kings-Cup, 4. Runde Davis-Cup, 3. Platz Cup Valerio (männl. Jugend bis 18 Jahre), 5. Platz Cup Becker (männl. Jugend bis 16 Jahre).

Der ÖTV kann mit Recht behaupten, in der Jugendarbeit und von der Leistung der Jugendlichen her, zu den führenden europäischen Nationen zu zählen.

STAATSMEISTER 1978

Damen	Einzel	**Maja Hügel**	BMTC
	Doppel	**Ulrich, Pesak**	WAC
Herren	Einzel	**Peter Feigl**	TC Blau-Weiß
	Doppel	**Reininger, Kandler**	UTC Intern. Linz/BMTC
	Mixed-Doppel	**Halat, Nejedlik**	BMTC
	Mannschaft	**UTC Fischer Ried**	
Damen	Mannschaft	**BMTC**	

ÖSTERREICHISCHE MEISTER 1978

männliche Jugend A	Einzel	Martin Lorenzoni	GAK
	Doppel	I. Wimmer, Gerald Mild	STC/Hallein
männliche Jugend B	Einzel	Gerald Mild	Hallein
	Doppel	Mild, Diem	Hallein/WAC
männliche Jugend C	Einzel	Christian Scheider	Union Klagenfurt
	Doppel	Teufelberger, Krocker	Vöcklabruck/Lenzing
männliche Jugend D	Einzel	Christoph Pernsteiner	BSZ Südstadt
	Doppel	Pernsteiner, Zisser	BSZ/STC
weibliche Jugend A	Einzel	Andrea Pesak	WAC
	Doppel	Pesak, Sommerauer	WAC/GAK
weibliche Jugend B	Einzel	Michaela Masur	
	Doppel	Cunningham, Klassek	TC Vorarlberg/Union Klagenfurt

Seite 214 oben: Die Tennisjugend drängt nach — Reininger (Foto Sündhofer)
Seite 214 unten: Im Leistungszentrum Südstadt wird die Tennisjugend herangebildet (Foto Votava)

weibliche Jugend C	Einzel	Wolf	WAC
	Doppel	Wolf, Mauhart	WAC/Union Linz
weibliche Jugend D	Einzel	Petra Huber	BMTC (Tennisschule Südstadt)
	Doppel	Huber, Vlach	BMTC/Union Kloster-neuburg
Vereinsmeister der Jugend		Union Klagenfurt	

LÄNDERKÄMPFE	Damen	Österreich – Ungarn	4 : 1
	männliche Jugend	Österreich – Rumänien	3 : 2
		Österreich – Spanien	3 : 2
		Österreich – England	4 : 1
			3 : 2
		Österreich – Schweden	0 : 5
		Österreich – ČSSR	4 : 1
	weibliche Jugend	Österreich – Bulgarien	2 : 3
		Österreich – Rumänien	4 : 1
		Österreich – BRD	2 : 3
		Österreich – Schweden	2 : 3
	Junioren	Österreich – Norwegen	3 : 0
		Österreich – Holland	1 : 2
	Juniorinnen	Österreich – Bulgarien	3 : 0
		Österreich – ČSSR	0 : 3

EUROPAMEISTERSCHAFTEN

Prerov, ČSSR	Jugend B		2. Klaus Oberparleiter	16 Länder
			3. Ingo Wimmer	
		Doppel	1. Oberparleiter, Wimmer	
Brasow, Rumänien	Junioren	Herren-Einzel	2. Robert Reininger	
		Damen-Doppel	3. Uschi Ulrich, Ingrid Sommerauer	

KINGS-CUP
(Jänner/Februar)

Pamplona	Herren-Einzel	1. Runde	Österreich – Spanien	3 : 0
Wien	und	2. Runde	Österreich – England	2 : 1
Västeras	Herren-Doppel	3. Runde	Schweden – Österreich	2 : 1
Wien		4. Runde	Österr. – Spanien – Österr.	2 : 1
Gloucester		5. Runde	Österreich – England	2 : 1
Wien		6. Runde	Österreich – Schweden	3 : 0
Graz		Plazierungsspiel	Österreich – BRD	0 : 3
Hannover		Plazierungsspiel	Österreich – BRD	2 : 1
			4. Gesamtrang für Österreich	

TISCHTENNIS

ÖSTERREICHISCHER TISCHTENNISVERBAND (ÖTTV), gegründet 1923
1040 Wien, Prinz-Eugen-Straße 12, Telefon 0 22 2 / 65 28 05, Telex 01/3132
Dienststunden: Montag bis Freitag von 14 bis 18 Uhr

Präsident
Dr. Karl Smekal, 1040 Wien, Argentinierstraße 16, Telefon 0 22 2 / 42 26 98, privat 65 85 80
Dr. Karl Smekal ist Vorsitzender der ETTU-Schiedsrichterkommission und Mitglied des ETTU-Führungsgremiums

Sekretär
Rudolf Sporrer, 1210 Wien, Dopschstraße 29, Telefon 0 22 2 / 30 18 955

Mitglied der
International Table Tennis Federation (ITTF), gegründet 1926, 117 Länder, und
European Table Tennis Union (ETTU), gegründet 1957
Anschrift
198 Cyncoed Road, Cardiff CF 26, Wales/GB, Telefon 00 44 222 75 72 41

Die internationalen Großveranstaltungen des Jahres 1978 zeigten erstmals deutlich auf, daß Österreichs Tischtennissport zumindest auf dem Nachwuchssektor bereits mit den europäischen Spitzennationen gleichgezogen hat. So konnte die österreichische Burschenmannschaft bei den Jugendeuropameisterschaften den ausgezeichneten fünften Gesamtrang belegen (der hohe Favorit Ungarn wurde sogar mit 5 : 4 besiegt). Dies ist als signifikanter Erfolg des Bundestrainers Laszlo Pigniczki zu werten, der – auch international gesehen – als absoluter Spitzentrainer zu bezeichnen ist. Die Europameisterschaften der allgemeinen Klasse in Duisburg sahen Österreich zunächst als Sieger der Vorrundengruppe der Herren. Den Aufstieg in die erste Gruppe verfehlte das fast ausschließlich aus Jugendspielern bestehende österreichische Team um ein Haar. Immerhin konnte sich die österreichische Mannschaft die Klassenzugehörigkeit in der 1. Division der Europaliga, deren Austragung sich über die ganze Saison erstreckt, ohne Schwierigkeiten erhalten.

Eine außerordentliche Anerkennung der Arbeit stellt die Berufung des Präsidenten Dr. Karl Smekal in das Führungsgremium der Europäischen Tischtennis-Union dar.

Im nationalen Bereich zeigt die Errichtung der Leistungszentren Wien, Niederösterreich, Steiermark und West (Oberösterreich, Salzburg) die ersten erfreulichen Ergebnisse. Auch hier sind die positivsten Resultate in den Nachwuchsklassen zu finden. Besonderes Augenmerk gilt der Einebnung des einigermaßen auffallenden Ost-West-Leistungsgefälles, welche durch die Schaffung eines zusätzlichen Leistungszentrums im Raum Tirol-Vorarlberg erreicht werden könnte.

STAATSMEISTER 1978

Herren-Mannschaft	**SV SAX Langenlois**	
Damen-Mannschaft	**ATUS Sparkasse Judenburg**	
Herren-Einzel	**Erich Amplatz**	ATUS Judenburg
Damen-Einzel	**Brigitte Gropper**	UKJ Tyrolia
Herren-Doppel	**Erich Amplatz, Günter Müller**	ATUS Judenburg
Damen-Doppel	**Brigitte Gropper, Brigitte Ringhofer**	UKJ Tyrolia
Gemischtes Doppel	**Dolores Fetter, Günter Müller**	ATUS Judenburg

ÖSTERREICHISCHE MEISTER 1978

männl. Junioren	Harald Koller	ATUS Miller Traismauer
Burschen-Einzel	Andreas Zehetbauer	WAT-Leistungszentrum
Mädchen-Einzel	Barbara Wiltsche	ATUS Judenburg
Burschen-Doppel	Hans Kubitschka, Harald Koller	ATUS Miller Traismauer
Mädchen-Doppel	Elisabeth Kießling, Brigitte Ringhofer	UKJ Tyrolia
Gemischtes Doppel (Jugend)	Barbara Wiltsche, Harald Koller	ATUS Judenburg ATUS Miller Traismauer
Schüler-Einzel	Thomas Karner	Wr. Sportclub
Schülerinnen-Einzel	Barbara Wiltsche	ATUS Judenburg

	Schüler-Doppel	Andreas Schimetta, Dietmar Palmi	
	Schülerinnen-Doppel	Alexandra Leitgeb, Sigrid Awart	Semperit Traiskirchen
	Gemischtes Doppel (Schüler)	Barbara Wiltsche, Peter Eckel	ATUS Judenburg
	Unterstufe (männl.)	Peter Eckel	ATUS Judenburg
	Unterstufe (weibl.)	Barbara Wiltsche	ATUS Judenburg
	Burschen-Mannschaft	ATUS Miller Traismauer	
	Mädchen-Mannschaft	ATUS Judenburg	
	Schüler-Mannschaft	Wr. Sportclub	
	Schülerinnen	Semperit Traiskirchen	
Bundesländerwettbewerb	Burschen	Wien	
	Mädchen	Steiermark	
	Schüler	Wien	
	Schülerinnen	Steiermark	

STAATSLIGA-ENDTABELLEN 1977/78

Herren A	1. SV Langenlois	20	16	3	1	118 : 47	35
	2. SV Raiffeisen Kuchl	20	17	1	2	114 : 53	35
	3. ATUS Sparkasse Judenburg	20	15	2	3	110 : 56	32
	4. ATUS Miller Traismauer	20	12	3	5	102 : 72	27
	5. ABC Komperdell	20	8	6	6	98 : 82	22
	6. Union Sparkasse Stockerau	20	4	8	8	82 : 101	16
	7. DSG-Union Waldegg Linz	20	4	5	11	74 : 105	13
	8. Union Handelskammer Graz	20	5	3	12	67 : 108	13
	9. EB-SV Lochau	20	4	2	14	67 : 107	10
	10. ATUS Graz	20	2	6	12	66 : 109	10
	11. Polizei-SV Wien	20	2	3	15	57 : 115	7
Damen A	1. ATUS Sparkasse Judenburg	12	12	0	0	79 : 10	24
	2. Union Drosendorf	12	7	2	3	60 : 48	16
	3. UKJ Tyrolia	12	7	1	4	59 : 44	15
	4. Sport-Christian-SV Lochau	12	7	0	5	54 : 52	14
	5. Polizei-SV Wien	12	3	2	7	33 : 65	8
	6. SV Raiffeisen Kirchbichl	12	3	0	9	41 : 62	6
	7. DSG/KAJ Urfahr	12	0	1	11	28 : 73	1

RANGLISTE 1977/78

Herren			**Damen**		
1. Amplatz	184	Punkte	1. Gropper	115	Punkte
2. Pröglhof	147	Punkte	2. Fetter D.	114,5	Punkte
3. Bär	129	Punkte	3. Wachter	83	Punkte
4. Koller	128	Punkte	4. Fetter E.	79,5	Punkte
5. Frank	126	Punkte	5. Traunig	75,5	Punkte
6. Müller	124	Punkte	6. Wiltsche	67	Punkte
7. Waldhäusl	121	Punkte	7. Böhm	65,5	Punkte
8. Heine	116	Punkte	8. Haderer	57,5	Punkte
9. Suda	112	Punkte	Ringhofer	57,5	Punkte
10. Pokorny	102	Punkte	10. Deistler	55	Punkte

LÄNDERKÄMPFE

(Europaliga 1977/78, A-Liga)

29. September 1977, Drosendorf	Österreich – Polen	1 : 6
13. Oktober 1977, BRD	Österreich – BRD	0 : 7
2. November 1977, Kapfenberg	Österreich – Griechenland	5 : 2
15. Dezember 1977, Bulgarien	Österreich – Bulgarien	1 : 6
19. Jänner 1978, Belgien	Österreich – Belgien	6 : 1
9. Februar 1978, Langenlois	Österreich – Luxemburg	5 : 2
6. April 1978, Judenburg	Österreich – Irland	5 : 2

WELTMEISTERSCHAFTEN

10.–19. März, Duisburg	Herren	Österreich – Guernsey	5 : 0
		Österreich – Schottland	5 : 3
		Österreich – Norwegen	5 : 0
		Österreich – Luxemburg	4 : 5
		Österreich – Wales	5 : 1
		Österreich – Griechenland	5 : 2
		Österreich – Spanien	5 : 0
		Österreich – Italien	1 : 5
		Österreich – Luxemburg	5 : 3
	Damen	Österreich – Irland	1 : 3
		Österreich – Bulgarien	0 : 3
		Österreich – Finnland	1 : 3
		Österreich – Griechenland	3 : 0
		Österreich – Norwegen	3 : 0
		Österreich – Dänemark	3 : 0
		Österreich – Schweiz	3 : 1
		Österreich – Finnland	2 : 3

JUGENDEUROPAMEISTERSCHAFTEN

20.–30. Juli, Barcelona	Burschen	Österreich – Portugal	5 : 0
		Österreich – Guernsey	5 : 0
		Österreich – Ungarn	5 : 4
		Österreich – Schweden	1 : 5
		Österreich – ČSSR	1 : 5
		Österreich – Polen	5 : 1
		Österreich – Deutschland	1 : 5
		Österreich – England	5 : 3
	Mädchen	Österreich – Wales	3 : 0
		Österreich – Deutschland	0 : 3
		Österreich – Frankreich	0 : 3
		Österreich – England	0 : 3
		Österreich – Irland	0 : 3
		Österreich – Dänemark	2 : 3
		Österreich – Griechenland	3 : 2
	Schüler	Österreich – Irland	3 : 1
		Österreich – England	3 : 1
		Österreich – Deutschland	1 : 3
		Österreich – Dänemark	3 : 0
		Österreich – Schweden	0 : 3
		Österreich – UdSSR	0 : 3
		Österreich – Finnland	1 : 3
	Schülerinnen	Österreich – Schweden	2 : 3
		Österreich – Frankreich	1 : 3
		Österreich – England	3 : 2
		Österreich – Belgien	3 : 2
		Österreich – Polen	3 : 1
		Österreich – Dänemark	3 : 2

TURNEN

ÖSTERREICHISCHER FACHVERBAND FÜR TURNEN (ÖFT), gegründet 1946
1040 Wien, Schwarzenbergplatz 10/3, Telefon 0 22 2 / 65 51 79
Dienstzeit
Montag bis Donnerstag von 14 bis 18 Uhr, Freitag von 9 bis 13 Uhr

Sekretärin: Liliane Urpani

Präsident:
Rudolf Otepka, 1130 Wien, Geylinggasse 35/8, Telefon 0 22 2 / 82 86 855

Mitglied der
Fédération Internationale de Gymnastique (FIG), gegründet 1881, 64 Länder
Anschrift
3250 Lyss, Juraweg 12, Schweiz, Telefon 031 / 44 25 81

Erstmals seit zwölf Jahren nahm Österreich an Weltmeisterschaften wieder mit einer kompletten Damen- und Herrenmannschaft teil. Wenn man davon ausgeht, daß die nicht anwesenden und nicht kompletten Mannschaften von unseren Turnerinnen und Turnern bei einem Antreten geschlagen worden wären, so sind der 21. Platz bei den Turnerinnen und der 19. Platz bei den Turnern große Erfolge. Das bisher beste Ergebnis einer Herrenmannschaft waren 488 Punkte. Bei dieser WM erreichte sie 523 Punkte, was einem Schnitt von 8,7 Punkten und einer Steigerung von 35 Punkten pro Übung entspricht. Besonders erfreulich ist, daß diese Mannschaft noch sehr jung und eine Leistungssteigerung in den nächsten Jahren durchaus möglich ist. Die ebenfalls sehr junge Damenmannschaft erreichte mit 347 Punkten ebenfalls einen guten Wert. In der Sportgymnastik wurde durch die intensive Vorbereitung auf die Europameisterschaft ebenfalls eine Leistungssteigerung erreicht.

Das Konzept zur Leistungssteigerung hat sich bewährt. Der ÖFT möchte dieses Konzept noch verbessern und hofft, auch 1979 an der Weltmeisterschaft in Texas teilnehmen zu können.

STAATSMEISTER 1978

Gerätekunstturnen	Olymp. Achtkampf	**Birgit Osrainig**	TS Dornbirn
	Pferdsprung	**Christl Brändle**	TS Egg
	Stufenbarren	**Christl Brändle**	TS Egg
	Schwebebalken	**Birgit Osrainig**	TS Dornbirn
	Bodenturnen	**Romy Faisst**	TS Egg
	Olymp. Zwölfkampf	**Leopold Past**	Union Braunau
	Bodenturnen	**Hanspeter Demetz**	ITV
	Seitpferd	**Leopold Past**	Union Braunau
	Ringe	**Leopold Past**	Union Braunau
	Pferdsprung	**Leopold Past**	Union Braunau
	Barren	**Walter Gruber**	TV Maxglan
	Reck	**Leopold Past**	Union Braunau
Rhythmische Sportgymnastik	Einzel-Vierkampf	**Ursula Wiklicki**	ÖTB Wr. Neustadt

ÖSTERREICHISCHE MEISTER 1978

Gerätekunstturnen	Jugend	Achtkampf	Renate Moosmann	TS Hohenems
		Zwölfkampf	Andreas Waibel	TS Wolfurt

LÄNDERKÄMPFE

26./27. Mai, Wien	Turner	Gerätekunstturnen	Österreich – Ungarn	221,30 : 253,00

WELTMEISTERSCHAFT

22.–29. Oktober, Straßburg	Turner	Geräteturnen	19. Österreich	22 Teams
	Turnerinnen		21. Österreich	

EUROPAMEISTERSCHAFT

18./19. November, Madrid	Rhythmische Sportgymnastik
12.–14. September, Mailand	Junioren-Geräteturnen

GROSSVERANSTALTUNGEN

12./13. Mai, Wiesbaden	Euro-Turnier Turner	Allgemeine Klasse	Kür Sechskampf	7. Mannschaftsrang

VOLLEYBALL

ÖSTERREICHISCHER VOLLEYBALLVERBAND (ÖVV), gegründet 1953
1040 Wien, Prinz-Eugen-Straße 12, Telefon 0 22 2 / 65 74 42
Dienstzeit
Montag von 12 bis 16 Uhr, Dienstag bis Freitag von 8 bis 12 Uhr

Präsident
Dr. Heinz Badner, 1100 Wien, Ettenreichgasse 48/5/26

Geschäftsführender Präsident: Alois Kremser

Mitglied der
Fédération Internationale de Volleyball (FIBV), gegründet 1946
Anschrift
23, rue d'Anjou, 75008 Paris, Telefon 70757-46

Offizielle Verbandszeitung
„Volleyball", Mitteilungsblatt des ÖVV, erscheint monatlich
Redakteur: Karl Hanzl, Telefon 0 22 2 / 64 21 17

Im Jahre 1978 beging der Österreichische Volleyballverband das Jubiläum seines 25-jährigen Bestandes. Sportlicher Höhepunkt des Jubiläums war ein Vierländerturnier der Herrennationalmannschaften Österreichs, Frankreichs, Ägyptens und Algeriens, das in Form einer Österreichtournee mit Veranstaltungen in Wien, Gänserndorf, St. Pölten, Klagenfurt, Bruck an der Mur, Salzburg und Innsbruck ausgetragen wurde. Sowohl propagandistisch wie auch sportlich gestaltete sich die Jubiläumstournee zu einem großen Erfolg. Österreichs Team wurde hinter dem Spring-Cup-Sieger Frankreich Zweiter vor dem Afrikameister Ägypten und Algerien.

Ebenfalls im Zeichen des Jubiläums stand die Generalversammlung des ÖVV. Bundesminister Dr. Fred Sinowatz, der Vater der Volleyballschülerliga für Mädchen, wurde zum Ehrenmitglied des Volleyballverbandes gewählt. Zahlreiche Funktionäre, die schon seit der Gründung bzw. seit vielen Jahren im Verband tätig sind, wurden von der Republik bzw. vom ÖVV geehrt. Der neugewählte Vorstand wurde beauftragt, eine außerordentliche Generalversammlung vorzubereiten, die eine Umstrukturierung des Verbandes im Sinne des stürmischen Aufschwunges des Volleyballsports in Österreich durchführen soll.

Diese Entwicklung fand ihren Niederschlag auch in einer Positionsverbesserung im europäischen Volleyballsport. Sowohl die Damen (in Mallorca) wie auch die Herren (in England) erreichten beim Spring-Cup 1978 unter 16 bzw. 17 Teilnehmern den ehrenvollen zehnten Platz.

Mit der Einführung der Volleyballschülerliga für Mädchen wurde ein großer Schritt getan. Volleyball wird wie in immer mehr Ländern der Welt auch in Österreich zum Volkssport. 307 Mannschaften aus allen Bundesländern haben im ersten Jahr an diesem neuen Bewerb teilgenommen. Für den nächstjährigen Bewerb haben über 400 Mannschaften gemeldet.

Mit der Gründung eines Landesverbandes in Vorarlberg ist die Zahl der Landesverbände auf acht (nur das Burgenland fehlt noch), die der Vereine auf 150 angewachsen.

STAATSMEISTER 1978		Herren	**DTJ Wien**	
		Damen	**Post Wien**	
ÖSTERREICHISCHE MEISTER 1978				
Jugend	Vereine	Mädchen	Sokol V Wien	
		Burschen	Post Wien	
	Bundesländer	Mädchen	Wien	
		Burschen	Wien	
LÄNDERKÄMPFE				
4./5. März		Damen	Österreich - Slowenien 3 : 2	
25 Jahre ÖVV		Herren	Österreich - Ägypten 3 : 0	Mit vier Siegen landete
9.–16. April in ganz Österreich			Österreich - Algerien 3 : 0	Österreich auf dem
			Österreich - Frankreich 1 : 3	zweiten Platz
			Österreich - Algerien 3 : 0	
			Österreich - Frankreich 0 : 3	
			Österreich - Ägypten 3 : 2	

21.–29. Juni, Ägypten	Herren	Österreich - Südkorea 0 : 3 Österreich - Ägypten B 3 : 2 Österreich - Iran 3 : 2 Österreich - Ägypten A 2 : 3	1. Ägypten 3. Österreich
Spring-Cup			
15.–23. März, Mallorca	Damen	10. Österreich	16 Länder
17.–23. März, England	Herren	10. Österreich	17 Länder

EUROPACUP

10./11. Dez. 77, Wien	Meister	Damen 1. Runde	Post Wien - Münster Post Wien - Münster	0 : 3 3 : 2
5. Nov. 77, Wien und Zürich		Herren Vorrunde	DTJ Wien - Valero Zürich DTJ Wien - Valero Zürich	3 : 2 3 : 0
10. Dez. 77, Wien 17. Dez. 77, Istanbul		Herren 1. Runde	DTJ Wien - Boronkay Istanbul DTJ Wien - Boronkay Istanbul	1 : 3 0 : 3
5. November 77	Cupsieger	Damen Vorrunde	ÖMV - ASU Lyon ÖMV - ASU Lyon	2 : 3 1 : 3
5. November	Cupsieger	Herren Vorrunde	Sokol V Wien - Helsingör Sokol V Wien - Helsingör	2 : 3 2 : 3

VOLKSWANDERN

ÖSTERREICHISCHER VOLKSSPORTVERBAND
4600 Wels, Kaiser-Josef-Platz 16, Telefon 0 72 42 / 21 2 40

Präsident
Maximilian Bräuml, 4600 Wels, Kaiser-Josef-Platz 16, Telefon 0 72 42 / 21 2 40
oder privat 0 72 42 / 38 5 84

Verbandszeitschrift
Der Wanderer
Redakteur
Walter Ziehlinger, 4045 Linz, Galvanistraße 24/6/26, Telefon 0 73 2 / 33 88 84
Vertrieb: 4600 Wels, Kaiser-Josef-Platz 16, Telefon 0 72 42 / 21 2 40

WASSERRETTUNG

ÖSTERREICHISCHE WASSERRETTUNG
1041 Wien, Prinz-Eugen-Straße 12, „Haus des Sports", Telefon 0 22 2 / 65 05 433
Dienstzeit: Dienstag und Freitag von 18 bis 20 Uhr

Präsident
Sektionsrat Mag. rer. nat. Dr. phil. Bernhard Tachezi,
1020 Wien, Ferdinandstraße 6/2/10

Generalsekretär
Ernst Zeirzer, p. A. Stadtwerke, 9020 Klagenfurt, St. Veiter Straße 31

Mitglied der
Federation Internationale de Sauvetage et Sports Utilitaires (FIS)
Anschrift: Madrid (10) Eduardo Dato, 18

und der
World Live Saving Society
Anschrift: 166 East Coast Road Takatuna, Auckland City 10, New Zealand

Präsident Dr. Tachezi ist Mitglied der Kommission für Internationale Beziehungen und Fragen der FIS.
Generalsekretär Ernst Zeirzer ist Mitglied der Juristischen Kommission der FIS.
Technischer Leiter Gerhard Stipani ist Vizepräsident der Internationalen Technischen Kommission der FIS.
Herr Stipani ist Verbindungsoffizier zur World Live Saving Society sowie Mitglied der Internationalen Kommission für Ausbildungsfragen und Technische Angelegenheiten.

Seite 223: Leopold Past – Österreichs erfolgreichster Turner (Foto Votava)

WASSERSCHILAUF

ÖSTERREICHISCHER WASSERSCHIVERBAND (ÖWSV)
4360 Grein, Hauptstraße 10, Telefon 0 72 68 / 236

Präsident
Brigitta Felder, 1070 Wien, Mariahilfer Straße 82

Geschäftsführer
Dr. Hermann Schediwy, 4360 Grein, Hauptstraße 10, Telefon 0 72 68 / 236

Mitglied der
Union Mondiale de Ski Nautique (UMSN)
Anschrift
Generalsekretär: Peter Pearl, 4 Euston Road, London N. W. 1. 2 QN

Schwerpunkt 1978 war die Jugend- und Nachwuchsförderung: Für Schüler und Jugendliche wurden mit großem Erfolg der Schülercup (bis 14 Jahre) und der Jugendcup (bis 16 Jahre) mit vier Veranstaltungen durchgeführt. Sehr starke Beteiligung und hervorragende Leistungen wurden erbracht.
Die direkte Nachwuchsförderung wurde vornehmlich in den Vereinen durchgeführt. Hiefür wurden die Trainer des ÖWSV abgestellt. Bei der diesjährigen Europameisterschaft für Junioren standen die Erfolge der 17jährigen Maria Lampl aus Gmunden im Vordergrund. Mit einem zweiten Platz im Springen, einem dritten im Slalom und einem dritten in der Kombination erreichte sie mehr, als erwartet werden durfte.

Auf internationaler Ebene hat sich die im Jahre 1977 in Österreich durchgeführte EM sehr positiv ausgewirkt, da diese EM als eine der am besten organisierten in die Geschichte des Wasserschisports einging.

Aufnahme der Sparte „Barfußlauf" in den ÖWSV. Damit ist neben den klassischen Disziplinen Slalom, Springen und Figurenlauf, den Wasserschirennen (Racing) eine dritte Sparte etabliert.

STAATSMEISTER 1978

	Damen	Slalom	**Andrea Wladasch**	WSC Raika Pörtschach
		Figurenlauf	**Andrea Wladasch**	WSC Raika Pörtschach
		Springen	**Maria Lampl**	WSC Traunsee
		Kombination	**Maria Lampl**	WSC Traunsee
	Herren	Slalom	**Hans Biedermann**	WSC Ossiacher See
		Figurenlauf	**Werner Schicher**	WSC Raika Pörtschach
		Springen	**Werner Schicher**	WSC Raika Pörtschach
		Kombination	**Wolfgang Löscher**	WSC Ossiacher See
Wasserschirennen				
	Damen	51,6 km	**Birgit Jandl**	MYC Strudengau
	Herren	68,8 km	**Richard Wenzl**	MYC Strudengau

ÖSTERREICHISCHE MEISTER 1978

männl. Junioren (bis 18 Jahre)	Slalom	Dieter Kuhn	WSC Seewalchen
	Figurenlauf	Manfred Mokre	WSC Raika Pörtschach
	Springen	Ingo Brugger	WSC Ossiacher See
	Kombination	Ingo Brugger	WSC Ossiacher See
weibl. Junioren (bis 18 Jahre)	Die weiblichen Junioren sind in der allgemeinen Klasse um den Staatsmeistertitel mitgefahren, daher keine eigene Wertung in dieser Klasse.		
männl. Jugend (14–16 Jahre)	Slalom	Hans Luschnig	WSC Ossiacher See
	Figurenlauf	Hans Luschnig	WSC Ossiacher See
	Springen	Hans Luschnig	WSC Ossiacher See
	Kombination	Hans Luschnig	WSC Ossiacher See
weibl. Jugend (14–16 Jahre)	Slalom	Barbara Brugger	WSC Ossiacher See
	Figurenlauf	Pia Scheucher	WSC Seewalchen
	Springen	Pia Scheucher	WSC Seewalchen
	Kombination	Pia Scheucher	WSC Seewalchen

Seite 226: Österreichs Volleyballmannschaft konnte international bestehen (Foto Votava)

männl. Schüler (bis 14 Jahre)	Slalom	Fritz Biedermann	WSC Ossiacher See
	Figurenlauf	Werner Schütz	WSC Raika Pörtschach
	Springen	Michael Suschef	WSC Raika Pörtschach
	Kombination	Fritz Biedermann	WSC Ossiacher See
weibl. Schüler (bis 14 Jahre)	Slalom	Andrea Lust	WSC Seewalchen
	Figurenlauf	Claudia Gusenbauer	MYC Nibelungen Linz
	Springen	Tina Tschebull	WSC Rowenta Velden
	Kombination	Claudia Gusenbauer	MYC Nibelungen Linz
männl. Senioren (ab 35 Jahren)	Slalom	Rudi Lukesch	WSC Mondsee
	Figurenlauf	Johann Biedermann	WSC Ossiacher See
	Springen	Max Kenda	WSC Raika Pörtschach
	Kombination	Rudi Lukesch	WSC Mondsee

REKORDE

Barfußfahren/ Wellenkreuzen	15. Juli 1978, Holland	Peter Pflügl	**Europarekord** mit 7½ Wellen rückwärts in 20 Sek.=300 P.	MYC Nibelungen Linz

LÄNDERKÄMPFE

Vierländerkampf

23.–24. September, Zagreb, Jugoslawien	Slalom, Figuren, Springen	1. Italien	8.427,28 Punkte
		2. Österreich	8.409,08 Punkte
		3. Jugoslawien	7.294,71 Punkte
		4. CSSR	3.931,31 Punkte

EUROPAMEISTERSCHAFTEN

23.–24. September, Temple sur Lot, Frankreich	Allg. Klasse		Springen	4. Franz Oberleitner	35 Starter aus 16 Ländern
7.–13. August, Jyväskyklä, Finnland	Jugend		Figuren	8. Barbara Brugger	20 Teilnehmer aus 14 Ländern
			Slalom	7. Barbara Brugger	
			Springen	6. Barbara Brugger	
			Kombination	7. Barbara Brugger	
	Junioren		Figuren	6. Maria Lampl	16 Teilnehmer aus 9 Ländern
			Slalom	3. Maria Lampl	
			Springen	2. Maria Lampl	
			Kombination	3. Maria Lampl	
8.–10. September, Reifnitz	Senioren Damen		Figuren	2. Betina Artmer	7 Starter aus 7 Ländern
			Slalom	2. Betina Artmer	
	Herren	II.	Figuren	4. Gero Artmer	14 Starter aus 7 Ländern
		III.	Figuren	1. Robert Christl	
		I.	Slalom	4. Rudi Lukesch	
		III.	Slalom	1. Robert Christl	
		I.	Springen	3. Rudi Lukesch	
		II.	Springen	1. Max Kenda 4. Johann Biedermann	
		III.	Springen	1. Robert Christl	
		I.	Kombination	4. Rudi Lukesch	
		II.	Kombination	4. Robert Mureny	
		III.	Kombination	1. Robert Christl	
Barfußfahren 15. September, BRD	Allg. Klasse		Figuren	2. Peter Pflügl	17 Starter aus 9 Ländern

Weitere Erfolgsserien gab es beim Europa-Kriterium in Reifnitz am Wörther See mit sieben Siegen in acht Bewerben; zwei Siege erbrachte die Europa-Trophy in Jugoslawien und vier erste Plätze sicherten sich die Österreicher beim Jugoslawien-Cup.

Peter Pflügl ist der herausragende Barfußläufer, der sich bei allen Europapokalrennen in Irland, Holland und der BRD in den Medaillenrängen etablieren konnte.

INTERESSEN-VERTRETUNGEN

ARBEITSGEMEINSCHAFT FÜR EISKUNSTLAUF UND TANZEN AUF DEM EISE
1123 Wien, Maurer-Lange-Gasse 77, Telefon 0 22 2 / 88 13 59

ÖSTERREICHISCHER BERUFSSKILEHRERVERBAND
6314 Niederau 123, Telefon 0 53 32 / 82 17

BUND ÖSTERREICHISCHER FUSSBALLEHRER
1140 Wien, Weststadion, Keisslergasse 6, Telefon 0 22 2 / 94 22 33

VERBAND DER LEIBESERZIEHER
1150 Wien, Possingergasse 2, Telefon 0 22 2 / 92 26 61

VERBAND DER ÖSTERREICHISCHEN SCHILEHRWARTE
1030 Wien, Hetzgasse 42/11, Telefon 0 22 2 / 73 32 42 (ab 19 Uhr)

VERBAND DER ÖSTERREICHISCHEN SPORTÄRZTE
1150 Wien, Possingergasse 2, Telefon 0 22 2 / 92 26 61/74

VEREINIGUNG DER ÖSTERREICHISCHEN SPORTMASSEURE
2344 Maria Enzersdorf, Johann-Steinböck-Straße 5, Telefon 0 22 36 / 63 33
(z. H. Herrn Josef Flenner)

ÖSTERREICHISCHER SPORTLEHRERVERBAND
1150 Wien, Fuhrmannsgasse 18 a, Telefon 0 22 2 / 57 84 29 (Hr. Krame)

VERBAND ÖSTERREICHISCHER TENNISLEHRER
1030 Wien, Hainburger Straße 36/4, Telefon 0 22 2 / 75 33 45

SONSTIGE SPORTVERBÄNDE

ÖSTERREICHISCHER ALPENKLUB (ÖAK)
Getreidemarkt 3, 1060 Wien, Telefon 0 22 2 / 56 38 673
Dienstzeit: Donnerstag von 17 bis 20 Uhr

ÖSTERREICHISCHER ALPENVEREIN (ÖAV)
Verwaltungsausschuß
Wilhelm-Greil-Straße 15, 6020 Innsbruck, Telefon 0 52 22 / 23 1 71
Dienstzeit
Montag, Mittwoch, Freitag von 8 bis 13 Uhr und von 15 bis 19 Uhr,
Dienstag, Donnerstag von 8 bis 13 Uhr und von 15 bis 18.30 Uhr

VERBAND DER ÖSTERREICHISCHEN ARBEITERFISCHEREIVEREINE
Lenaugasse 14, 1080 Wien, Telefon 0 22 2 / 43 21 76
Dienstzeit
Montag, Mittwoch, Freitag von 8.30 bis 12.30 Uhr; Freitag von 14 bis 18 Uhr

ÖSTERR. AUTOMOBIL-, MOTORRAD- UND TOURING-CLUB (ÖAMTC und OSK)
ÖAMTC: Schubertring 3, 1010 Wien, Telefon 0 22 2 / 72 99, Telex 01/3907
OSK (Oberste Sportkommission): Schanzstraße 44, 1150 Wien,
Telefon 0 22 2 / 92 76 51, Telex 01/3418
Dienstzeit: Montag bis Donnerstag von 8 bis 17 Uhr, Freitag von 8 bis 15 Uhr

AUTO-, MOTOR- UND RADFAHRERBUND ÖSTERREICHS (ARBÖ)
Mariahilfer Straße 180, 1150 Wien, Telefon 0 22 2 / 85 35 35, Telex 07/6581
Sportsekretariat
Schlechtastraße 4, 1030 Wien, Telefon 0 22 2 / 65 66 57, Telex 01/3222

ÖSTERREICHISCHE BERGSTEIGERVEREINIGUNG (ÖBV)
Rohrergasse 17, 1160 Wien, Telefon 0 22 2 / 46 50 632, Direktor Franz Dworzak

ÖSTERREICHISCHER EISENBAHNERSPORT
Neubaugürtel 1/1/16, 1150 Wien, Telefon 0 22 2 / 56 50 durchwählen 54 14
Dienstzeit: Montag bis Freitag von 8 bis 16 Uhr

ÖSTERREICHISCHER GEHÖRLOSEN-SPORTVERBAND
Ettenreichgasse 48/3/5/22, 1100 Wien

ÖSTERREICHISCHER GENDARMERIE-SPORTVERBAND
Oberzellergasse 1, 1030 Wien, Telefon 0 22 2 / 73 55 01, Klappe 207
Dienstzeit: Montag bis Freitag von 8 bis 17 Uhr
und
Hinterholzkai 4, 5010 Salzburg, Telefon 0 62 22 / 87 4 81
Dienstzeit: Montag bis Freitag von 8 bis 17 Uhr

ÖSTERREICHISCHER GYMNASTIKBUND
Fuhrmanngasse 18a, 1080 Wien, Tel. 0 22 2 / 43 33 88 (über Sportlehrerverband)
Dienstzeit: Montag bis Freitag von 18 bis 20 Uhr

ÖSTERREICHISCHE HIMALAYA-GESELLSCHAFT
Prinz-Eugen-Straße 12, 1041 Wien, „Haus des Sports", Telefon 0 22 2 / 65 40 553
Dienstzeit: Dienstag und Donnerstag von 10 bis 14 Uhr

ÖSTERREICHISCHE HOCHSCHÜLERSCHAFT
Sportreferat
Liechtensteinstraße 13, 1090 Wien, Telefon 0 22 2 / 34 65 18
Dienstzeit: Montag bis Freitag von 9 bis 15 Uhr

JIU-JITSU-VERBAND ÖSTERREICHS
Prager Straße 20, 1210 Wien, Telefon 0 22 2 / 30 13 04
Dienstzeit: Mittwoch von 17 bis 19 Uhr

JUDO-DO-VERBAND ÖSTERREICHS
Karl-Köttl-Straße 26 a, 4650 Lambach, OÖ., Telefon 0 72 45 / 40 8 42

HAUPTVERBAND KATHOLISCHER ELTERNVEREINE ÖSTERREICHS
Sportreferat
Semperstraße 45, 1180 Wien, Telefon 0 22 2 / 34 62 80

KATHOLISCHE JUGEND ÖSTERREICHS
Sportreferat
Johannesgasse 16, 1010 Wien, Telefon 0 22 2 / 52 16 21
Dienstzeit: Montag bis Freitag von 9 bis 17 Uhr

KATHOLISCHE SCHULEN
Sportreferat
Semperstraße 45, 1180 Wien, Telefon 0 22 2 / 34 62 80
Dienstzeit: Dienstag bis Freitag von 14 bis 18 Uhr

ÖSTERREICHISCHER POLIZEISPORTVERBAND
Präsidium: Herrengasse 7, 1010 Wien, Telefon 0 22 2 / 63 17 11, Kl. 157
Dienstzeit: Montag bis Freitag von 8 bis 15 Uhr
Sportleitung: Bundespolizeidirektion Salzburg, Churfürstenstraße 1,
5010 Salzburg, Telefon 0 62 22 / 44 5 51, Kl. 221
Dienstzeit: Montag bis Freitag von 8 bis 15 Uhr

ÖSTERREICHISCHER PRELLBALL-VERBAND
Thimiggasse 39, 1180 Wien

REICHSBUND FÜR TURNEN UND SPORT
Ebendorferstraße 6/V, 1010 Wien, Telefon 0 22 2 / 42 54 06
Dienstzeit: Montag bis Freitag von 9 bis 12 Uhr und von 15 bis 19 Uhr

SAMBO-VERBAND ÖSTERREICHS
Barngasse 2, 2320 Schwechat, Telefon 77 69 142

SPORT UND KIRCHE
Kontaktstelle des Referates Sport und Seelsorge
Prinz-Eugen-Straße 12, 1040 Wien, Telefon 0 22 2 / 65 52 164
Dienstzeit: Montag, Mittwoch und Freitag von 14 bis 18 Uhr

ÖSTERREICHISCHER TAE-KWON-DO-VERBAND
Körnerstraße 18, 6020 Innsbruck

ÖSTERREICHISCHER TOURISTENKLUB (ÖTK)
Bäckerstraße 16, 1010 Wien, Telefon 0 22 2 / 52 38 44
Dienstzeit
Montag, Mittwoch, Donnerstag von 9 bis 18 Uhr,
Dienstag, Freitag von 9 bis 19 Uhr

TOURISTENVEREIN „DIE NATURFREUNDE ÖSTERREICHS"
Viktoriagasse 6, 1150 Wien, Telefon 0 22 2 / 83 86 08

ÖSTERREICHISCHER TOURISTENVEREIN (ÖTV)
Laudongasse 16, 1080 Wien, Telefon 0 22 2 / 42 75 81/65
Dienstzeit
Montag, Mittwoch, Freitag von 9 bis 17 Uhr,
Dienstag, Donnerstag von 9 bis 19 Uhr

ÖSTERREICHISCHER TURNERBUND (ÖTB)
Kellergasse 14, 4020 Linz, Telefon 0 73 2 / 55 3 59

ZENTRALE FÜR TRABER-ZUCHT UND -RENNEN IN ÖSTERREICH
Nibelungengasse 3, 1010 Wien, Telefon 0 22 2 / 57 72 58
Dienstzeit: Montag bis Freitag von 8 bis 16.30 Uhr

ARBEITSGEMEINSCHAFT ÖSTERR. WASSERRETTUNGSWESEN (ARGE ÖWRW)
Prinz-Eugen-Straße 12, Postfach 108, 1041 Wien, Telefon 0 22 2 / 65 37 42–46
Dienstzeit: Montag bis Freitag von 8 bis 15 Uhr

VERBAND DER ZOLLWACHEBEAMTEN ÖSTERREICHS
Sektion Sport
Wollzeile 1–3, 1010 Wien, Telefon 0 22 2 / 52 26 51
Dienstzeit: Montag von 8 bis 16 Uhr, Dienstag bis Freitag von 8 bis 12 Uhr

SPORTEINRICHTUNGEN DES BUNDES

BUNDESMINISTERIUM FÜR UNTERRICHT UND KUNST

Bundessportschulen	Hintermoos	5761	Alm bei Saalfelden	0 65 84 / 29 2 11
	Obertraun	4831	Obertraun	0 61 34 / 239
	Schielleiten	8223	Stubenberg	0 31 76 / 211
	Spitzerberg	2405	Bad Deutsch-Altenberg	0 21 65 / 22 49
Bundessportheime	Blattgasse	1030	Wien, Blattgasse 6	0 22 2 / 72 43 73
	Faaker See	9583	Faak am See, Halbinselstraße 14	0 42 54 / 21 20
	Kitzsteinhorn	5710	Kaprun	0 65 47 / 510 / 62 1 26
	Obergurgl	6456	Obergurgl	0 52 56 / 204/212
	St. Christoph	6580	St. Anton am Arlberg	0 54 46 / 26 27
Bundessportzentren	Südstadt	2344	Maria Enzersdorf, Johann-Steinböck-Str. 5	0 22 36 / 68 33–35
Haus des Sports	Wien	1041	Wien, Prinz-Eugen-Straße 12	0 22 2 / 65 37 42–46
Bundesstadion	Liebenau	8041	Graz-Liebenau, Liebenauer Hauptstr. 2–4	0 31 22 / 41 5 31
Bundesschullandheime	Mariazell	8630	Mariazell, Erzherzog-Johann-Weg 21	0 27 27 / 21 65
	Raach	2640	Gloggnitz	0 26 62 / 28 55 11
	Radstadt	5550	Radstadt, Schloß Tandalier	0 64 52 / 348
	Saalbach	5753	Saalbach, Hinterglemm 38	0 65 86 / 303

BUNDESANSTALTEN FÜR LEIBESERZIEHUNG
UNIVERSITÄTSINSTITUTE FÜR SPORTWISSENSCHAFTEN

	Wien	1150 Wien, Possingergasse 2, Tel. 0 22 2 / 92 26 61–65	Leiter BAfL: Dir. Mag. Franz Nowak Vorstand IFS: Univ.-Prof. Dr. L. Prokop
	Graz	8010 Graz, Engelgasse 56, Tel. 0 31 22 / 37 9 80 37 9 81	Leiter BAfL: Mag. Dr. Helmut Aigelsreiter
		8041 Graz, Leechgasse 5, Tel. 0 31 22 / 31 5 81	Vorstand IFS: Univ.-Prof. Dr. G. Bernhard
	Innsbruck	6020 Innsbruck, Fürstenweg 185, Tel. 0 52 22 / 20 9 25	Leiter BAfL: Dir. Mag. Günther Pajek
		Tel. 0 52 22 / 33 6 01/95 30	Vorstand IFS: Univ.-Prof. Dr. Friedrich Fetz
	Salzburg	5020 Salzburg, Haydnstraße 5, Tel. 0 62 22 / 86 1 11	Vorstand IFS: Univ.-Prof. Dr. Erwin Niedermann

BUNDESMINISTERIUM FÜR WISSENSCHAFT UND FORSCHUNG

Universitäts-Sportinstitute	Graz	8010 Graz, Universitätsplatz 3, Tel. 0 31 22 / 31 5 81	Leitung: Direktor Hofrat Mag. Hans Proßnigg
	Innsbruck	6020 Innsbruck, Fürstenweg 185, Tel. 0 52 22 / 33 6 01/95 41	Leitung: Direktor Mag. Elmar Pipp
	Linz	4045 Linz, Altenberger Str. 39, Tel. 0 73 2 / 32 1 50	Leitung: Direktor Mag. Peter Huber
	Salzburg	5020 Salzburg, Residenzplatz 1, Tel. 0 62 22 / 44 5 11	Leitung: Direktor Mag. Felix Größlhuber
	Wien	1150 Wien, Possingergasse 2, Tel. 0 22 2 / 92 26 61/36	Leitung: Direktor Hofrat Mag. Gernot Schindler
	Leoben	8700 Leoben, Franz-Josef-Straße 18, Tel. 0 38 42 / 25 55	Leitung: Direktor Mag. Dr. Udo Grollitsch
Zentraler Hochschulsportausschuß	Sekretariat Wien	1150 Wien, Possingergasse 2, Tel. 0 22 2 / 92 26 61/39	Sekretär: Gustav Posch
Turn- und Festspielausschuß		1150 Wien, Possingergasse 2, Tel. 0 22 2 / 92 26 61/16	Geschäftsführer: Rat Mag. Norbert Bayer

BEHÖRDEN

BUNDESMINISTERIUM FÜR UNTERRICHT UND KUNST
Abt. V/2 – Sportwesen
Prinz-Eugen-Straße 12, 1041 Wien, Telefon 0 22 2 / 65 37 42
Dienstzeit: Montag bis Freitag von 8 bis 16 Uhr

BUNDESMINISTERIUM FÜR GESUNDHEIT UND UMWELTSCHUTZ
Abt. 214 – Gesundheitliche Angelegenheiten des Sports
Stubenring 1, 1010 Wien, Telefon 0 22 2 / 75 00

BUNDESMINISTERIUM FÜR LANDESVERTEIDIGUNG
Abt. Sonderausbildung, Sportreferat
Stiftskaserne, 1070 Wien, Telefon 0 22 2 / 93 56 26 / 294
Dienstzeit: Montag bis Freitag von 8 bis 16 Uhr

BUNDESMINISTERIUM FÜR INNERES
Abt. 22 – Vereins- und Versammlungswesen
Am Hof 4, 1010 Wien, Telefon 0 22 2 / 63 37 31

SONSTIGE EINRICHTUNGEN

ÖSTERREICHISCHE SPORTHILFE
Prinz-Eugen-Straße 12, 1041 Wien, „Haus des Sports", Telefon 0 22 2 / 65 55 92

ÖSTERREICHISCHES INSTITUT FÜR SPORTMEDIZIN
Possingergasse 2, 1150 Wien, Universitätszentrum, Telefon 0 22 2 / 92 26 61–65

ÖSTERREICHISCHES INSTITUT FÜR SCHUL- UND SPORTSTÄTTENBAU
Prinz-Eugen-Straße 12, 1041 Wien, „Haus des Sports", Telefon 0 22 2 / 65 37 42

KURATORIUM FÜR ALPINE SICHERHEIT
Prinz-Eugen-Straße 12, 1041 Wien, „Haus des Sports", Tel. 0 22 2 / 24 68 383

VERBINDUNGSSTELLE DER BUNDESLÄNDER
Amt der nö. Landesregierung, 1014 Wien, Teinfaltstraße 1
Telefon: 0 22 2 / 63 96 56
Dienstzeit: Montag bis Freitag von 8.00 bis 16.00 Uhr

Leiter: W. Hofrat Dr. Alfred Korn

LANDESSPORTORGANISATIONEN
LANDESSPORTBEIRÄTE
LANDESSPORTRÄTE
LANDESSPORTÄMTER

AMT DER BURGENLÄNDISCHEN LANDESREGIERUNG
Landhaus, 7000 Eisenstadt, Telefon 0 26 82 / 25 51/334
Dienstzeit: Montag bis Donnerstag von 7.30 bis 12 und von 12.30 bis 16 Uhr, Freitag von 7.30 bis 13 Uhr

Landessportorganisation: derzeit noch nicht existent
Beamteter Referent: Dr. Vera Fister

Landessportreferent: Landeshauptmann Theodor Kery

AMT DER KÄRNTNER LANDESREGIERUNG
Abteilung 6, Landessportsekretariat
Viktringerring 15, 9010 Klagenfurt, Tel. 0 42 22 / 33 6 03 Serie, Klappe 455–536
Dienstzeit
Montag bis Donnerstag von 7.30 bis 16 Uhr, Freitag von 7.30 bis 13 Uhr

Landessportreferent: Landeshauptmann Leopold Wagner

Landessportsekretär: Stefan Genser

Eine immer größer werdende Zahl von Vereinen und Betriebssportgemeinschaften sowie steigende Beitrittsanmeldungen bei den einzelnen Verbänden und den alpinen Vereinigungen beweisen, daß der Prozentsatz der Kärntnerinnen und Kärntner, die aktiv Sport betreiben, immer größer wird. Diese Feststellung kann man aber auch treffen, wenn man im Sommer unsere Bäder, Berge und Sportplätze sowie im Winter die Schipisten, Rodelbahnen und Eislaufplätze besucht.

Die Zahl der Kärntner Sportlerinnen und Sportler, die im Spitzensport national und international erfolgreich sind, kann sich ebenfalls sehen lassen: So konnten neben 158 Staatsmeistertiteln folgende internationale Erfolge, stellvertretend für viele, erzielt werden: Franz Klammer wiederholte seinen Weltcupsieg als Abfahrtsläufer und belegte in dieser Disziplin bei den Weltmeisterschaften den fünften Platz. Christine Loike wurde Europacupgesamtsiegerin im alpinen Schilauf. Karl Schnabl belegte zum Abschluß seiner so erfolgreichen Sportlaufbahn einen vierten Platz bei den Weltmeisterschaften im Sprunglauf. Hannelore Gigler und Annegret Ertler sind Europameister im Schibob und der Kärntner Gendarm Franz Rednak saß im Bob Österreich I, der ebenfalls den Europameistertitel im Viererbob errang. Diplomkaufmann Aldo Neuscheller ersegelte sich einen WM-Titel in der Klasse der Minitonner und die Paradeleichtathletin Karoline Käfer erlief die Bronzemedaille bei den Halleneuropameisterschaften in Mailand über 400 m. Seine große Erfolgsserie prolongierte Hanno Prettner im Modellflug. Aber auch die Versehrtensportler dokumentierten Leistungskraft und Lebensmut durch große sportliche Erfolge bei internationalen und nationalen Wettkämpfen und Meisterschaften.

Diese ausgezeichneten Leistungen basieren in erster Linie auf den vorbildlichen idealistischen Einsatz von Aktiven, Funktionären und Gönnern des Sports. Darüber hinaus hat sicherlich das große Angebot an Sportstätten im Lande seinen Anteil daran. 1978 standen der sporttreibenden Bevölkerung allein 193 Sportplätze, 184 Sporthallen und 32 Hallenbäder zur Verfügung. Die Zahl der sonstigen Sportanlagen im Freien, der Flugsportanlagen, der Wassersportanlagen, der Hallen für den Tennissport, das Reiten, das Sportkegeln und das Schießen sowie der Wintersportanlagen ist ebenfalls ständig im Steigen begriffen.

Kärnten kann für sich in Anspruch nehmen, das erste Bundesland Österreichs zu sein, in dem eine Verordnung „Entwicklung Sportstättenplan" erlassen wurde, durch die eine nach Regionen und Sparten gegliederte kontinuierliche Weiterentwicklung am Sportstättenbau gewährleistet ist.

Die Tätigkeit von Funktionären und Aktiven findet ihren Niederschlag in der Verleihung von 80 Funktionärsehrenzeichen und 45 Sportehrenzeichen durch den Sportreferenten, Landeshauptmann Leopold Wagner, im Berichtszeitraum.

Tausende in diesem Jahr abgewickelte nationale und internationale Veranstaltungen bestätigen den Ruf Kärntens als Veranstalterland. Höhepunkte waren dabei die Weltcuprennen in Bad Kleinkirchheim, die Europameisterschaften im Orientierungstauchen in Ossiach, der Weltmeisterschaftslauf der Moto-Crosser in Launsdorf, die internationale Ruderregatta am Ossiacher See und das große Tennisturnier in Klagenfurt.

Damit hat der Sport dazu beigetragen, den Ruf Kärntens als Sommerurlaubsland und in immer verstärkterem Maße auch als Wintererholungsgebiet im In- und Ausland zu festigen.

Außerdem wurde mit der Organisation und Durchführung der 3-Regionen-Jugendspiele und ähnlicher Vergleichskämpfe in verschiedensten Disziplinen der internationale Sportverkehr mit den beiden Nachbarregionen Slowenien und Friaul-Julisch-Venetien ausgeweitet.

Als Hilfe und Nachschlagsbehelf für alle, die auf sportlichem, publizistischem oder werblichem Gebiet tätig sind, wurde der Kärntner Sportterminkalender zweimal jährlich herausgegeben.

Eine Außenstelle des Österreichischen Instituts für Sportmedizin hat im Landeskrankenhaus Klagenfurt ihren für Spitzensportler äußerst wertvollen und nützlichen Betrieb aufgenommen. Weiters wurden in Zusammenarbeit mit der Bafl Graz verstärkt Lehrwarte und Trainer in vielen Sparten ausgebildet.

Die finanzielle Förderung des Sports durch das Land Kärnten ist durch eine ständige Erhöhung der Budgetansätze für diese Positionen gekennzeichnet. Damit soll ebenfalls die so erfolgreiche Weiterentwicklung des Sportwesens in diesem Bundesland gewährleistet werden.

AMT DER NIEDERÖSTERREICHISCHEN LANDESREGIERUNG
Abteilung I/4 – Sportangelegenheiten
1014 Wien, Herrengasse 13, Telefon 0 22 2 / 63 57 11, Kl. 26 99
Sprechstunden: Mittwoch von 9 bis 13 Uhr

Politischer Sportreferent: Landesrat Kommerzialrat Karl Schneider
Beamteter Sportreferent: Wirkl. Hofrat Dr. Kurt Küssel

Landessportrat
1014 Wien, Herrengasse 13, Telefon 0 22 2 / 63 57 11, Kl. 26 99

Landessportschule und Sportfachrat
2344 Maria Enzersdorf, Johann-Steinböck-Straße 5, Telefon 0 22 36 / 67 39

Trotz der angespannten Budgetsituation konnte die unmittelbare Dotierung für den Sport gegenüber dem Vorjahr um 8,4 Prozent erhöht werden, so daß ein Betrag von 42 Millionen Schilling dem Sport zur Verfügung steht. Diese positive Entwicklung des reinen Sportetats findet im Zehnjahresrückblick seinen Niederschlag, wenn man bedenkt, maß mit Inkrafttreten des damaligen Niederösterreichischen Sportförderungsgesetzes 1968 lediglich 800.000 Schilling für sportliche Zwecke zur Verfügung standen.

Der Sportstättenbau steht nach wie vor im Mittelpunkt der verstärkten Förderungsmaßnahmen:
Rund 15 Millionen Schilling wurden an 130 Gemeinden und 80 Vereine aus dem Sportstättenschilling für die Errichtung von Sportanlagen gegeben, wozu noch sieben Millionen Förderungsmittel des Landes für den Sportstättenbau an 88 Gemeinden und 153 Vereine als nicht rückzahlbare Unterstützung ergingen. Besonders zu erwähnen ist, daß 1978 erstmals eine Förderung für den Einsatz von geprüften Trainern und Lehrwarten im Ausmaß von 500.000 Schilling zur Verfügung stand.
Diese Maßnahme erfolgte in der Erkenntnis, daß die ausreichende fachmännische Unterweisung im Sport auf die Dauer kaum mehr unentgeltlich erfolgen kann und die Heranbildung von Trainern und Lehrwarten bei den Verbänden im verstärkten Umfang zu fördern ist.
Nach wie vor kommt der im Rahmen des Bundessportzentrums Südstadt geführten Niederösterreichischen Landessportschule große Bedeutung im niederösterreichischen Sportgeschehen zu. Hierbei ist festzuhalten, daß der 20prozentige Benützungsanteil am Bundessportzentrum nicht mehr ausreicht, um den Wünschen der niederösterreichischen Dach- und Fachverbände nachzukommen.

Im Rahmen der Landessportschule wurden im Berichtszeitraum durchgeführt:
24 Veranstaltungen der niederösterreichischen Fachverbände für Tischtennis, Turnen, Volleyball, Schwimmen, Wasserball, Jiu-Jitsu, Sportkegeln, Leichtathletik, der Union sowie der nö. Landesregierung und des NÖ. Berufsschulrates.
16 Kurse der niederösterreichischen Fachverbände für Schwimmen, Wasserrettung, Tennis, Tischtennis, Karate, Hand- und Faustball, Basketball sowie der NÖ. Handelskammer.
31 Sitzungen der niederösterreichischen Fachverbände für Schwimmen, Eislaufen, Badminton, Rodeln, Hand- und Faustball, Wasserrettung, Volleyball sowie der NÖ. Lehrerarbeitsgemeinschaft an Berufsschulen, des niederösterr. Journalistenforums, der niederösterr. Berufsschullehrer, des NÖ. Sportfachrates und des Exekutivausschusses desselben.
An Trainingszeiten wurden den niederösterreichischen Fachverbänden für Hand- und Faustball, Leichtathletik, Basketball, Volleyball, Schwimmen, Wasserrettung, Tennis, Eishockey sowie den niederösterreichischen Verwaltungslehrlingen und den niederösterreichischen Krankenschwesternschülerinnen zur Verfügung gestellt:

Innenanlagen: 5.355,15 Stunden
Außenanlagen: 755,25 Stunden

Bemerkenswert ist, daß die Mehrzweckhalle des BSZ bisher in der Haupttrainingszeit (17 bis 22 Uhr) dank des Entgegenkommens des BMfUK zu 70 Prozent sowie die Schwimmhalle zu 30 Prozent vom Land beansprucht werden konnten.

Da die Benützung der Anlagen des BSZ im Rahmen der Landessportschule bisher kostenlos erfolgte, ist auf diese Weise den Verbänden eine beträchtliche stille Subvention des Landes gewährt worden.

Aus der Reihe der Veranstaltungen, an welchen die Sportabteilung federführend bzw. assistierend beteiligt war, wären die Ehrung der Sportler des Jahres (Krems), der Lehrlingssporttag im Bundessportzentrum, die Informationsfahrt zu diversen Sportstätten Niederösterreichs für die Sportpresse und den Sportfachrat, die Sportehrenzeichenverleihung (Waidhofen/Y.) sowie die Teilnahme im Organisationskomitee der Jugendeuropameisterschaft im Dressurreiten (Amstetten) zu nennen.

Eine besonders erfreuliche Entwicklung zeichnet sich auf dem Sektor der Jugendsportausbildungs- und Trainingszentren ab.

Hier wären vorerst die Schulen mit sportlichem Schwerpunkt zu nennen, um talentierten Jugendlichen durch spezielle Organisation des Schulbetriebes die Teilnahme am intensiven Training und an häufigen Wettkämpfen zu ermöglichen. Die Zielsetzung liegt insbesondere im Heranführen über die Möglichkeiten des Breitensports zu den Werten eines gesunden Spitzensports.

Derzeit gibt es in Niederösterreich zehn Schulen (7 bis 9 Wochenstunden Leibesübung), die ein vermehrtes sportliches Anbot in verschiedenen Sportarten bieten:

Sieben Hauptschulen: Lilienfeld (Schifahren), Göstling (Schifahren und Schwimmen), Tulln (Leichtathletik und Fußball), Matzen-Raggendorf (Eislaufen und Tennis), Schwechat (Leichtathletik), Laa an der Thaya (Fußball), Wr. Neustadt (Fußball).

Drei Gymnasien: Zwei Sportversuche an zwei Gymnasien in Wr. Neustadt (Schwimmen und allg. Sportarten), ein Sportgymnasium in Hollabrunn (Leichtathletik).

Diese Sportschulen werden durch eine Reihe von Trainingszentren ergänzt, welche von den Fachverbänden bzw. von Vereinen geführt werden.

1. TZW Waidhofen (Schilauf)
2. Schilanglaufzentrum Wr. Neustadt
3. Schilanglaufzentrum Allentsteig (Heeressportverband)
4. Leistungszentrum Hollabrunn (Leichtathletik)
5. Bundesleistungszentrum Krems (Handball)
6. Bundesleistungszentrum im Fußfall: Maria Enzersdorf-Südstadt, Wr. Neustadt, Krems, Stockerau
7. Leistungszentrum Wr. Neustadt (Rhythmische Sportgymnastik)
8. Leistungszentrum Wr. Neustadt im modernen Fünfkampf
9. Leistungszentrum Wr. Neustadt im Eisschnellauf

AMT DER OBERÖSTERREICHISCHEN LANDESREGIERUNG –
LANDESSPORTBÜRO UND LANDESSPORTORGANISATION OÖ.

Stockbauernstraße 8, 4020 Linz, Telefon 0 73 2 / 69 8 01–03
Dienstzeit: Montag bis Freitag von 8 bis 13 Uhr und
Montag, Dienstag, Donnerstag von 15 bis 18 Uhr

Landessportreferent: Landeshauptmannstellvertreter Gerhard Possart

Landessportsekretär: Regierungsrat Rechnungsdirektor Rudolf Mahringer

---

1.861 Sportverbände und -vereine mit rund 260.000 Aktiven repräsentierten zum Jahreswechsel die Landessportorganisation Oberösterreich, wobei ein Zuwachs von 99 Vereinen (5,6 %) zu verzeichnen ist. 55 Prozent (666 Vereine) beträgt die Vermehrung im letzten Dezennium. War das Ziel bisher keine Gemeinde ohne Sportverein, so liegt die Betonung ab nun in der Maxime: Kein Verein ohne Programm, ohne Aktivität. Passivität hat im Sport keinen Platz! Die Landessportorganisation Oberösterreich gibt mit ihren obersten Organen ein gutes Beispiel. In 23 Sitzungen und Tagungen des Landessportrates und seiner Ausschüsse wurden 1978 die Weichen gestellt. Das bedeutet arbeitsmäßigen Rekord. Als besonders wichtig erscheint hierbei die Reaktivierung des Ausschusses „Sport und Schule“.

Aus vielen hundert repräsentativen Veranstaltungen ragten 1978 die Union-Bundeskampfspiele in Linz als bedeutendste Leistungsschau hervor. Der bisherige Höchststand an Landesmeistertiteln (397) verteilt sich auf Träger aus 57 Gemeinden. Der hocherfreuliche Breitentrend hält somit an. Im Spitzensport rangieren wir nach der Staatsmeisterstatistik weiterhin am zweiten Platz

hinter der Bundeshauptstadt. Die Stärken liegen in den Sparten Motorbootsport, Reiten, Kanu, Rudern, Fechten, Turnen, Segeln und Handball. Bemerkenswert ist, daß diese Erfolgssparten am planmäßigen Sportstättenausbau eigentlich weniger partizipieren. 71 neue Sportanlagen gingen 1978 mit einem Wertzuwachs von 170 Mio. Schilling in Betrieb. Das Schwergewicht lag auf dem Tennissektor. Das OÖ. Bezirkssporthallenkonzept wurde mit den Eröffnungen der prächtigen Hallen in Gmunden und Leonding systematisch weitergeführt und bringt auch 1979 mehrere neue dreiteilbare Anlagen. Das einzige, aber höchst bedenkliche Minus liegt auf dem Sektor Kunsteisbahnen. Ihm wurde zumindest ein planerisches Plus entgegengesetzt mit Baubeginn 1979 der Eishalle Linz sowie von Kunsteisplätzen in Wels und Vöcklabruck.
Die Landessportschule mit dem neuen Schwimmzentrum samt „Haus des Sports" war voll ausgelastet wie nie zuvor. 43.000 Aktive nützten 1978 bei 920 Veranstaltungen und Lehrgängen diese segensreiche Einrichtung, die 1979 ihren 20jährigen Bestand feiert. Mit Erfolg wurde die Funktionärsakademie weitergeführt. Diese Seminare fanden wiederum bei allen Verbänden und Vereinen großen Anklang.

Ein gemeinsamer bedeutender Erfolg des Landes wird 1979 zu realisieren sein: die Installierung der BAfL in der Landessportschule in Linz. Damit kann in den kommenden Jahren eine empfindliche Lücke in der Übungsleiter-, Lehrwarte- und Traineraus- und -fortbildung geschlossen werden.
1979, das „Jahr des Kindes", ist für den oberösterreichischen Vereinssport eine Anregung zum verstärkten Bemühen um den jüngsten Nachwuchs. Der Ausbau der regionalen sportärztlichen Untersuchungsstellen wird fortgesetzt, nachdem 1978 Betreuungsstellen in Vöcklabruck, Kirchdorf und Bad Ischl neben der ÖISM-Zweigstelle Linz in Betrieb genommen wurden. Nach der Maxime: „Kein Schulstandort ohne Sporthalle!" wird die Beseitigung des Fehlbestandes an Turnhallen (140) weiter planmäßig vorangetrieben – in der Überzeugung, daß diese Sportstättenkategorie die effektivste ist sowohl für die Schule wie für den Verein. (In Oberösterreich sind bereits insgesamt 766 einzelne Sport-, Turn- und Gymnastikhallen in Betrieb.) Trotz der Budgetrestriktionen konnte das Sportbudget 1979 neuerlich um drei Prozent erhöht werden, wobei für die Pauschalförderung der Dach- und Fachverbände ein Plus von 1,2 Mio. Schilling zur Verfügung steht.

AMT DER SALZBURGER LANDESREGIERUNG – SPORTREFERAT
Mozartplatz 1, 5020 Salzburg, Telefon 0 62 22 / 41 5 61 Durchw., Kl. 25 18 oder 25 24, oder 41 3 82

Landessportreferent: Landeshauptmann-Stellvertreter Dr. Herbert Moritz
Referatsleiter: Reg.-Rat Georg Kopp

Landessportorganisation Salzburg
Mozartplatz 1, 5020 Salzburg, Telefon 0 62 22 / 41 5 61 Durchw., Kl. 25 18 oder 25 24, oder 41 3 82
Dienstzeit: Montag bis Freitag von 8 bis 16.30 Uhr

Vorsitzender der Landessportorganisation
Landeshauptmann-Stellvertreter Dr. Herbert Moritz

Landessportsekretär
Reg.-Rat Georg Kopp

Organisation des Salzburger Sportes
Landessportorganisation, unterteilt in 42 Sport-Dach- und -Fachverbände, die 608 Sportvereine und 40 Alpine Vereine repräsentieren

---

LANDESSPORTORGANISATION STEIERMARK
Radetzkystraße 3/I, 8010 Graz, Telefon 03 16 / 831 / 21 82 und 21 83
Dienstzeit: Montag bis Freitag von 8 bis 16 Uhr
Landessportsekretär: Richard Stiger

Präsidium der LSO
RA Dr. Kurt Schmid
Präs. Dr. Hans Wisiak
Landesrat Hans Bammer

Politischer Sportreferent
Landesrat Franz Wegart, 8010 Graz, Landhaus

Beamteter Sportreferent
Hofrat Dr. Josef Gaisbacher, 8010 Graz, Landhaus

Landesturnanstalt
8010 Graz, Jahngasse 3, Telefon 03 16 / 72 3 95

Entgegen der bisher üblichen Vorgangsweise in der Berichterstattung wird an den Beginn dieses Berichtes eine negative Entwicklung im Bereich der Sportförderung aufgezeigt.
Bedingt durch das verringerte Aufkommen im Bereich des Landesbudgets 1979 hat sich das Land Steiermark entschlossen, ebenso wie andere Förderungsmaßnahmen auch die Förderungen für den Sport zu reduzieren.
Daß diese Entwicklung gerade im Jubiläumsjahr der Landessportorganisation, die ja heuer ihren 25jährigen Bestand feiert, ein den ordentlichen Sportbetrieb gefährdendes Ausmaß annimmt, ist sehr bedauerlich und wurde im Rahmen von Besprechungen mit dem zuständigen Sportreferenten auch zum Ausdruck gebracht.
Dessen ungeachtet zeigt die Statistik ein Ansteigen der Sporterfolge. Demnach konnten im Jahre 1978 154 Steirer in 24 Sportarten Staatsmeistertitel erringen.
6 Steirer waren bei Weltmeisterschaften und 18 Steirer bei Europameisterschaften plaziert, wobei Lea Sölkner, Sepp Walcher (Schi) und Ing. Wolfgang Denzel (Segeln) Weltmeister-, Edith Hrovat (Judo), Elfriede Pirkmann (Rodeln, NB), Ing. Robert Röhrer und Johann Polland (beide Tauchen) Europameisterwürden errangen.
Besonders hervorzuheben wäre auch die Leistung des Alpinisten Robert Schauer, der als erster Österreicher den Mont Everest bezwang.
Das Präsidium der LSO wählte Sepp Walcher einstimmig zum besten steirischen Sportler des Jahres 1978.
Die steirischen Landesdachverbände haben auch im Jahre 1978 eine Reihe von Sportanlagen fertiggestellt bzw. in Angriff genommen. Insgesamt sind mit Unterstützung des Bundes und des Landes ca. 250 Anlagen im Planungsstadium, in Bau, fertiggestellt oder wiederinstandgesetzt worden.
Wie bereits angekündigt, hat die Landessportorganisation Steiermark im Jahre 1978 die Lehrwartefortbildungstätigkeit aufgenommen. Kam in diesem Zusammenhang im vergangenen Jahr eine Fortbildungsserie allgemeinen Charakters zur Durchführung, so sind für das laufende Kalenderjahr insgesamt:
ein **allgemeiner** Fortbildungslehrgang sowie vier **spartenspezifische** Fortbildungslehrgänge in Planung.
Wesentlicher Bestandteil der Aktivitäten im Rahmen des Kurswesens ist die Forcierung von Fitneß-Veranstaltungen, bei denen die LSO aktiv und finanziell mitwirkt.
Die sportmedizinische Untersuchungstätigkeit im ÖISM Graz gestaltet sich immer flüssiger.
Jährlich werden ca. 300 Untersuchungseinheiten absolviert. Untersucht werden im Rahmen des ÖISM nur Spitzensportler. Ein Problem bildet die Verhängung von Sanktionen in jenen Fällen, wo zur Untersuchung eingeladene Sportler durch eigenes Verschulden nicht erscheinen.
Die sportmedizinischen Untersuchungsstellen in den Zentralsportanlagen der steirischen Landesdachverbände sind noch nicht fertiggestellt bzw. eingerichtet.
Sie sollen der sportmedizinischen Überprüfung von Sportlern des sogenannten „Leistungsbereiches" dienen.
Zum Zwecke der Förderung der steirischen und österreichischen Kunstbahnrodler hat sich die LSO Steiermark mit der Bitte um Durchführung verschiedener Materialtests an die Technische Universität Graz gewandt.
Die LSO hofft aufgrund von Testergebnissen Materialverbesserungen zu erzielen.
Anläßlich des bereits eingangs genannten Jubiläums der LSO werden seitens der LSO verschiedene Großveranstaltungen finanziell unterstützt.
An Repräsentationsveranstaltungen sind ein Festakt sowie ein gesamtösterreichischer Fitneß-Kongreß geplant.

AMT DER TIROLER LANDESREGIERUNG
Abteilung I f – Sportangelegenheiten
Landhaus, 6010 Innsbruck, Telefon 0 52 22 / 28 7 01 - 873 (Durchwahl)
Dienstzeit
Montag bis Freitag von 8 bis 13 Uhr und von 14 bis 17 Uhr

Politischer Sportreferent
Landesrat Fridolin Zanon

Beamteter Sportreferent (Vorstand der Abteilung I f)
Hofrat Dr. Wolfgang Girardi

Tiroler Landessportrat
Landhaus, 6010 Innsbruck (Telefonnummer und Dienststunden wie oben)

Großsportveranstaltungen:

Neben den in allen 38 anerkannten Sportarten abgehaltenen Tiroler Meisterschaften und zahlreichen Staatsmeisterschaften wurden in Tirol wieder viele internationale Sportveranstaltungen durchgeführt, von denen die größten hier angeführt sind.

Das Bergiselspringen im Rahmen der 26. Intersport-Springertournee war auch 1978 Beginn des Sportgeschehens in Tirol. 87 Springer aus 16 Nationen zeigten hervorragende Leistungen vor 15.000 Zuschauern.

Die Biathlonweltmeisterschaften wurden in Hochfilzen ausgetragen. 200 Aktive aus 30 Nationen nahmen daran teil.

Auf der Olympiabobbahn in Igls fanden neben zahlreichen nationalen und internationalen Bewerben der Viererbobnationencup sowie die Europameisterschaften im Zweier- und Viererbob statt.

Im Olympiaeisstadion kamen die Europameisterschaften im Eisschießen der Damen und der Jugend zur Austragung.

Die Weltelite der Eisschnelläufer traf sich im Rahmen der internationalen Dreibahnentournee auf der Olympiaeisschnellaufbahn in Innsbruck.

Die Europameisterschaften im Naturbahnrodeln wurden in Aurach auf der Blaufeldrodelbahn ausgetragen. In Imst-Putzenwald wurden die Weltmeisterschaften im Rennrodeln auf der Kunstbahn veranstaltet. Eine weitere internationale Großsportveranstaltung im Rennrodelsport war der Große Preis der Stadt Innsbruck auf der Olympiabahn in Igls.

Zahlreiche Tiroler Gemeinden waren 1978 Austragungsorte großer internationaler Schirennen im Rahmen der FIS, des Europacups sowie der Weltserie. Das Kitzbüheler Hahnenkammrennen, das zum Weltcup zählt, bildete wieder den Höhepunkt der internationalen Veranstaltungen im alpinen Schisport in Tirol.

Im nordischen Schisport wiesen der Koasalauf, der Lienzer Dolomitenlauf und der Tiroler Schimarathon in Walchsee die höchsten Teilnehmerzahlen auf. Beim Koasalauf, der über 72 Kilometer führte, waren es nicht weniger als 2.500 Startende.

Auch in den Sommersportarten kann auf eine große Veranstaltungsdichte zurückgeblickt werden. So wurde in Kitzbühel zum achten Mal das internationale Kitzbüheler-Horn-Radrennen veranstaltet, an dem in diesem Jahr 150 Fahrer aus vier Nationen teilnahmen. In St. Johann kam der 10. Seniorenweltcup im Radrennfahren mit insgesamt 1.500 Aktiven aus 32 Nationen zur Austragung.

Ebenfalls in St. Johann trafen sich Spitzenreiter aus aller Welt zum alljährlichen internationalen Reit- und Springturnier. In Innsbruck gab es das 7. Internationale Reit- und Springturnier auf dem Reitgelände in der Reichenau.

Den Höhepunkt der internationalen Tennisveranstaltungen bildete wieder das Tennisturnier um den Head-Cup in Kitzbühel. International starke Besetzungen wiesen auch das 4. Internationale Casinoturnier in Seefeld sowie die 9. Internationalen Tiroler Tennismeisterschaften um den Großen Elektra-Bregenz-Cup in Innsbruck auf.

In mehreren internationalen Leichtathletikmeetings kamen Weltklasseathleten nach Innsbruck und zeigten auf den Tartananlagen im Tivolistadion hervorragende Leistungen.

85 Golfer aus sieben Nationen beteiligten sich an den internationalen Golfmeisterschaften in Kitzbühel.

Zum achten Mal wurde auf den Anlagen des Innsbrucker Tivolis das internationale Volleyball-Mixedturnier ausgetragen. 200 Mannschaften aus fünf Nationen beteiligten sich daran.

Als echte Großveranstaltung ist natürlich auch der Karwendelmarsch zu bezeichnen, der 1978 zum zehntenmal veranstaltet wurde. Mehr als 4.000 wanderten bzw. liefen bei einmaligem Herbstwetter durch das Karwendel.

Sportliche Erfolge:

Zahlreiche Tiroler Sportler wurden 1978 Staatsmeister und erzielten österreichische Rekorde. Aber auch international waren große Erfolge zu verzeichnen:

Klaus Heidegger errang zahlreiche gute Plazierungen und Siege in Weltcuprennen und wurde Zweiter im Slalomweltcup. Werner Grissmann wurde Dritter im Abfahrtslauf bei den Weltmeisterschaften in Garmisch. Uli Spiess gewann den Weltcupabfahrtslauf in Laax. Leonhard Stock siegte in einem Parallelslalom der Weltserie in St. Virgil vor Klaus Heidegger. Andre Arnold aus Sölden wurde Profischiweltmeister.

Armin Kogler gewann ein internationales Schispringen in Kanada, an dem die gesamte Weltelite teilnahm.

Bob Österreich I mit Fritz Sperling, Walter Köck, Franz Köfel und dem Kärntner Franz Rednak wurde Europameister 1978 im Viererbob.

Werner Prantl und Alfred Kogler errangen Gold und Silber bei der Europameisterschaft der Naturbahnrodler in Aurach. Ruth Oberhöller errang die Bronzemedaille. Klaus Motz gewann den Europapokal auf der Naturbahn und konnte sich in zahlreichen internationalen Rennen sowohl im Ein- als auch Doppelsitzer mit Othmar Peer hervorragend plazieren. Angelika Schafferer belegte bei den Weltmeisterschaften der Kunstbahnrodler in Imst den dritten Platz.

Roman Riedl und Frieda Jungwirth gewannen bei den Europameisterschaften im Eisschießen Gold und Bronze.

Nach einer schwachen Saison 1977/78 blieb die Eishockeymannschaft des EC Sparkasse-Hattric in der heurigen Meisterschaft schon in zwölf Spielen ungeschlagen.

Robert Pfitscher wurde Zweiter in einem internationalen Boxturnier in Tampere und war Österreichs einziger WM-Teilnehmer in Belgrad.

Vinzenz Hörtnagl konnte sich neben seinen zahlreich erzielten österreichischen Rekorden auch international mehrmals gut plazieren, so wurde er Dritter bei den internationalen Gewichtheberbewerben in Moskau und Zweiter beim internationalen Tsitsibakos-Memorial in Athen, an dem Weltklasseathleten aus elf Nationen teilnahmen. Sein größter Erfolg in diesem Jahr war jedoch der vierte Platz im Reißen bei den Gewichtheber-Weltmeisterschaften in Gettysburg.

Johann Leo und Franz Berger siegten in ihren Klassen bei einem internationalen Judoturnier für Jugend und Junioren in Tatabanya, an dem sich Kämpfer aus zehn Nationen, darunter die gesamten Ostblockstaaten mit ihren Nationalmannschaften beteiligten. Franz Berger besiegte im Finale den Europameister.

Josef Steiner konnte sich bei einem internationalen Leichtathletikmeeting in Melbourne im Zweimeilenrennen vor Lasse Viren auf dem zehnten Rang plazieren. Gerhard Hartmann gelang es in einem internationalen Cross-Country-Lauf in Augsburg ebenfalls, Lasse Viren hinter sich zu lassen und wurde Siebenter. Wolfgang Konrad wurde im Rahmen des Leichtathletikeuropacups in Bochum im 3.000-m-Hindernislauf ausgezeichneter Zweiter. Weiters konnte er sich bei jeweils ausgezeichnet besetzten Meetings immer in den vorderen Rängen plazieren. Isabella Rohrbacher kam anläßlich eines internationalen Leichtathletikmeetings in Kotka (Finnland), an dem Leichtathleten aus acht Nationen teilnahmen, im Hochsprung auf den zweiten Platz. Die Turnerschaft Innsbruck erzielte als Vertreter Österreichs beim Leichtathletikeuropacup in Bochum den siebenten Rang.

Max Lamberg siegte bei den internationalen Golfmeisterschaften in Kitzbühel, an denen sich insgesamt 85 Golfer aus sieben Nationen beteiligten.

Franz Pitschmann gewann im Großen Preis von Österreich, einem internationalen Turnier mit Ringern aus zehn Nationen, im Mittelgewicht, griechisch-römischer Stil. Pitschmann nahm auch als einziger Ringer Österreichs an den Ringerweltmeisterschaften in Mexiko teil und wurde Neunter. Bei den westeuropäischen Meisterschaften belegte er den zweiten Platz.

Heidi Koch schwamm 1978 als erste Österreicherin die 100-m-Kraulstrecke unter einer Minute. Sie stellte zahlreiche österreichische Rekorde auf und nahm an der Weltmeisterschaft in Berlin teil.

Bei den Taekwon-Do-Europameisterschaften in München erkämpften sich Robert Fiedler im Schwergewicht und Mario Tomann im Weltergewicht in der Jugendklasse jeweils den zweiten Platz.

Die Tiroler Achtkampfmeisterin Sonja Schmid und der Tiroler Meister an den Ringen Günter Lerch nahmen an den Weltmeisterschaften im Geräteturnen in Straßburg teil.

Die Tiroler Segler Roßmeier und Eichinger konnten sich in der Korsarenklasse in fast allen internationalen Schwerpunktregatten vorne plazieren. Bei den Europameisterschaften in Cambridge, an denen 60 Boote teilnahmen, belegten sie den zehnten Rang.

Auch die Fußballer von Sparkasse Swarovski-Wacker Innsbruck dürfen hier nicht ungenannt bleiben. Wenn es auch in der Meisterschaft heuer nicht so gut lief wie in den Vorjahren, so wurden trotz Ausscheidens aus dem Europacup in diesem Bewerb sehr gute Leistungen erbracht. SSW Innsbruck schlug Borussia Mönchengladbach mit 3 : 1 und erzielte im Cupsiegerbewerb gegen Ipswich in einem glanzvollen Spiel mit Verlängerung ein 1 : 1-Unentschieden.

Dies ist nur ein grober Überblick über die größten im Jahre 1978 von Tiroler Sportlern erzielten Leistungen, alle zu nennen, wäre hier zu umfangreich.

Schwerpunkte:

1978 wurde an 18 mustergültig organisierte Schistationen Tirols das 1977 geschaffene Pistengütesiegel des Landes Tirol verliehen.

Im Oktober fand zum sechsten Mal der Internationale Pistenkongreß im Innsbrucker

Kongreßhaus statt, der vom ÖISS gemeinsam mit der Sportabteilung der Tiroler Landesregierung veranstaltet wurde. Ca. 350 Experten aus 14 Nationen erörterten eine Woche lang Probleme und Maßnahmen der Schipisten, des Tourenlaufs, des Langlaufs, des Schilehrwesens und des Naturschutzes in bezug auf Seilbahnen und Lifte.

Zum zweitenmal wurde ein Seminar über Pistenrettungsdienst von der Sportabteilung mit der Fachgruppe Seilbahnen der Kammer der Gewerblichen Wirtschaft und dem Wirtschaftsförderungsinstitut Tirol abgehalten, an dem 30 sogenannte „Pisteure" ausgebildet wurden.

Die Sportabteilung des Landes hat nun die Bestandserhebung sämtlicher Schipisten und Aufstiegshilfen in Tirol nahezu abgeschlossen, so daß im Laufe des kommenden Jahres ein Plan für den Bau und die Erhaltung solcher Anlagen erstellt werden kann.

Auch die Erhebung des letzten Standes am Sportstättensektor ist abgeschlossen. 1979 wird also der Tiroler Sportstättenleitplan in seiner zweiten, erweiterten Auflage erscheinen und einen Überblick über die Bautätigkeit auf diesem Gebiet seit 1974 geben.

Tiroler Landessportrat:

Der Tiroler Landessportrat trat im Berichtszeitraum zu sechs Gesamtsitzungen und drei Sitzungen des Präsidiums zusammen.

26 Landessportehrenzeichen wurden an verdiente Sportler und Funktionäre vergeben. Die Geehrten sind: Wolfgang Nairz, Dr. Raimund Margreiter, Reinhold Messner, Horst Bergmann, Josl Knoll, Helli Hagner, Franz Oppurg, Dir. Siggi Aeberli, Prof. Rolf Walter, Helmut Wagner, Sepp Mayrl, Erwin Guggenberger, Hermann Töpfer, Luis Schrettl, Klara Niedertschneider, Udo Birnbaum, Prof. Günther Pajek, Kurt Bayr, Mizzi Pfeifer, Johann Scherl, Dr. Alfred Burger, Alois Lindner, Prof. Walter Nachtschatt, Franz Fahrner, Angelika Schafferer, Werner Grissmann.

Mit den Mitteln des Sportförderungsfonds wurden 1978 51 Sportplätze, sieben Turnhallen, sechs Klubhäuser, 32 Tennisanlagen, 18 Schießstände, elf Eisschießanlagen, zwei Schwimmbäder, zwei Reitanlagen, zwei Rodelbahnen und eine Sprungschanze mit insgesamt 3,2 Millionen Schilling gefördert. Der Sportbetrieb selbst wurde mit ca. vier Millionen Schilling unterstützt.

AMT DER VORARLBERGER LANDESREGIERUNG UND LANDESSPORTBEIRAT
Montfortstraße 12, 6901 Bregenz, Telefon 0 55 74 / 24 5 41-0
Dienstzeit: Montag bis Freitag von 8 bis 12 Uhr und von 14 bis 18 Uhr

Landessportreferent: Landeshauptmann Dr. Herbert Keßler
Beamteter Sportreferent: HR Dr. Otto Röser

Landessportstätte
Vorarlberger Landessportschule, 6850 Dornbirn, Birkenwiese, Telefon 0 55 72 / 64 4 65, Bettenzahl: 45

Im Jahre 1978 wurden drei Sitzungen des Landessportbeirates abgehalten. In diesem Beirat sind die drei Vorarlberger Dachverbände (Vorarlberger Sportverband, Österr. Turn- und Sport-Union, Landesverband Vorarlberg, Arbeitsgemeinschaft für Sport- und Körperkultur in Österreich, Landesverband Vorarlberg) sowie die meisten Fachverbände vertreten (insgesamt 34 Mitglieder). Die wichtigsten Beratungspunkte waren die Erstellung eines Jahresplanes zur Verteilung von Förderungsmitteln aus der Vst. „Förderung des Breiten- und Spitzensportes einschließlich Kurswesen" sowie Vorschläge zur Verteilung von Förderungsmitteln aus den Vst. „Beiträge an gemeinnützige Einrichtungen zur Errichtung von Sportstätten", „Förderung des Spitzensportlernachwuchses" und „Förderung des Mannschaftsspitzensportes bei gesamtösterreichischen und internationalen Bewerben". Auf Vorschlag der Landesstelle für Statistik erfolgte die Aufnahme von weiteren Sportstättenbauprojekten in den Sportstättenlandesleitplan. In der Sitzung vom 17. 10. 1978 hielt Landesrat Fredy Mayer ein Referat über „Sportmedizinische Untersuchungen für Spitzensportler". Aus der Diskussion war zu entnehmen, daß sich das Basisprogramm für sportärztliche Untersuchungen bisher bewährt hat und die Zahl der untersuchten Sportler von 676 im Jahre 1975 auf 1.453 im Jahre 1977 gestiegen ist. Auch die Zahl der Ärzte, die die sportärztlichen Untersuchungen nach genauen Richtlinien vornehmen, hat sich von anfänglich 30 auf 60 erhöht. Diese Untersuchungen wurden im ganzen Land durchgeführt und haben den Vorteil, daß die Sportler freie Arztwahl unter diesen 60 Ärzten haben. Nahziel des Arbeitskreises für Vorsorge- und Sozialmedizin wäre es, daß etwa die Hälfte aller aktiven Sportler, die einem Verein angehören und regelmäßig Sport betreiben, in der sportärztlichen Basisuntersuchung erfaßt werden. Das Problem der sportärztlichen Untersuchungen für Spitzensportler soll im Jahre 1979 gelöst werden.
Im Jahre 1978 wurde ein Ausschuß des Landessportbeirates für den Breitensport und ein Ausschuß für den Spitzensport eingesetzt. Den genannten Gremien gehören je sieben Mitglieder an. In diesen Ausschüssen wurden bisher folgende Fragen behandelt: „Probleme des Vorarlberger Breitensports", „Probleme des Vorarlberger Spitzensports" und „Trainer für den Spitzensport".
Die Landessportschule in Dornbirn ist aufgrund der vorbildlichen Einrichtung und Verwaltung fast ganzjährig mit Kursen von Vorarlberger, innerösterreichischen sowie ausländischen Vereinen und Verbänden belegt. Der Verwaltungsausschuß der Vorarlberger Landessportschule befaßte sich mehrmals mit der Planung des Erweiterungsbaues und holte hierzu auch eine Stellungnahme des Österreichischen Instituts für Schul- und Sportstättenbau in Wien ein.
Der Vorarlberger Landtag hat – in Befolgung des Sportgesetzes – für das Jahr 1978 nachstehende finanzielle Mittel bewilligt: für die Förderung des Breiten- und Spitzensports einschließlich Kurswesen S 3,700.000,–, zur Förderung des Spitzensportlernachwuchses S 700.000,–, zur Errichtung von Sportstätten der Gemeinden S 4,500.000,–, zur Errichtung von Sportstätten an gemeinnützige Einrichtungen S 2,500.000,–, zur Errichtung von Jugendsportplätzen S 900.000,–, zur Förderung des Sportabzeichens S 20.000,–, für das Österr. Institut für Schul- und Sportstättenbau S 65.000,–, zur Förderung des Mannschaftsspitzensports bei gesamtösterreichischen und internationalen Bewerben S 600.000,–, zur Förderung alpiner Vereine S 300.000,–.
Die Vorarlberger Landesregierung hat im Jahre 1978 drei Sportler mit dem Ehrenzeichen für sportliche Leistungen in Gold ausgezeichnet (Alois Lipburger, Dr. Oswald Ölz, Bruno Pezzey). Diese Ehrenzeichen wurden durch den Herrn Landeshauptmann Dr. Herbert Keßler in feierlicher Form überreicht.

AMT DER WIENER LANDESREGIERUNG
Magistratsabteilung 51 – Sportangelegenheiten
1082 Wien, Friedrich-Schmidt-Platz 4, Telefon 0 22 2 / 42 8 00 / 27 93 Durchwahl
Dienstzeit: Montag bis Freitag von 7.30 bis 15.30 Uhr

Politischer Landessportreferent: Stadtrat Kurt Heller
Beamteter Landessportreferent: Senatsrat Dr. Heinrich Matzke

Wiener Landessportorganisation
Wiener Landessportrat
Wiener Landessportfachrat
1082 Wien, Friedrich-Schmidt-Platz 4

Wie schon in den vergangenen Jahren bildete die rege Bautätigkeit einen der Schwerpunkte der Maßnahmen auf dem Sportsektor. Der Betrieb im Wiener Hallenstadion und Sportzentrum West wurde bereits aufgenommen. Das umfangreiche Investitionsprogramm in den von der Wiener Stadthalle-Kiba Betriebs- und Veranstaltungs-Ges. m. b. H. verwalteten Anlagen wird schrittweise verwirklicht. Unter anderem wurde für das Wiener Stadion eine neue Heizungsanlage hergestellt. Die Bauarbeiten an der Bezirkssportanlage 20, Brigittenauer Lände, konnten planmäßig fortgesetzt werden, so daß sie am 11. Juli 1978 durch den Herrn Bürgermeister der Bundeshauptstadt Wien ihrer Bestimmung übergeben werden konnte. An der Tribüne auf der Sportanlage 19, Hohe Warte, wurden Finalisierungsarbeiten vorgenommen. Mit dem Ausbau der Westtribüne des Sportzentrums West wurde begonnen. Es werden zwei zusätzliche Spielfelder angelegt, während die für den Spielbetrieb notwendigen Garderoben in die Westtribüne eingebaut werden. Für bauliche Herstellung wurden im Jahre 1978 rund S 65,000.000,– aufgewendet. Die fachlichen Grundlagen für die einzelnen Baumaßnahmen wurden gemeinsam mit den zuständigen Fachabteilungen erarbeitet.

Die Gremien der Wiener Landessportorganisation stellen eine geeignete Plattform für alle zur Lösung der Probleme des Wiener Sportes erforderlichen Beratungen dar. Die Mitarbeit bei den Maßnahmen zur widmungsgemäßen Vorsorge für Sport- und Erholungsflächen, der Kampf um die Sicherung von in ihrem Bestand gefährdeten Sportanlagen und die Beschlußfassung über die Verleihungsbestimmungen für die neu geschaffene Ehrenurkunde des Wiener Landessportrates für verdiente Sportler und Funktionäre standen im Mittelpunkt der umfangreichen Tätigkeit. Dem Wiener Landessportrat obliegt weiters die Verteilung der Subventionsmittel für die Fachverbände und den Leistungssport. Zur Aufteilung der Förderungsmittel für den Fachverbandssport wurde wieder auf das schon bewährte Punktesystem zurückgegriffen, das die Zahl der Vereine und ihrer Mitglieder, die sportlichen Erfolge und Aktivitäten, die Durchführung von Lehrgängen, die Entsendung von Landesauswahlen zu internationalen Wettkämpfen und die Durchführung von Meisterschaften sowie nationalen und internationalen Wettkämpfen berücksichtigt. Aus den Mitteln der Leistungssportförderung wurden allen Vereinen, deren Mannschaften an in mehreren Phasen ausgetragenen gesamtösterreichischen Meisterschaften der beiden obersten Spielklassen teilnehmen, 65 Prozent der Fahrtkosten rückvergütet (S 800.000,–). Bei der Teilnahme an Europacupbewerben wurde rund ein Drittel der Fahrtkosten ersetzt, wobei die Entschädigungssätze je nach Entfernung gestaffelt werden (300.000 Schilling). Für die Förderung der Tätigkeit von Verbandstrainern wurden S 500.000,– angewiesen. Für die im Vorjahr ins Leben gerufene Förderung von Spitzensportlern (Subjektförderung) wurden S 300.000,– aufgewendet.

Im Jahre 1978 fanden vier Sitzungen des Wiener Landessportrates und zehn Sitzungen seines Arbeitsausschusses statt. Der Wiener Landessportfachrat hielt am 31. Mai 1978 seine Vollversammlung ab, während sein Fachausschuß siebenmal zu Beratungen zusammentrat.

Die städtischen Turnsäle, Sporthallen, Schwimmhallen und Spielplätze sowie die von der Wiener Stadthalle-Kiba Betriebs- und Veranstaltungs-Ges. m. b. H. verwalteten Trainings- und Wettkampfanlagen werden den Sportvereinen kostenlos zur Verfügung gestellt. Die Mittel für die direkte Sportförderung der Stadt Wien werden in konsequenter Fortsetzung des im Jahre 1968 eingeschlagenen Weges Jahr für Jahr erhöht. Die Sportorganisationen werden bei der Errichtung von Baulichkeiten unterstützt und erhalten auch Beihilfen für Erhaltungs- und Verwaltungsmaßnahmen. Alljährlich wird die Durchführung von Sportveranstaltungen durch die Gewährung namhafter Subventionen ermöglicht. Neben dieser Sportförderung werden weiters Mittel aus dem Erträgnis des Sportgroschens und der Vergnügungssteuer bereitgestellt. Im Jahre 1978 wurden insgesamt rund 120,5 Millionen Schilling für Subventionen aufgewendet.

Mit den Jugendsportaktionen „Sportplatz der offenen Tür“, „Jugendeislaufaktion“, „Fahrt zum Schnee“, Jugendschwimmaktion „Talent Leistungsschwimmen“ und „Talent Turnen“ wird der direkte Kontakt zur Wiener Jugend gesucht. Es wird hier in bewährter Form mit dem Verein Wiener Jugendkreis und diversen Fachverbänden zusammengearbeitet. Das große Interesse zwingt immer wieder zum Ausbau der vorgesehenen Maßnahmen. Der Erfolg dieser Aktionen führte zur Überlegung, sie auch auf Erwachsene auszudehnen. Die Wiener Landessportorganisation führte am 16. September 1978 den „Tag des Sports" durch. Am Vormittag wurden in 117 Schulen mit 30.000 Kindern sportliche Bewerbe durchgeführt, wobei in 35 Schulen sogar eine Beteiligung der Eltern erreicht werden konnte. Nachmittags fand ein Volkslauf vom Schwarzenbergplatz zum Rathaus statt, bei dem 2.200 Teilnehmer gezählt werden konnten. Den Abschluß bildete um 17 Uhr ein großes Sportfest im Sportzentrum West, das rund 13.000 Zuschauer anlockte. Im Mittelpunkt stand der Jugendfußball-Länderkampf Schweiz gegen Österreich. Das Programm wurde durch Vorführungen deutscher Spitzenturner auf dem Rhönrad und durch Demonstrationen der Polizeihundestaffel umrahmt. Für die musikalischen Höhepunkte sorgte die Jugendmusikgruppe aus Ravelsbach.

Im Rahmen der Aktion „Sportplatz der offenen Tür" wurde der Betrieb auf mehreren Sportanlagen bis 19 Uhr ausgedehnt. Die bei den Erwachsenensportaktionen eingesetzten Sportlehrer nahmen auch Leistungen für das ÖSTA ab. Die unter der Devise „Vom Hallenspaß ins kühle Naß" gestartete Schwimm- und Gymnastikaktion in der Wiener Stadthalle wurde wie im Vorjahr ganzjährig durchgeführt. Sie findet viermal wöchentlich (6 Kurse) statt und besteht aus einer Stunde Gymnastik und einer Stunde Schwimmtraining. Zum Abschluß kann noch die Sauna besucht werden.

Der Wiener Landtag hat mit Beschluß vom 27. Juni 1978 (Pr. Zl. 1.843) das Wiener Sportstättenschutzgesetz verabschiedet. Es trat mit 1. September 1978 in Kraft. Damit haben langjährige intensive Beratungen ihren erfolgreichen Abschluß gefunden. Das Spielplatzschutzgesetz aus dem Jahre 1920 bot seit langem keine geeignete Rechtsgrundlage für einen wirksamen Schutz von Sportplätzen vor deren Auflassung. Daß ein solcher Schutz jedoch gerade im Ballungsraum einer Großstadt mit ihrem relativ geringen Angebot an für die Sportausübung nutzbaren Flächen notwendig ist, zeigt die Tatsache, daß in der Vergangenheit eine Reihe von Sportanlagen in unserer Stadt trotz intensiver Bemühungen um ihre Erhaltung anderen Bauvorhaben weichen mußte, ohne daß in allen Fällen zeitgerecht eine Ersatzsportanlage errichtet werden konnte. Das neue Gesetz stellt die Sportstätten schlechthin unter Schutz. Unter Sportstätten im Sinne des Gesetzes sind alle Grundflächen mit den dazugehörigen baulichen Anlagen zu verstehen, die der Ausübung des Körpersportes im Freien dienen, sofern sie eine nutzbare Freifläche von mehr als 500 Quadratmetern aufweisen. Die Bestimmungen des § 2 Ziffer 1 bis 4 geben die Gewähr dafür, daß vom Geltungsbereich dieses Gesetzes nur solche Anlagen erfaßt werden, die einem größeren Kreis von Sportausübenden zur Verfügung stehen. Die Bestimmungen der §§ 3 und 4 stellen den Kern des Gesetzes dar und normieren, daß die Auflassung einer Sportstätte nur mit Bewilligung des Magistrates zulässig ist. Diese Bewilligung ist in erster Linie zu erteilen, wenn kein Bedarf nach der Anlage mehr gegeben ist oder wenn der Antragsteller als Ersatz eine gleichwertige Sportstätte zur Verfügung stellt.

Mit der nun eingetretenen gesetzlichen Regelung soll in der Öffentlichkeit die Bewußtseinsbildung einsetzen, daß derzeit bestehende Sportstätten erhalten bleiben müssen.

Den Schwerpunkt im Jahre 1979 werden wieder die Aufwendungen für bauliche Herstellungen und die Förderungsbeiträge bilden. Das Angebot an Übungsstätten sollte durch die Öffnung der Schulturnsäle an Freitagnachmittagen bzw. an den Wochenenden erweitert werden. Die Schaffung eines Wochenend-Trainingszentrums in jedem Bezirk sollte erwogen werden. Nicht zuletzt wäre über die zukünftige Form der Verwaltung der Wiener Sportstätten zu beraten.

INHALTSVERZEICHNIS